아랍의 봄

그 후 10년의 흐름

서울대학교 아시아연구소총서 기초연구시리즈 23

아랍의 봄

그 후 10년의 흐름

초판 1쇄 발행 2022년 12월 30일
초판 3쇄 발행 2025년 7월 10일

지은이 구기연 외
펴낸곳 서울대학교출판문화원
주소 08826 서울 관악구 관악로 1
도서주문 02-889-4424, 02-880-7995
홈페이지 www.snupress.com
페이스북 @snupress1947
인스타그램 @snupress
이메일 snubook@snu.ac.kr
출판등록 제15-3호
ISBN 978-89-521-3171-3 94380
978-89-521-1475-4 (세트)

이 연구는 2021년도 서울대학교 아시아연구소 아시아기초연구사업의
지원을 받아 수행되었음.

서울대학교 아시아연구소총서
기초연구시리즈 23

아랍의 봄
그 후 10년의 흐름

구기연 외 지음

서울대학교출판문화원

The Arab Spring and Ten Years Thereafter

KOO Gi Yeon
KIM Kangsuk
NAM Ok Jeong
PARK Hyondo
EOM Hanjin
LEE Kyungsoo
IN Nam-Sik
JANG Ji-Hyang
CHOI Jiwon
HA Hyun Jeong
HWANG Yuihyun

Seoul National University Press

머리말

"나의 말은 자유롭다"
우리는 두려워하지 않고 자유롭다.
우리는 절대 죽지 않는 비밀이요, 저항하는 목소리다.
우리는 혼란 속에서 빛나고,
우리는 자유롭고, 우리의 말은 자유롭다.
하지만 우리를 울게 하고
우리의 신념을 배신한 이들을 잊지 않을 것이다.
(중략)
나는 어둠 속에서 빛나는 별이요,
나는 압제자 목 안의 왕좌다.
나는 불에 맞서는 바람이요,
절대 잊히지 않은 영혼이다.
나는 절대 죽지 않는 목소리다.

2011년 1월 튀니지의 수도 튀니스 부르기바 거리에 한 여성의 목소리가 울려 퍼졌다. 광장 저편에서는 튀니지 사람들의 울분에 섞인 구호 소리가 들리고, 에멜 마슬루시(Emel Mathlouthi)는 단호하게 '절대 죽지 않는 목소리'로 저항의 노래를 불렀다. 이 노래는 2011년부터 2012년 사이 광장에 모인 아랍 사람들의 마음을 울렸고, 중동은 하나의 새로운 역사를 써 내려갔다. 하지만 이후 10여 년이 지난 지금, 중동의 광장은 아직도 민중의 함성과 울분으로 가득 차 있다. 여전히 중동 각지에서 위태로운 민중은 자유화와 민주화를 부르짖고 사회 불평등에 저항하고 있다.

"알라후 아크바르", "독재자에게 죽음을!", "존엄성, 일자리, 자유", "빵, 자유, 정의", "닥터, 이제 너의 차례야"에서 "유 스팅크(You Stink)!" 구호에 이르기까지, 1979년 이슬람 혁명 이후 30여 년 동안 잠잠했던 중동의 광장은 다시 성난 민중의 함성으로 가득 찼다. 지금도 이 함성은 여전히 광장을 메우고 있다. 20세기 초중반, 중동 지역에 근대 민족국가가 설립된 이후, 권위주의 정권 아래에서 침묵해 왔던 이란과 아랍의 시민들은 21세기 초 연이은 반정부 시민 저항 운동을 경험했다. 거대한 민주화 물결의 신호탄은 2009년 이란 녹색운동과 2010년 튀니지 재스민 혁명을 시작으로 곧 '아랍의 봄'이라는 연쇄적인 역사적 사건까지 이어졌다. 시리아, 이집트, 리비아, 예멘, 바레인에서 부패한 정권을 비판하는 시위대가 봉기했다. 아래로부터의 혁명을 통해 아랍 그리고 북아프리카의 시민들은 호스니 무바라크 이집트 대통령, 무아마르 알카다피 리비아 원수, 알리 압둘라 살레흐 예멘 대통령을 포함한 독재자 축출에 성공했다. 이것이 바로 2010-2013년에 중동을 뜨겁게 달구었던 대규모 민중 봉기, '아랍의 봄'이다.

이 일련의 민주화 운동은 지금까지 수동적 존재로 대상화되었던 이란과 튀르키예, 아랍 지역의 젊은이들을 능동적 주체로 새롭게 각인시키는 계기가 되었다. 전 세계는 중동 지역의 젊은 세대들이 민주화 봉기를 통해 자유롭고 번영된 미래를 보장해 주지 않는 각국의 오래된 부패 정권을 무너뜨리기 위해 맨몸으로 민주화 봉기의 최전선으로 뛰어드는 현장을 목도했다.

아세프 바야트(Asef Bayat)는 『혁명가 없는 혁명(*Revolution without Revolutionaries*)』(2017)에서 2009년 이란 녹색운동과 2010년 튀니지 재스민 혁명의 요인으로 신자유주의 정책을 지목했다(Bayat, 2017: 17). 바야트는 2009년 이란과 2010년에 아랍 지역에서 일어난 대규모 시민 저항 운동이 어떤 사상이나 이론으로 발생한 것이 아니라 '단순히' 발생했다고 보았다. 그렇다면 10여 년이 지난 지금 시점에 '아랍의 봄'을 어떻게 평가할 수 있을까?

그러므로 '아랍의 봄'의 사회적, 역사적 의미를 복기하고 그 후 10년의 흐름을 살펴볼 필요가 있다. 또한 아랍의 봄은 아직 오지 않았다고 평하는 이도 많지만, 아랍의 봄에서 보여 준 이란과 튀르키예 그리고 아랍 시민들의 저항의 목소리는 그 결과와 상관없이 중동 민주화와 평화로 내딛는 역사의 한 장이 되었다. 이에 이 책에서는 중동 민주화 봉기의 10년을 돌아보고, 서아시아의 정세와 가까운 미래를 전망해 보고자 한다.

이 책은 총 3부로 나누어진다. 제1부에서는 2010년과 2011년에 걸쳐 중동 각국에서 일어난 민주화, 반정부 시위를 살펴본다. 제2부에서는 '아랍의 봄' 물결 당시에는 직접 봉기를 경험하지 않았지만, 아랍의 봄의 지향점이 되었다가 현재 민주주의의 위기를 맞은 튀르키예와 '제2의 아랍의 봄'이라 불리는 민중 시위 국면에 새롭게 접어든 이라크와 레바논 그리고 2009년 반정부 시위를 경험한 이란 사례를 만나 본다. 마지막으로 제3부에서는 아랍의 봄 이후 사회 변화를 이슬람주의를 중심으로 설명하고 또한 국제정치 질서 속에서 '아랍의 봄'의 의미를 전체적으로 조망한다.

제1부 제1장에서 엄한진은 아랍 세계의 변방에서 민주화의 중심으로 거듭난 튀니지의 여정을 되짚어 본다. 먼저 아랍 민중 봉기를 촉

발시킨 무함마드 부아지지의 분신과 그의 죽음이 열어젖힌 민주화 과정을 개관한다. 튀니지가 예외적인 성공 사례가 된 배경을 제국의 중심과 거리를 두어 독립적, 개방적인 전통을 이어 온 사회의 특성 그리고 혁명의 전사를 이루는 최근 경험들에서 찾아본다. 물론 튀니지 혁명의 성공 여부를 말하기는 시기상조다. 정치 민주화는 더디고 민중의 현실도 변하지 않았기 때문이다. 그럼에도 청년을 중심으로 튀니지 사회 곳곳에서 시도되는 혁신은 혁명의 정신을 이어 가고 있다.

제2장에서 하현정은 2011년 1월 25일 이집트에서 시작된 '아랍의 봄' 시위의 발발과 전개 과정, 시위 종료 후 2021년까지 이집트 정치, 사회 변화를 분석한다. 이집트의 시위는 이집트 현대 역사상 가장 규모가 큰 반정부 시위였고, 그 결과 30여 년 동안 이집트를 통치했던 무바라크가 사임하는 성과를 거두었다. 그러나 무바라크의 부재가 이집트의 민주화로 연결되지는 못했고, 오히려 이슬람주의 부상과 몰락, 새로운 권위주의 정부의 부활로 이어졌다. 2014년 압델 파타흐 엘시시가 대통령에 당선된 이후 지금까지 이집트는 가장 억압적인 권위주의 정권하에 있다. 하현정은 권위주의 정권의 부활을 뿌리 깊은 군부의 영향력에서 찾고 있으며, 빈곤과 실업 등 경제 문제, 시민사회 몰락, 종파주의 갈등 심화 등을 향후 시시 정부의 과제로 꼽는다.

제3장에서 김강석은 2011년 어린 학생들의 낙서에서 시작한 시리아의 봄이 내전의 늪으로 빠져드는 과정 그리고 미국과 러시아를 중심으로 한 강대국의 개입 속에서 아사드 정권이 생존한 이유를 분석한다. 정치화된 종파주의는 정부군과 반군 간 제로섬(zero-sum)적 갈등을 야기하는 변수로 작용했으며, 버락 오바마가 정책적 오판을 거듭하며 갈팡질팡하던 와중에 블라디미르 푸틴의 적극적인 군사 개입이 꺼져 가던 아사드 정권을 소생시켰다고 평가한다. 특히 김강석은 최악의 내전 끝에 승리한 아사드 2.0 정부가 안고 있는 파편화된 시리아의 복잡한

문제를 구체적으로 제시하여 남아 있는 갈등의 불씨를 조명한다.

제4장에서 황의현은 2011년 1월 시작된 예멘의 민주화 운동이 막대한 인적 피해를 낸 내전으로 전락한 과정과 후티 반군과 같이 내전에 개입한 다양한 행위자 사이의 복잡한 역학 관계를 다룬다. 알리 압둘라 살레흐 정권의 퇴진을 요구하는 청년들의 운동으로 시작되었던 예멘 민주화 운동은 후티 반군과 같은 반정부 세력뿐만 아니라 한때 정권의 지지 기반이던 부족과 군부가 정권에 등을 돌리고 시위에 가담하면서 확대되었고, 결국 살레흐 정권 퇴진이라는 결과를 가져왔다. 그러나 정권 타도라는 공동의 목표 아래 결집했던 여러 세력이 갈등하면서 평화적 정권 이양은 좌절되었다. 이 글에서 황의현은 부족주의, 남북 간 갈등, 후티 반군과 중앙정부 사이의 대립과 같이 예멘 사회의 취약점으로 지적되는 문제들이 예멘 사회가 가진 본질적 특성에서 기인하는 것이 아닌, 40년에 걸친 세월 동안 권력을 유지하기 위해 살레흐가 사용한 생존 전략이 남긴 유산임을 지적한다.

제5장에서 최지원은 2011년 2월 14일 시작되어 걸프 왕정 국가로서는 드물게 지도층의 안정과 생존을 위협할 만큼 일파만파로 커져 간 바레인의 시민운동에 대해 다룬다. 40년간 자리를 지켜 온 총리의 퇴진, 시아파 차별 철폐, 헌법 개정 등 알 칼리파 정부의 대대적인 개혁을 요구하며 시작된 바레인의 민주화 운동은 여전히 현재 진행형이다. 소수의 수니파 지도층과 다수의 시아파 대중 사이의 종파 간 갈등에 초점을 둔 기존의 분석을 넘어서 최지원은 20세기 내내 이어진 반정부 운동의 연속선상에서 2011년 2월 바레인에 대규모 시민 봉기가 일어난 배경을 살펴보고 이후 10여 년간의 정치적, 사회경제적 동향을 돌아본다.

제2부 제6장에서 남옥정은 2011년 분노의 날부터 2019년 10월 티슈린 운동까지 반정부 시위를 통해 구체화된 이라크 시민들의 목소리

에 주목한다. 2003년 이라크 전쟁 이후 지속된 안보 위기 상황에서 시위에 나선 시민들은 일관되게 공공 서비스 퇴보, 실업률 증가, 부패, 종파 정치의 타파, 특정 정당과 관련된 준군사 조직의 활동으로 인한 안보 위기에 적절히 대처하지 못한 정부의 무능을 비판하며 개선을 요구해 왔다. 주로 바그다드와 남부 지방에서 일던 시위는 종파를 초월하여 전국으로 확산되며 티슈린 항의 운동으로 발전했다. 지연되는 정부 개혁, 정치적 폭력, 민병대의 통제 불능, 코로나19 위기 등 많은 도전과 장애에도 2021년 10월 총선에서 티슈린 세대를 대표하는 신생 정당이 출현했다. 이들은 의사 결정 과정에 특정 인물이나 집권 가문이 독점하는 권위주의와 공적 자금을 유용해 온 불법적인 관행을 비판하며 민주적이고 청렴한 새로운 정치 문화를 추구했다. 이에 시민들은 모금 운동과 투표 행사를 통해 신생 정당 후보를 지지했다. 지난 10년은 직·간접인 방식으로 새로운 정치 문화가 정착하는 데 일조한 시민(madani)으로 정체성을 찾아가는 과정이었다. 이라크 시위는 시민운동의 형태로 구체화되었으며, 시민이 오늘날 이라크 정치 지형에서 가장 중요한 행위자로 부상했음을 지적하고 있다.

제7장에서 이경수는 레바논의 사례를 탐구한다. 2011년 시위는 대대적으로 발생하지 않았으나, 2015년 쓰레기 사태 시위와 2019년 발생한 제2의 아랍의 봄(Arab Spring 2.0)이라는 대규모 민중 시위 발생의 원인을 레바논 종파안배주의(confessionalism)에 초점을 두고 분석한다. 레바논 시민들은 2015년 발생한 민중 시위가 아랍의 봄 정신과 일맥상통하며 시민사회 활동에 기반한 반정부 민중 시위의 시작점으로 여긴다. 레바논의 뒤늦은 대규모 민중 시위는 정치적이고 경제적인 국가 위기로 인해 발생했다. 이경수는 레바논의 독특한 정권 체제를 설명하고 2015년 이후 국정 운영 실패로 인한 국가 위기의 배경을 제시하면서 레바논 사회의 전반적 이해를 돕고 2019년 이후 레바논 민중 시위의

의의 및 한계를 제시한다.

제8장에서 장지향은 오늘날 튀르키예의 무슬림 민주주의가 어떻게 실패로 평가받고 있는지 분석한다. 현대 튀르키예 정치는 세속주의와 이슬람주의 세력 간의 치열한 갈등 속에서 발전해 왔다. 오스만제국 해체 후 들어선 튀르키예 공화국은 강경 세속주의자 주도의 권위주의 일당 지배로 출발했고 이슬람주의와 쿠르드 민족주의 세력을 국가통합의 적으로 여겼다. 2001년 시장 경제와 이슬람 자유주의의 조화를 주장하는 신진 온건 이슬람주의자 그룹이 레제프 타이이프 에르도안의 주도로 정의개발당을 조직했고 유권자의 압도적인 지지를 받으며 무슬림 민주주의의 실험에 들어갔다. 이 과정에서 세계화를 통해 성장한 신흥 이슬람 부르주아지가 이슬람 정치 세력의 온건화를 도왔다. 그러나 '아랍의 봄' 지지자들에게 모범 사례로 꼽혔던 튀르키예의 실험은 에르도안 총리의 장기 집권이 이어지면서 실패로 평가받고 있다. 에르도안의 권력 사유화와 일인 체제 강화로 튀르키예의 무슬림 민주주의가 선거 권위주의로 빠르게 퇴보한 탓이다. 튀르키예의 권위주의 회귀는 국내 정치 요인뿐 아니라 미국의 신뢰도 추락과 세계적 민주주의 약화 추세 때문에 더욱 공고해지고 있다.

구기연은 제9장에서 2009년 이란 녹색운동과 이후 10여 년의 궤적을 따라감으로써 진행 중인 이란의 시민 불복종 운동에 초점을 두고 분석한다. 이란의 녹색운동은 혁명으로 이어지지 못했지만 이슬람 혁명 이후의 이란 정치와 사회 변동의 변곡점이라 평가받는다. 또한 녹색운동은 지금까지 이란 정치에 대한 자성의 목소리를 일깨우는 원동력으로서 서아시아의 시민 저항 운동, 시민 불복종 운동을 이끌고 있다는 평가를 받는다. 이에 구기연은 이란의 민주화 운동 이후 시민사회의 다양한 결에 대한 민족지적 사례들을 제시하고 있다.

제3부 제10장에서 박현도는 2011년 1월 튀니지의 민주화 시위로

시작한 아랍의 봄 이후 이슬람주의가 가져온 사회 변화를 설명한다. 이슬람주의자들은 봄바람을 타고 정치 현실의 장에 뛰어들어 싸웠고, 테러를 자행했으며, 시아파 무슬림과 비무슬림을 무차별 탄압하고 살해했다. 실로 아랍의 봄은 이슬람주의자의 봄이기도 했다. 피로 얼룩진 처절한 고통의 봄이었다. 이슬람주의 운동을 무슬림형제단과 살라피로 나누어 보면서 박현도는 이 둘의 공통점과 차이점을 역사적으로 살피고, 살라피 운동의 다양성과 함께 공포의 주역이었던 지하디 살라피가 가한 폭력의 추동 원인과 현상을 분석한다.

마지막으로 제11장에서 인남식은 아랍의 봄이 지역의 민주주의 이행 과정에서 실패한 경로를 추적하며, 이 궤적이 지역을 넘어 국제정치 질서에 미친 영향을 짚어 낸다. 민주주의로 이행하지 못한 채 실패국가들이 늘어나면서 테러와 난민 등 안보 문제가 부상했다. 테러와 난민의 확산을 우려한 유럽은 자국 중심주의로 급속히 전환했고, 이는 미국의 고립주의 가속화에도 영향을 끼쳤다. 인남식은 아랍의 봄이 국제정치의 자유주의 노선에 제동을 걸고 현실주의를 가속하는 요소로 작동했음을 밝히고 있다.

각 장에서 지적한 문제점들은 아랍의 봄이 발발한 지 10년이 지난 지금까지도 서아시아 지역 국가들에서 해결해야 할 숙제로 남아 있다. 하지만 아랍의 봄은 2022년 서아시아와 북아프리카의 시민과 노동자에게 거리로 나가 목소리를 높일 수 있는 원동력이 된다는 점에서 그 중요성은 여전히 유효하다. 아랍의 봄이 거둔 가장 큰 성과는 민주화에 대한 열망, 단결된 함성의 중요성에 대한 시민들의 자각이다. 중동 지역에서 지난 20년간 신자유주의의 주요 요소들은 아랍과 이란, 튀르키예의 엘리트 및 전문가 집단, 정치인의 사회상과 활동에 많은 영향을 끼쳐 왔다. 이슬람주의자 혹은 그 대척점에 있는 세속주의자도 자유시장과 신자유주의적인 합리성을 당연하게 받아들인다. 그 결과 그들은 실업 해결 같은 정책적 결과에만 관심을 보였고 정작 재분배, 소유 관계에서의 변화와 착취, 민중 통제 같은 문제에는 관심을 기울이지 못했다. 이에 여성의 권리, 개인의 권리 등 인권 문제는 현대 중동 지역에서 정말 중요한 문제인데도 무시되어 왔다(Bayat, 2017: 25).

하지만 결국 중동 지역은 개인의 권리와 인권 향상을 위한 강력한 인정 투쟁과 시민 불복종에 마주할 것이다. 아랍의 봄 직후 슬라보예 지젝이 예견했던 것처럼(2012: 115), 중동의 빈곤은 권력자들의 탐욕과 부패의 결과이지만, 그들을 축출했음에도 종식되지 않았다. 네다 아가 솔탄 그리고 부아지지의 유령이 이라크와 레바논, 이란의 광장을 여전히 배회하고 있다. 이는 분명 생존의 문제이며, 오래 쌓여 왔던 권리, 계급, 정치 문제와 복잡하게 엮여 있다. 과연 중동의 봄은 언제쯤 올 것인가? 바야트(Bayat, 2017)가 지적한 것처럼 공적인 영역과 사적인 영역에서 민중이 끊임없이 투쟁하고 개입하지 않는다면 중동 지역은 억압받던 과거를 뒤로하고 해방된 내일을 맞이할 수 없을 것이다. 시간은 걸리겠지만, 중동에서의 광장의 정치는 이미 시작되었으며, 결코 멈추지 않을 것이다.

이 총서는 무엇보다 서울대학교 아시아연구소 서아시아센터의 첫 발간 총서로서 의미를 지닌다. 서울대학교 아시아연구소 서아시아센터는 2018년 설립된 이후 서아시아와 관련된 다양한 학술 연구 활동을 이어 왔다. 이는 아시아연구소 외부에서 활동하는 국내 중동 연구자들의 뜨거운 관심과 도움이 있었기에 가능했다. 또한 주한 아랍, 이란, 튀르키예, 이스라엘 대사님들의 관심과 도움 덕분에 서아시아센터가 한층 발전할 수 있었다.

이 책의 출판은 서울대학교 아시아연구소가 “아시아 연구의 시대적 필요성에 부합하고, 학문 연구의 독자성과 자립화를 구현하고자 아시아 관련 우수한 연구 내용을 책으로 발간"한다는 목표로 실행하고 있는 '2021년 아시아 기초연구 저술 지원 사업' 지원을 받았기에 가능했다. 이 총서는 국내에서는 처음으로 아랍의 봄 이후 10년간의 서아시아 주요 국가들의 정치, 사회문화적 변화를 추적하는 연구서라는 의미를 넘어, 서울대학교 아시아연구소의 서아시아 연구 총서 시리즈의 첫발을 내딛는다는 의미를 가진다. 이 책을 출간하는 과정에서 많은 분의 도움을 받았다. 서울대학교 아시아연구소의 박수진 소장님과 신범식 부소장님 외 아시아연구소 구성원들의 지원과 관심에 감사드린다.

무엇보다 책의 기획 단계 초기부터 함께 머리를 맞대고 힘써 주신 한국외국어대학교 중동연구소의 이경수 박사님, 서아시아센터의 황의현 박사님, 편집 간사로 성실하게 임무를 다해 준 서울대학교 아시아연구소 유지언 님과 서울대학교 아시아언어문명학부 석사 과정 곽재욱 님께 깊은 감사의 말을 전한다.

이 책은 첫 기획 이후 1년 동안 여러 차례의 기획 회의와 워크숍 등을 통해 집필진이 서로의 글을 정성껏 비판하고 조언하는 과정을 거쳐 완성되었다. 이 책에는 서아시아 지역에 단순한 관심을 넘어서는 저자들의 애정이 녹아 들어 있다. 이 글을 읽는 독자들이, 지금 이 순간에도 혼란스러운 사회에서 희망을 잃지 않고 저항하며 살아가는 아랍의, 이란의, 튀르키예의 민중의 평안을 함께 빌어 주길 바란다.

2022년 12월

집필진을 대표하여

구기연

차례

표 차례

그림 차례

사진 차례

*음차 표기 기준

1. 아랍어 정관사 '알(al)'과 인명은 붙여 표기함.
   예) 알카디미, 알말리키
2. 관습적으로 널리 쓰이는 이름은 관용적 표기를 사용함.
   예) 압델 파타흐 엘시시, 아사드 정권
3. '압드'와 '알'은 붙여 표기함.
   예) 압둘 마흐디, 이븐 압둘 와합
4. 정관사가 아닌 가문을 의미하는 '알(al)'은 인명과 분리해서 표기함.
   예) 알 칼리파
5. 자음 kh는 'ㅋ'으로 표기하되 관용적으로 널리 쓰이는 이름은 'ㅎ'으로 표기함.
   예) 호메이니, 하메네이, 하타미, 이븐 할둔

제1부

아랍의 봄

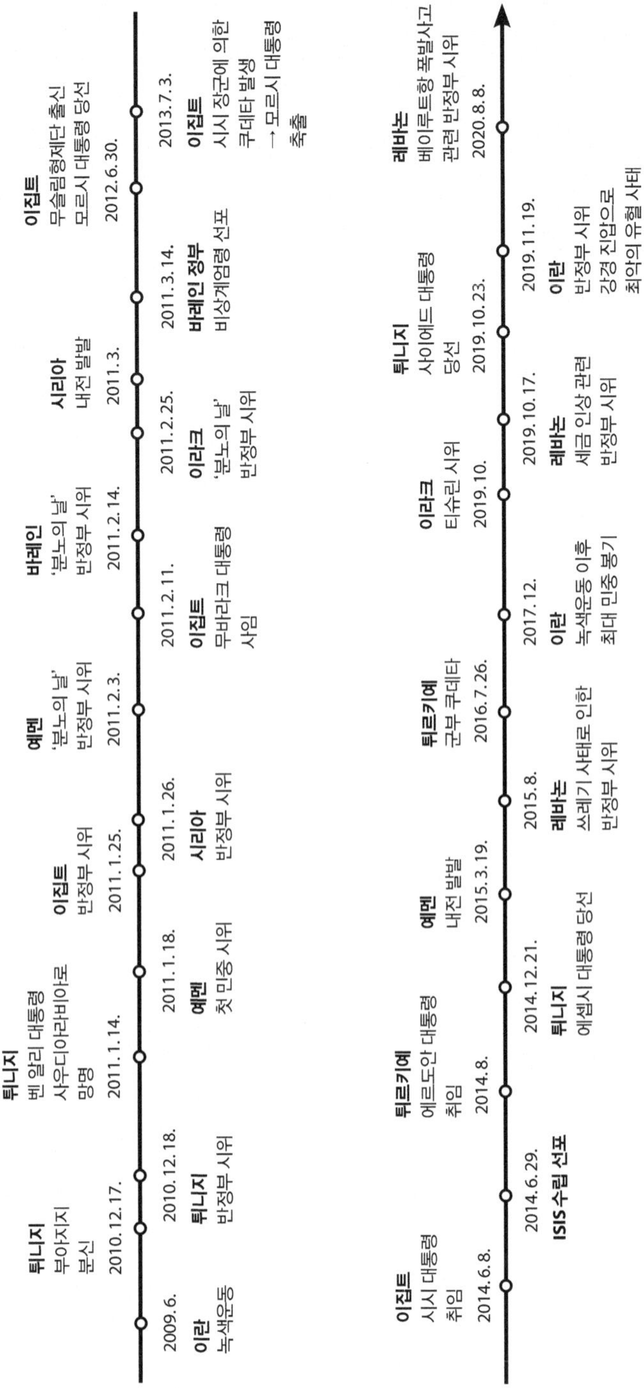

[그림 1-1] '아랍의 봄' 이후 주요 사건 타임라인

제1장 튀니지, 아랍의 봄의 트리거

지중해 남단의 자그마한 이 나라가 어떻게 아랍혁명의 진원지가 되었나? 왜 튀니지인가? 아랍의 봄이 반드시 튀니지에서 시작될 운명은 아니었겠지만, 극도로 불평등한 현실과 부패한 체제에 대한 환멸만으로도 어느 정도 설명은 가능하다. 이에 더해 혁명을 시도할 수 있었던 튀니지 사회의 잠재력이나 저항 운동의 전통도 혁명의 방아쇠가 당겨지는 데 한몫을 했을 것이다. 이제 10년을 경과한 튀니지 혁명은 성과와 한계를 동시에 보여 주고 있다. 민주주의 제도가 작동되고 시민사회의 자율적인 공간들이 활성화되며 표현의 자유가 신장했지만, 열악한 고용 현실과 그 저변에 있는 경제 시스템처럼 변하지 않은 것들이 혁명에 대한 실망과 피로감을 낳고 있다. 혁명의 축제가 끝난 튀니지는 현재, 냉혹한 정치의 시간을 맞고 있다. 행정부와 의회에 대한 국민의 불신은 기성 정치인이 아닌 카이스 사이에드(Kais Saied) 대통령이 총리 경질과 의회 기능 정지 같은 극약 처방을 내리게 했다. 이 조치로 혁명 이후 튀니지 제1의 정치 세력으로 군림해 온 이슬람 정당 엔나흐다(Ennahda)의 운명도 심판대에 올랐다. 독재에 이어 이슬람주의를 넘어 세속적인 민주주의 혁명을 완수할 것인지, 아니면 이슬람 민주주의의 새로운 사례가 탄생할지 귀추가 주목된다.

1. 새 시대를 열어젖힌 한 청년의 죽음

1) 평범한 튀니지 청년 무함마드 부아지지의 분신

2010년 12월 17일 튀니지 중부 지역의 소도시 시디 부지드(Sidi Bouzid)에서 행상을 하던 청년 무함마드 부아지지(Muhammad Bouazizi)가 도시 중심부에 위치한 광장에서 분신을 감행한다. 그날 아침 그는 여느 때처럼 이른 시간에 일어나 시장으로 향했다. 다른 상인보다 먼저 좋은 자리를 잡기 위해서였다. 트럭을 살 돈이 없어 직접 만든 수레에 배, 사과, 바나나를 실었다. 튀니지의 초대 대통령 이름을 딴, 번화한 하비브 부르기바 거리에 평소처럼 자리를 잡았다. 어려운 경제 사정으로 대학 공부를 할 수 없던 그는 스물여섯 살이 되었는데도 정식 허가도 받지 못한 채 과일을 파는 처지였다. 그래서 수시로 경찰에게 과일과 수레를 빼앗겼다.

경찰의 지나친 단속, 그것이 이 청년을 분노하게 한 직접적인 원인이었다. 그날도 경찰이 과일을 압수했고 벌금 20디나르(약 1만 원)를 부과했다. "하루 10디나르를 버는 사람에게 경찰은 벌금으로 20디나르를 물립니다. 말이 안 되어요." 무함마드의 동료 상인이 한 말이다(Chabet D'Alix, 2012). 경찰이 저울을 압수하자 무함마드는 빼앗기지 않으려 했고, 한 여경이 그에게 수갑을 채웠다. 물건을 압수당한 무함마드는 몇몇 동료와 시의 관할 부서를 찾아갔다. 그러나 무함마드는 들어가지 못했고 감정이 격해진 채 가게에 들러 휘발유를 샀다. 손님을 기다리던 택시 기사, 행인 그리고 동료들이 보는 앞에서 무함마드는 휘발유를 몸에 끼얹고 이슬람의 신앙 고백인 샤하다를 읊은 뒤 불을 붙였다.

분신 다음 날 시디 부지드의 지역 주민, 노조, 유지들이 거리에 모여들었다. 2008년 가프사 투쟁의 구호였던 "존엄성, 일자리, 자유"가 다시 울려 퍼졌다. 소셜 미디어를 통해 시위 소식이 실시간으로 전해졌고 스팍스, 메크나시 등 주변 지역으로 시위가 확산했다. 12월 22일에는 전신주에 올라 "더는 비참함도 실업도 원치 않는다."라고 외치던 24세 남성이 감전사하는 일도 있었다. 12월 27일에는 수도 튀니스까지 시위가 확대되었다. 대통령 자인 엘아비딘 벤 알리(Zine el-Abidine Ben Ali)는 시위가 정치적으로 이용되고 있다고 비난했지만, 부아지지를 분신에 이르게 한 배경을 이해한다고도 했다. 12월 28일 벤 알리는 부아지지가 입원한 병원을 방문해 부아지지의 어머니에게 위로금을, 누이에게는 일자리를 약속했다. 이러한 대통령의 태도에 국민은 다시 한번 분노했다. 몇몇 관련자를 처벌하고 희생자에게 물질적으로 보상하는 식의 대응은 국민의 분노를 잠재우기에는 턱없이 부족했다.

결국 2011년 1월 4일 부아지지는 숨을 거둔다. 장례식에는 5,000명이 넘는 사람이 참석했다. 사망 소식이 전해진 후 시위는 더 격화되었고 1월 8-10일 중서부 지역 카세린과 중부 지역 카이루안에서 최고조에 이르러 시위 도중 50명 이상이 사망했다. 이 상황에서도 벤 알리는 1년 안에 일자리 30만 개를 만들겠다는 양보 조치로 사태를 잠재울 수 있다고 생각했다. 당시 유럽 국가들 역시 벤 알리가 버틸 것이라고 보았다. 국제사회의 방관하는 태도와 구식민국가인 프랑스의 지지에 고무된 벤 알리는 2014년 퇴진 계획과, 인터넷 접속 제한을 폐지하는 획기적인 대국민 약속을 내놓는다. 그러나 이 조치들 역시 별 효력이 없었다. 급기야 군이 투입되었고 통행 금지령과 튀니스의 봉쇄 조치령이 내려졌다. 전통적으로 친정부적 행보를 보여 왔던 튀니지 최대 노조 연합체인 튀니지노동총연맹(Union Générale Tunisienne du Travail, UGTT)이 튀니스에서의 대중 집회를 예고했고 전국 각지에서 "벤 알리는 퇴진하라"는 구호가 등장했다. 결국 1월 14일 벤 알리는 사우디아라비아로 떠난다. 이렇게 튀니지 역사의 한 페이지가 넘어갔다. 처음부터 혁명은 아니었다. 그러나 사회적인 불만이 반정부 시위로 전환되고 아랍 세계 전체로 확대되면서 '아랍의 봄'이 탄생했다.

부아지지가 극단적인 선택을 했던 직접 원인은 경찰의 단속이었지만, 그 배경에는 벤 알리 정권의 부패 그리고 심화된 빈곤과 불평등으로 누적된 불만이 있었다. 부아지지가 처음은 아니었다. 열 달 전에도 모나스티르에서 아이스크림을 팔던 청년 압데살렘 트리멕이 경찰에게 자신이 팔던 물건을 압수당한 직후 분신을 감행했다. 부아지지의 삶은 많은 튀니지 젊은이의 삶이었다. 학위가 있든 없든 어떻게든 하루하루를 버텨야 하는 고통스러운 삶을 살던 수백만의 부아지지가 있었고 이들은 부아지지의 죽음에 혁명으로 보답했다. 그는 경찰에 돈을 주면서 안정적인 조건을 얻는 것을 거부했다. 자신의 존엄성을 지키려 했던 선택은 비극으로 끝을 맺었지만, 튀니지 청년들은 존엄성 혁명(dignity revolution), 즉 인간의 존엄성을 보장하는 고용 조건과 권리 보장, 사회의 자존감을 훼손시키지 않을 정도의 대외 관계를 요구하는 투쟁으로 부아지지의 뜻을 계승했다(Touaibia, 2020).

2) 예외적인 성공 사례

튀니지 혁명[1]은 아랍의 봄에서 예외적으로 성공을 거둔 사례로 평가된

1 튀니지에서 시작된 반정부 운동은 초기에 재스민 혁명으로 불렸다. 언론이 만든 이 용어는 재스민이 튀니지의 국화라는 점에서 착안한 것이었다. 그러나 문화적 함의를 지닌 이 용어가 오리엔탈리즘 측면을 가진다는 비판이 제기되었다. 또한 재스민이라는 말은 행복이나 온화한 기후를 떠올리게 하는데 정작 현실은 가장 순조로운 이행을 경험한 것으로 평가되는 튀니지에서조차 2011년에서 2013년까지 350명의 사망자가 발생하는 등 결코 평화롭지 않았

다. 독재 체제가 붕괴한 자리를 채운 민주주의 제도들이 순조롭게 운영되었기 때문이다. 2011년 10월 23일 튀니지 최초의 자유 선거로 제헌의회 의원을 선출하는 선거가 치러져 이슬람주의 정당 엔나흐다가 하원 의석 217석 중 41%인 90석을 획득하여 제1당이 된다. 그다음으로 민족주의 성향의 좌파 정당인 공화국회의(Congrès pour la République)가 29석, 또 다른 좌파 정당 에타카톨(Ettakatol; 노동과 자유를 위한 민주주의 포럼)이 20석을 차지했다. 11월 22일에 에타카톨의 무스타파 벤 자파르(Mustapha Ben Jaafar)가 국회의장에 임명되었고, 12월 13일에는 인권연맹 의장을 역임했고 공화국회의의 지도자였던 몬세프 마르주키(Moncef Marzouki)가 대통령직을 맡게 된다. 2014년 1월 새로운 헌법이 제정되고 그에 입각해 총선과 대선이 치러졌다. 10월 26일 치러진 총선에서는 베지 카이드 에셉시(Beji Caid Essebsi)가 창설하고 구여당 입헌민주연합(RCD) 당원들이 주축이 된 니다 투네스(Nidaa Tounes)가 제1당이 되었고 11월 23일과 12월 21일에 각각 1차 투표와 결선 투표가 치러진 대선에서도 에셉시가 당선되었다. 2018년 5월 6일 최초의 지방선거가 치러졌다. 이 선거에서 엔나흐다는 38%의 득표율로 승리했고 수도 튀니스와 제2의 도시 스팍스를 차지했다. 수아드 압데라힘은 튀니스 최초의 여성 시장이 되었다.

그러나 정치적 민주화 과정이 경제지표의 개선을 동반하지는 못했고 2017년부터 다음 해까지 전국 각지에서 이어진 청년들의 시위가 저항 운동의 부활을 알렸다. 당시 실업과 인플레이션이 심해지는 등 대다수 국민의 사회경제적인 상황이 악화된 것은 무엇보다 국제통화기금(IMF) 구제금융의 대가로 세금 인상과 보조금 축소, 공공 부문 일자

다는 점도 언급되었다. 이러한 비판으로 이후에는 '튀니지 혁명'과 같이 중립적인 표현이 주로 사용되었다.

리 감축, 연금 제도 개혁 등의 조치가 취해졌기 때문이다. 국제통화기금은 2016년 튀니지에 29억 달러를 대출해 주었는데 2017년에는 대출을 중단했다. 튀니지 정부가 국제통화기금이 요구하는 재정 개혁 조치를 이행하지 않았다는 이유에서였다. 이러한 압력하에서 정부는 국제통화기금의 요구를 이행하기 위해 반민중적 정책을 폈던 것이다.

2019년은 벤 알리가 퇴진한 2011년, 새로운 헌법이 제정되고 그에 입각해 선거가 치러진 2014년과 함께 튀니지 정치권 변화를 상징적으로 보여 준 해다. 그해 7월에 튀니지 최초로 민주적으로 선출된 대통령인 에셉시가 사망했고 9월에는 벤 알리가 혁명 직후 망명했던 사우디아라비아의 제다에서 암 투병 중 사망했다. 10월에는 총선과 대선이 연이어 치러졌는데 총선에서 엔나흐다가 승리를 거두었고 대선에서는 기성 정치권과 거리가 먼 법학자 사이에드가 대통령에 당선되었다. 튀니지는 대통령중심제와 의원내각제가 혼합된 정치 체제를 가지고 있는데, 2019년 선거 결과 내각을 이끄는 정당과 대통령이 경쟁 관계에 놓이게 되었고 최근에는 양자 간의 권력 투쟁이 격화되고 있다.

혁명이 시작되었고, 정치 체제가 변화했고, 부족하나마 혁명이 낳은 체제가 지켜진다는 점에서 튀니지는 중동에서 예외 사례다. 적어도 정치적 민주화 측면에서는 가장 긍정적 양상을 보여 주는 튀니지의 예외성에 대해 여러 설명이 가능하다. 이 나라가 중동 지역의 대다수 국가가 연루된 지역 정치에서 어느 정도 벗어나 있어 혁명을 왜곡시키는 외세 개입이 덜했던 것이 긍정 요인으로 작용했다. 혁명 발발이 예상치 못한 일이었고 빠른 속도로 전개되어 외부의 개입 이전에 민주주의 체제로 이행이 가능했다. 또한 유사한 사례인 이집트와 달리 군부가 덜 정치화되어 있었던 덕분에 혁명 이후의 정치 과정에 군부가 개입하여 민주화를 가로막는 상황을 피할 수 있었다. 군부가 전통적으로 권력의 중심에서 벗어나 있던 것이 반혁명 진영의 한계로 작용했다.

2. 튀니지, 왜 그곳에서?

1) 혁명을 설명해 주는 튀니지 사회의 특성

중동 민주화가 튀니지에서 시작된 것에 직접 영향을 미치지는 않았지만, 배경으로 작용한 여러 요인을 찾아볼 수 있다. 먼저 튀니지가 어떤 나라인지 살펴보자. 국토 면적은 163,610km²로 한반도의 3분의 2가 조금 넘는 크기다. 인구는 2022년 1,235만 명이며 인구 밀도는 75명/km²이다. 서쪽으로는 알제리, 동남부는 리비아와 맞닿아 있으며 북부와 동북부에 걸쳐 길게 지중해에 면해 있다. 수도는 튀니스고 주요 도시로는 스팍스, 수스, 가베스, 카이루안, 비제르트 등이 있다. 공식 언어는 아랍어고 프랑스어, 베르베르어도 통용된다. 독립 이후 시도된 아랍어화 정책에도, 식민지 시대에 확산된 프랑스어의 비중이 크게 줄지는 않았다. 일부 남부 지역에서는 이슬람 전파 이전에 이 지역의 언어였던 베르베르어를 사용하는 전통이 유지되고 있다.

튀니지는 고대부터 지중해 남부에서는 드문 곡창 지대로 비중 있는 지정학적 위상을 유지해 왔다. 아틀라스산맥과 사하라사막이 있지만, 농경지나 목초지도 국토의 절반을 차지한다. 페니키아인들이 건설한 카르타고 왕국의 거점으로 전성기를 누린 후 지역 토박이인 베르베르인들의 시대가 이어진다. 그러다가 3차에 걸친 포에니전쟁에서 패배한 후 로마제국에 복속되어 제국의 비중 있는 변방이 된다. 7세기 이슬람을 전파한 아랍인들의 지배를 받았지만, 오스만제국에서도 자치령의 지위를 누리다가 1881년에 프랑스의 보호령이 된다. 갑자기 근대적인 개혁을 지원해 주겠다는 문명화 담론을 명분으로 알제리에 국한했던 보호령을 튀니지까지 확장한 것이다. 1956년 독립이 되고 1957년부터 왕정에서 공화정으로 정치 체제가 바뀐다. 독립운동의 지도자였던 하비브 부르기바가 초대 대통령이 되어 30년간 권좌에 머물렀다. 1987년에는 벤 알리가 쿠데타를 일으켜 정권을 장악한다. 그는 4번의 재선에 성공하지만, 말년에 대통령과 측근들이 권력을 독점하면서 정권의 대항마로 이슬람주의자들이 등장한다.

고대의 명성과 달리 독립 이후 튀니지는 영토 면에서나 정치·군사 면에서나 아랍 세계에서 약소국 이미지를 가지고 있었다. 석유 매장량도 걸프만 산유국은 물론 인접국인 알제리나 리비아에 비해 적어 국제사회에서 큰 관심을 받지 못했다. 정치적·경제적 차원의 위상보다는 관광지 이미지가 강했다. 작열하는 태양과 짙푸른 지중해, 바다를 닮은 하얀 벽과 파란 문에 반하게 되는 튀니지의 긴 해안 지대는 유럽인의 별장이었다. 지리적으로 유럽·중동·북아프리카의 중심에 위치한 튀니지는 문명 세계의 휴식 공간이자 문명이 교차하는 장소였다. 그것이 다양성과 개방성을 낳았다. 튀니지는 아마도 가장 유럽을 닮은 아랍 국가일 것이다. 다른 종교에 대한 관용, 자신의 종교인 이슬람을 대하는 태도, 여성을 대하는 태도도 중동의 산유국들과는 판이했다. 이런 점을 고려하면 아랍의 봄에서 민주화를 선도한 것이 이 나라가 보여 온 특성에 잘 부합한다고 할 수 있다.

지중해 남부의 중심에 위치하고 이스탄불과 파리 등 제국 중심부와 너무 멀지도 가깝지도 않은 지리 조건은 자율성과 함께 비판적인 태도를 가능하게 해주었다. 이러한 지리적 요인을 고려할 때 이븐 할둔이라는 근대 이전 아랍 세계 최고의 학자를 배출한 것이 우연만은 아닐 것이다. 주저 『무깟디마』에서 이븐 할둔은 아랍 세계의 서쪽 부분을 의미하는 '마그레브'의 두 주요 종족인 아랍인과 베르베르인의 역사를 다루었다. 그는 당시 역사가들을 여러모로 비판했는데 그중 하나는 이들이 각 민족의 관습과 상황이 시간에 따라 변화한다는 사실을 고려하지 않는다는 것이었다. 이는 본질주의 비판이며, 이븐 할둔을 사회학의 기원 중 하나로 보는 근거를 여기에서 찾을 수 있다.

마그레브의 일원이라는 점도 튀니지의 최근 정치 변동을 이해하는 데 중요하다. 먼저 마그레브 지역은 아랍 세계의 동쪽 부분인 마슈렉에 비해 아랍 사회로서의 정체성이 약한 편이다. 그로 인해 아랍 민족주의나 아랍 문화보다 이슬람이 이 지역에 사는 이들의 정체성과 이들이 겪는 문제를 해결하는 과정에서 더 큰 비중을 차지했다. 이슬람주의가 20세기 후반 중동·북아프리카 지역의 정치 변동을 주도하게 된 계기는 1979년 이란혁명이라는 사건이었지만, 열기가 더 뜨거웠던 곳은 알제리, 튀니지, 모로코 등 북아프리카 지역이었다. 이러한 배경에서 이슬람주의에 대한 벤 알리 정권의 탄압이 부르기바의 현대화 정책과 함께 튀니지 현대사의 전면을 장식한 것이다. 튀니지는 북아프리카 국가 중에서도 특히 알제리, 모로코와 함께 좁은 의미의 마그레브 3국 중 하나로 간주된다. 한국, 중국, 일본이 하나의 문화권으로 묶이는 것과 유사하다. 지리적 인접성과 함께 프랑스 식민지였다는 공통점이 이들을 하나로 묶어 준다. 영국의 식민 지배를 겪은 나라들과 비교해 볼 때 프랑스의 식민지였던 나라들이 상대적으로 더 강한 동화정책으로 인해 문화적·정치적인 면에서는 서구화·근대화가 더 진척되었지만, 경제적으로는 더 열악하다는 평가가 있다. 이 점은 아랍의 봄이 중동보다는 북아프리카에서 더 본격적으로 진행된 것과 무관하지 않다.

2) 가장 서구화된 중동 사회

튀니지는 중동 지역에서 튀르키예와 함께 근대화와 서구화가 가장 진전된 나라로 알려져 있다. 예를 들어 1957년부터 1987년까지 대통령을 역임한 부르기바는 튀니지 근대화의 상징 인물로, 단지 경제 근대화만 아니라 사회 근대화에도 관심을 기울였다. 특히 당시 아랍 세계의 지도

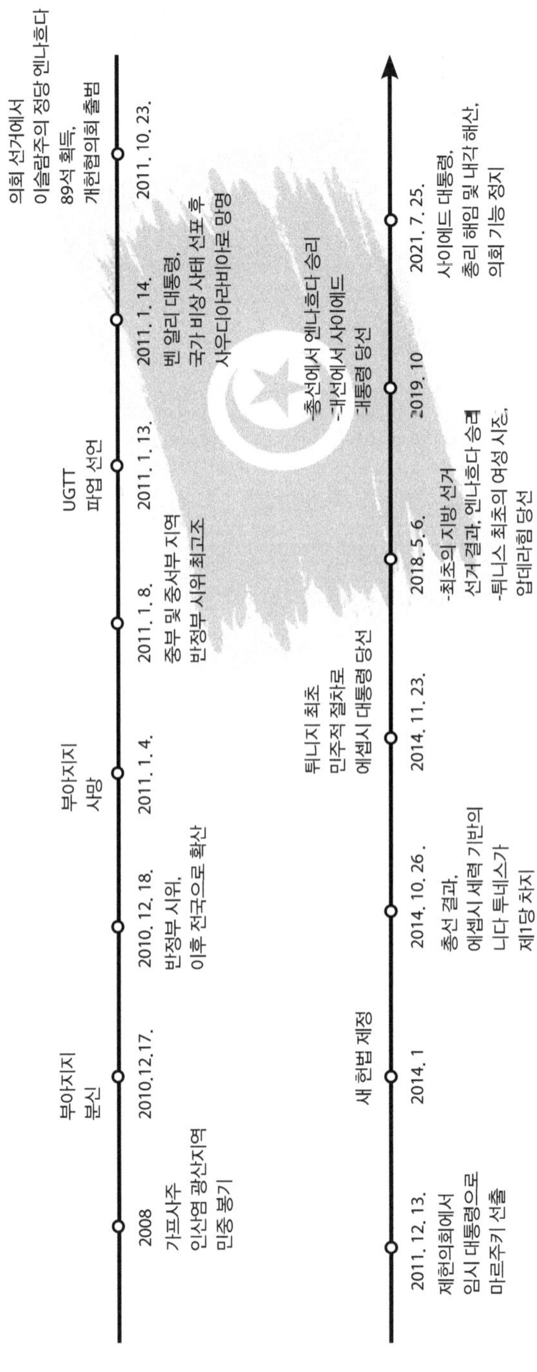

[그림 1-2] 튀니지 재스민 혁명 타임라인

자 중에서 여성 해방에 기여한 유일한 인물이다. 식민지 해방 직후 일부다처제, 조혼 등을 금지하는 법률을 제정함으로써 여성 해방의 물꼬를 텄다. 이러한 튀니지의 근대적 이미지는 아랍의 봄의 도화선이 되면서 다시 한번 입증되었다. 그리고 개방적 전통이 있었기에 혁명 이후에 헌법 개정이 이슬람주의적 방향으로 가는 것을 막아 낼 수 있었다. 최근의 총리 임명에서도 튀니지 사회의 진보적 측면을 확인할 수 있다. 지난 2021년 9월 29일 사이에드 대통령은 자신이 경질해서 공석이던 총리직에 중동 지역 최초로 여성을 임명했다. 그것도 자기처럼 정치 경력이 없는 교수, 나즐라 부단 람단을 선택했다.

튀니지는 아랍 지역에서 세속적·근대적 측면만 아니라 시대착오적으로 보이는 이슬람주의 측면에서도 각별한 모습을 보여 준 나라다. 엔나흐다의 지도자 하셰드 간누시는 모로코의 압델살람 야신, 알제리의 압바시 마다니, 알리 벨하지 등과 함께 1980-1990년대 아랍 이슬람주의의 영웅시대를 장식한 인물이다. 그런데 이슬람주의 진영에서도 튀니지는 상대적으로 온건하고 근대적 이미지를 가지고 있었다. 엔나흐다 등 튀니지 이슬람주의 세력은 기회만 주어진다면 제도권 정치에 참여하려는 온건·실용 노선을 표방했다. 이러한 튀니지 이슬람주의의 특성은 최근 엔나흐다의 지도자 간누시가 적극적으로 표방하는 '이슬람민주주의론'으로 계승되고 있다. 이제 그토록 원하던 제도권 정치에 참여가 가능해진 상황에서 민주주의 제도를 수용하는 이슬람주의의 길을 개척하려는 것이다.

3. 준비된 혁명

1) 튀니지 혁명의 전사

> "덜 발전된 나라(저발전국)는 없다. 덜 분석된 나라가 있을 뿐이다."(Berque, 1964)

아랍·이슬람 분야의 독보적인 전문가 자크 베르크(Jacques Berque)의 말이다. 이 말은 아랍의 봄에서 튀니지가 보여 준 놀라운 성공을 대하는 외부 세계의 의아한 눈길에도 적용될 수 있다. 우리는 튀니지의 근현대사에서 어렵지 않게 혁명의 전사(前事)와 전조를 확인할 수 있다. 19세기 이래 세계 대부분 지역에서 전개된 서구화와 근대화의 흐름이 서유럽을 지척에 둔 이 해양 국가를 비켜 가지는 못했다. 당시 '유럽의 환자'로 전락한 오스만제국 황실이 회생을 위해 시도한 '탄지마트'라는 정치 개혁이 제국의 핵심적인 변방이던 이집트와 튀니스 자치령에까지 영향을 미쳤던 것이다. 서구 모델에 따라 국가 기구나 사법제도를 바꾸고 다양한 종교 공동체들이 기존과 달리 동등한 지위를 누리도록 만드는 것이 개혁의 골자였다. 물론 무슬림과 비무슬림 간의 법적 평등 강조는 예상할 수 있듯이 이미 이웃 나라 알제리를 장악한 프랑스의 압력이 작용한 것이었다. 이렇게 강요된 개혁의 전통은 독립 이후 부르기바 정권의 개혁 노선으로 계승되었고 이후에는 아래로부터의 저항 운동이 그 맥을 이어 가게 된다.

튀니지 역사학자 리다 트릴리(Ridha Tlili)는 튀니지인들이 겪고 있는 환멸과 환상을 다음과 같이 표현했다. "튀니지는 1월의 환상 속에 산다. 1984년 1월 빵 폭동, 1987년 1월 총파업, 2011년 1월 혁명. 그리고 모든 이가 2021년 1월을 생각하고 있다."(Verdier, 2020) 실제 2021년

1월에 대대적인 반정부 시위가 일어났다. 코로나19 사태로 악화한 경제 상황을 호전시키기 위해 외부로부터 추가 금융 지원을 받아 그 대가로 사회 지출이 줄어들고 구조 조정이 심해져서 청년들의 시위가 일어난 것이다. 위 인용문에서 1월이라는 공통점과 함께 저항 운동이 격화된 시기가 한국 사회와 비슷하게 1980년대인 점을 발견할 수 있다. 1956년 프랑스에서 독립한 이후 한 세대가 지난 1980년대에 아프리카 대륙에서도 민중에 의한 반독재 운동의 바람이 불었다. 그런데 당시 한국의 반정부 운동이 민중 운동, 민주주의 운동, 민족주의 운동이 결합된 것이었다면 북아프리카의 저항 운동은 민중의 경제 투쟁, 반독재 운동 그리고 이슬람주의 운동의 형태를 띠었다.

아랍의 봄이 등장하기 20여 년 전 튀니지로 돌아가 보자. 그때도 정치 격변기였다. 북아프리카에 이슬람주의라는 새로운 이데올로기의 광풍이 불던 때였다. 알제리에서 특히 심했지만, 모로코와 튀니지도 예상치 못한 격랑에 휩쓸렸다. 정치 권력의 분열상을 겪으면서 이슬람주의가 민중의 광범위한 지지를 얻은 알제리와 달리 부르기바 대통령 집권 말기였던 튀니지는 이슬람주의 세력을 효과적으로 제압하고 있었다. 시간 차이는 있겠지만 도미노 현상이 나타날 것이라는 예상이 당시에도 적지 않았다. 튀니지의 인접국만 아니라 아랍 전역으로의 전파가 예상되던 아랍의 봄과 유사했다. 우연의 일치일 수도 있지만, 아랍의 봄의 진원지인 시디 부지드가 알제리 이슬람주의자들의 튀니지 내 거점 역할을 하기도 했다. 1994년 이 소도시 근처에서 무기가 상당량 저장된 창고가 발견된 사건은 알제리 상황이 튀니지로 전파될 수 있다는 우려를 낳았다.

튀니지 혁명의 더 직접적인 징후는 2008년 튀니지 중서부 가프사주의 인산염 광산 지역에서 전개된 민중 봉기다. 이 역시 우연일 수 있지만, 가프사 투쟁도 1월에 시작되었다. 튀니지 현대사에서 아랍의 봄 이전 가장 강력한 저항 운동인 이 투쟁은 가프사주의 소도시 레데예프에 소재한 가프사인광석광업소(Compagnie des Phosphates de Gafsa, CPG)에서 신입 사원 채용 과정에 대한 주민들의 불만에서 비롯되었다. 실업 상태이던 지역 청년들이 채용 결과에 의문을 제기하면서 회사의 발전기를 점거했다. 연줄에 의한 채용과 같은 지역의 부패 구조에 분노가 폭발했던 것이다. 일부만 혜택을 누리고 특권이 제도화된 상황에서 지역 청년들은 실업을 체제가 가하는 부당한 징벌로 여겼다. 당시 신규 일자리는 관행적으로 회사 측과 노조 지도부, 집권 정당이었던 입헌민주연합 지역 조직 간의 합의에 따라 배분되었다.

이후 투쟁은 가프사주 전역으로 확산되어 7개월간 지속되었다. 20세기 초 프랑스 보호령 시절 인산염 광산 개발로 만들어진 이 도시의 일자리는 광업에 전적으로 의존하는 구조였다. 그런데 이 분야가 1980년대 중반부터 급격하게 하향세에 접어든 것이다. 계기는 당시 국제통화기금이 구제금융 조건으로 제시한 구조 조정이었다. 광업소에 대한 정부의 재정 지원이 줄고 직원의 3분의 2가 감축되었다.

> "이 회사는 우리에게 숙명입니다. 우리를 힘들게 했지만, 그곳으로 다시 가는 길 이외에는 대안이 없습니다."
> "저의 할아버지는 열세 살 때 프랑스 식민지배자들에 의해 광산에 끌려왔어요. 할아버지는 마흔둘이 되던 해에 세상을 떠나셨는데 그때도 광산에 들어올 때와 마찬가지로 가난한 상태였지요."
> "튀니스에서 역사학 석사학위를 땄지만, 교수가 되기 위해 필요한 연줄이 없어서 고향으로 돌아왔고 광업소밖에 갈 곳이 없습니다. 제 나이 서른다섯 살, 광업소에서 일할 수 있는 시간도 이제 10년 정도밖에 남지 않았지요."(Allal, 2010)

이렇게 절실한 주민들의 상황에서 벤 알리 정권은 경찰 수천 명을 파견해 도시를 장악하는 식으로 대응했고 주민들은 단식 농성, 시위, 인산염 생산 라인 봉쇄 등으로 저항했다.

2) 외부 세계가 주목하지 않은 도도한 흐름

위에서 우리는 튀니지 혁명이 갑자기 일어난 의외의 사건이 아니라는 것을 알 수 있었다. 그럼에도 아랍의 봄에 대해 외부 세계는 예상치 못한 일이라 했고 내부 동력보다 소셜 미디어라는 신기술의 힘을 강조했다. 외부 세계가 보지 못한, 더 정확하게는 보지 않으려 했던 흐름은 감추어져 있었다. 소위 국제사회는 겉으로는 민주화를 독촉하지만, 정작 정치적 민주화, 사회 민주화로 나아가는 현실의 점진적 변화에는 무관심으로 일관했다. 이러한 시각을 바탕으로 이 지역과 연관성이 큰 유럽과 미국은 이슬람주의를 악마화하면서 이 최대의 악을 막기 위해서는 권위주의 정권도 감수해야 한다는 논리로 독재 정권의 편에 서 왔다.

오랫동안 독재가 숙명이라는 사고가 아랍 세계를 향한 지배적인 시각이었다. 1980년대에 들어서야 유의미한 세력이 된 이슬람주의 역시 어느 시대에나 존재했던 아랍 정치의 상수로 간주되었다. 1950년대부터 20여 년간 이 지역을 지배했던 비동맹 노선, 즉 자본주의와 사회주의 양자로부터 상대적 자율성을 지녔던 아랍 민족주의 시대는 더 이상 기억되지 않는다. 한 세대 정도의 역사만을 가진 이슬람주의가 영원할 것이라는 시각이 민주화의 도도한 흐름을 보지 못하게 했다. 이토록 쉬운 사고의 흐름은 아랍의 봄 이후 상황을 설명할 때도 반복되었다. 내전 또는 구체제의 복귀는 혁명의 실패라고 평가되었고 아랍의 봄은 그야말로 지나가는 계절처럼 여겨졌다. 더불어 아랍이나 중동에 대한 고전적인 시각은 더욱 견고해졌다. 2019년 알제리와 수단에서 수십 년간 지속된 독재가 민중의 압력에 의해 종식된 것도 외부 세계에는 2011년에 이은 또 한 번의 의외의 사건으로 받아들여졌다.

사실 민주적 변화가 놀라운 것이 아니라 이런 변화가 이제야 나타난 것이 놀라운 것이다. 20세기 중반 이후 비서구 사회 또는 제3세계 대부분에서 사회주의 또는 민주주의 혁명이 전개되었던 점을 생각하면 2011년 아랍의 봄은 그리 놀라운 일이 아니다. 서구 문화를 일찍 접했고 지리적으로 가까운 서유럽과 오랫동안 긴밀한 관계를 유지해 온 아랍 세계는 세계 어느 지역보다 민주주의를 받아들일 정치적·사상적 수준을 지니고 있었다고 보아야 할 것이다. 이러한 역량을 가졌는데도 세계에서 가장 늦게 민주화가 진행되고 있는 이유는 이를 저지하는 구조적인 제약이나 외세의 개입이 그만큼 강했기 때문이라고 추정할 수 있다. 이 지역의 민주화를 억제해 온 요인 중 하나는 아랍 예외주의, 이슬람 예외주의 등 국제사회가 만들어 놓은 이미지일 것이다. 자력으로는 민주화가 어렵다는 논리를 확산시켜 온 담론은 중동의 민주화가 지연되는 현실을 정당화하는 역할을 했고 이와 함께 외세가 소위 '중동 민주화' 담론을 중동 개입의 명분으로 내세울 근거를 제공했다.

아랍의 봄은 의외의 사건으로 받아들여졌고 튀니지에서 혁명이 시작된 것도 예상치 못한 일이었다. 그러나 앞서 보았듯 혁명의 전조가 없지 않았으며 아랍 세계는 풍부한 혁명의 전통을 가지고 있다. 중동 또는 아랍 지역은 분쟁이나 전쟁의 땅으로 인식되지만, 혁명 경험도 만만치 않은 곳이다. 민족 해방 운동에서 시작된 혁명의 목록에는 나세르 혁명, 모사데크 혁명, 이라크 혁명, 알제리 독립 전쟁, 이란혁명, 인티파다 등 굵직한 사건들이 자리하며, 2000년대 이후에는 대부분의 국가가 구체제와 신자유주의에 반대하는 저항 운동 분출을 경험했다.

4. 판도라의 상자가 열리다

1) 혁명의 양면적인 결과

튀니지에서 혁명이 일어난 것을 부정하는 이들도 있다. 혁명의 시간은 부아지지의 분신에서 2011년 1월 14일 벤 알리의 망명까지 29일에 불과했다는 것이다. 그렇지만, 그것은 분명 혁명이었다. 혁명의 조건을 충족했기 때문이다. 즉 대중의 저항 운동이 일어났고, 민주주의에 대한 열망이 표현되었다. 그 결과로 기존 정권이 붕괴했으며 혁명의 대의를 존중하는 새로운 정권이 수립되었다. 더 나아가 튀니지 혁명은 정권 교체에 대한 요구를 넘어 불평등과 모욕을 낳는 체제 자체에 대한 거부를 표명했던 운동이라는 점에서 사회 혁명이라고 부를 수 있다.

혁명이 일어났지만, 10년이 지난 현재 상황이 실망스러운 것도 사실이다. 특히 경제 상황이 정치 민주화의 발목을 잡고 있다. 혁명 이후 수립된 정권들이 신자유주의적 개혁을 추진했지만, 기대만큼 성과를 거두지는 못하고 있다. 저조한 해외 투자 유치 실적, 심각한 재정 적자, 두 자릿수의 높은 실업률 등 경제 지표가 민주화의 발목을 잡고 있다. 설상가상으로 코로나19 사태가 튀니지 경제 상황을 심각하게 만들고 있다. 2020년에는 국내총생산(GDP)이 8.6% 감소했다. 튀니지 수출의 80%를 차지하는 유럽연합의 수요 감소가 저조한 실적의 주된 원인이었다. 국내총생산에서 10% 안팎의 비중을 차지하는 관광 분야 역시 2019년 반짝 호경기를 보인 이후 코로나19 사태의 직격탄을 맞았다. 이미 상당히 심각한 청년 실업 문제도 향후 더 악화될 가능성이 있다.[2] 경

2 France Diplomatie, "Présentation de la Tunisie", https://www.diplomatie.gouv.fr/fr/dossiers-pays/tunisie/presentation-de-la-tunisie/(Search: 2021.09.17).

제 외적 요인도 어려움을 가중한다. 2015년 바르도 박물관과 튀니지 제3의 도시 수스의 해안리조트 공격 등 관광지에서 발생한 테러 사건이 튀니지 경제의 중요한 축인 관광산업을 위축시켰으며, 주요 교역 상대인 인접국 리비아의 내전도 튀니지 경제에 악영향을 미치고 있다.

외부의 평가 역시 대체로 부정적이다. "정치적 자유는 신장되고 민주주의 제도는 발전했지만, 물질적인 상황은 나아지지 않았다." 또는 "불평등은 여전하다."라고 말한다. 실업이나 세대 갈등 같은 청년 문제가 강조되고 있으며, 이 문제가 해결되지 않는 현실을 고려할 때 저항이 지속될 것이라는 전망이 주를 이룬다. 혁명의 결과가 기대에 미치지 못하는 원인으로는 외세의 개입이나 미약한 노동 계급과 같은 요인이 거론된다. 1990-2000년대에 이 지역에 확산한 신자유주의가 혁명에 어떤 영향을 미쳤는지 분석한 글에서 미국의 언론인 아난드 고팔(Anand Gopal)은 실패의 원인으로 신자유주의로 인해 중동 노동 계급의 힘이 극도로 약화한 점을 들고 있다(Gopal, 2020). '지대 국가(Rentier State)'[3]라는 고유한 산업 구조의 특성과 함께 최근에 추진된 경제 정책이 혁명에서 노동 계급과 좌파의 헤게모니를 불가능하게 만들었다는 것이다.

경제 상황은 나아지지 않고 혁명 이후의 정권이 무능한 모습을 보이면서 많은 국민이 암울한 시선으로 미래를 전망한다. 이러한 상황에서 큰 타격을 입고 있는 청년들이 할 수 있는 일은 카페에 모여 이야기

3 봉건적 사회 체제와 자본주의적 경제 체제가 공존하는 독특한 모습을 보이는 걸프만 산유국의 사례를 설명하기 위해 제시된 개념이다. 이 국가들은 국가의 재정 수입이 국민의 세금이 아니라 외부에서 들어오는 석유나 가스 수입에 의존함으로써 천연 자원을 독점하는 국가가 시민사회로부터 강한 자율성을 지니며, 국민 소득은 높지만 석유 산업 이외의 부문이 발전하지 않는 산업 구조를 지니고 있다.

를 나누고 동네를 돌아다니고 인터넷 검색을 하거나, TV로 축구 중계를 보는 것이다. 수십 년 전부터 중동 청년에게 축구는 이슬람주의만큼 매력적인 의지처가 되었다. 튀니지 통계청(Statistiques Tunisie) 자료에 따르면, 남성 실업률은 2021년 2사분기 기준으로 15.4%이며 여성 실업률은 23.6%였다. 대학 졸업자 실업률의 경우 남성은 2020년 3사분기에 17.6%, 여성은 40.7%였다. 2011년 혁명 이후에도 고학력자의 실업률은 30% 안팎을 오르내리고 있다. 비공식 부문의 열악하고 불안정한 일자리에 만족해야 하는 대다수 청년은 탈주를 꿈꾼다. 이탈리아 사회학자 스테파노 폰티기아(Stefano Pontiggia)는 다음과 같이 표현한다. "이들에게 대안은 나라를 뜨거나 사회적 죽음 상태에 있는 것이다. 또는 자살로 육체적 죽음을 맞이하는 것이다."(Pontiggia, 2020) 은둔, 자살, 탈주가 '절망의 문화'가 이르는 종착역인 것이다. 역설적으로 우리는 아랍의 봄 당시보다 분신 소식을 더 자주 접하게 된다. 그때만큼의 반향을 일으키지도 못하면서 말이다.

그렇다고 혁명이 낳은 성과를 간과할 수는 없다. 자주 언급되는 정치 민주화라는 성과 이외에도 시민사회와 사회 운동에서 진보가 이루어졌다. 예를 들어 튀니지 혁명의 결과 새로운 투쟁 방식과 조직 형태가 등장했다. 내륙 지역에서 온 참가자들이 수도 튀니스에서 시도했던 농성 투쟁이나 가두 행진 방식이 관행으로 정착되고, 농성투쟁위원회, 혁명수호위원회, 혁명수호연맹 같은 새로운 조직이 등장했다. 요구 사항 역시 주민들과 가축 그리고 토지에 충분히 물이 공급되어야 한다는 것, 환경 문제, 사회적 경제 등 다양하고 신선한 이슈와 영역으로 확대되고 있다. 그리고 이러한 내용과 형식에서 저항 운동의 변화가 혁명을 완수하는 데 기여하고 있다.

청년들에 의한 혁신적인 시도도 혁명의 중요한 성과다. 젬나 지역의 오아시스보호협회(APJO)와 같이 국가 소유의 토지를 주민이 넘겨

[그림 1-3] 튀니지 사회적 기업가 축제 포스터
(출처: https://tunisieinitiative.tn/nos-activites/)

받아 지역 재생이 시도되었고, 실망스러운 행보를 보인 기존 좌파 정당의 틀에서 벗어나는 '마니쉬 므사메흐(Manich Msameh; I'll not forgive)' 처럼 참신한 운동이 시도되기도 했다. '용서하지 않을 것'이라는 이름이 말해 주듯이 이 단체는 2015년 당시 에셉시 정부가 구체제에서 비리를 저질렀던 관료와 기업인을 사면하기 위해 도입한 '화해 법안(reconciliation bill)'을 저지하기 위해 결성되었다. 해시태그 운동에서 시작해 다양한 분야의 활동가들을 모았고 이들의 활동을 통해 법안의 상당수 조항을 포기하게 했다. '우리는 무엇을 기다리고 있는가(Fech Nstenew; What are we waitng for?)'라는 구호로 금융 법안 반대 운동을 하는 청년 활동가들도 있었다. 페이스북 그룹으로 시작한 이들은 기초 생필품 가격 인하, 공공 기관 민영화 중단, 무상 교육, 실업자와 저소득층을 위한 복지와 주택 정책 등을 주장했다(Anderson, 2016). 아래로부터의 사회 혁신 흐름은 '사회적 기업가 축제'와 같은 연례행사로 정착되기도 했다.

2) 일상이 된 혁명

10년 전 튀니지, 이집트, 리비아, 시리아를 중심으로 전개된 '아랍의 봄'이 이제 레바논, 이라크, 알제리, 수단 등지에서 재현되고 있다. 아랍의 봄의 주 무대였던 튀니지에서도 최근 아랍의 봄이 부활하는 조짐이 나타난다. 2019년 9월 13일 치러진 튀니지 대선에서 기존 정치 세력과 연계가 없었던 무소속 후보 사이에드가 거둔 압승은 아랍의 봄 이후 권력을 행사해 온 튀니지 정치권에 대한 국민의 심판을 의미하는 것이었다. 정부가 추진한 긴축 조치는 물가 폭등을 초래해 심지어 전임 대통령 벤 알리 시절에 대한 향수가 나타나기까지 했다. 또한 수많은 정당으로 갈라져 있는 정치가들이 단기적인 이해관계로 합종연횡하면서 국민들은 지지할 정당을 찾지 못하고 기성 정치권에 환멸을 느꼈다. 정치 경험이 없는 인물이 대통령에 당선되는 현상은 바로 이런 배경에서 가능했다. 이 점에서 아랍의 봄의 제2막이 시작되었다고 볼 수도 있다. 영국 역사학자 이멘 네파티(Imen Neffati)는 '2차 혁명'이라는 표현으로 1차 혁명의 결과를 교정할 수 있는 또 다른 혁명이 튀니지에서 가능할 것이라는 희망을 표현한 적이 있다.

코로나19가 모든 것을 멈춰 세운 이 순간에도 튀니지 전역에서 시민들이 파업, 농성, 도로 점거로 정권에 대한 불만을 표출하고 있다. 빈민이나 청년뿐 아니라 언론인, 법조인, 간호사도 이 대열에 합류했다.

일자리, 적정 근로 조건, 부패 종식, 물, 가스, 의료 등 기본적인 공공 서비스 보장 등을 요구하고 있다. 튀니지 혁명의 전조였던 가프사 투쟁이 있던 지역의 상황은 튀니지 혁명의 현주소를 잘 보여 준다. '저항하는 가프사'라는 표현에 걸맞게 이곳은 튀니지에서 저항 운동이 가장 활발한 지역이다. 가장 효과적인 투쟁 방법인 파업이 혁명 이후 오히려 더 늘었다. 무엇보다도 2008년 투쟁을 촉발한 배경이던 고용 문제가 나아질 기미를 보이지 않기 때문이다. 정권 역시 벤 알리 시절과 마찬가지로 주민의 요구에 무관심으로 일관한다. 물론 시위는 여전히 폭력적인 방식으로 진압되고 있다.

5. 혁명에서 현실 정치로

1) 두 진영으로 나뉜 튀니지

최근 튀니지는 초유의 정치 상황을 경험하고 있다. 2021년 7월 25일 사이에드 대통령은 수상 히셈 메시시를 해임하고 뒤이어 내무 장관, 법무 장관, 국방 장관 등 총 25명의 정부 부처 고위직을 경질했다. 이와 함께 한 달간 의회 기능을 정지시키기도 했다. 그리고 며칠 후에는 원내 제1당으로 내각을 이끌고 있는 엔나흐다의 연립정부 파트너이자 또 다른 이슬람주의 정당 알카라마의 의원 2명 등 다수의 의원이 체포되었다. 지난 2019년 총선에서 저질러진 불법 행위에 대한 수사가 시작된 것이다. 이 혐의의 중심에 있는 엔나흐다에게도 대통령이 주도하는 부패 척결의 화살이 향하고 있다.

대통령의 이번 조치로 튀니지가 두 진영으로 나뉘고 있다. 한편에는 엔나흐다와 이 당의 지도자이자 국회의장인 간누시를 지지하는 사람들, 다른 한편에는 대통령을 지지하는 사람들이 일전을 준비 중이다. 대통령에 따르면 이번 조치의 배경은 수 개월간 이어지는 정쟁과 코로나19 상황의 악화다. 이 상황에서 나라를 구하기 위한 불가피한 방법이었다는 것이다. 이에 맞서 간누시 국회의장은 이 조치를 쿠데타로 규정하며 의회 정문에서 농성을 했다. 대통령의 행보가 혁명 이전의 독재 체제로 회귀하는 것이라고 주장하는 그는 혁명과 민주주의를 수호하는 세력을 자임하고 있다(엄한진, 2021).

이번 조치는 국민들의 큰 호응을 이끌어 냈다. 사이에드 대통령의 결정이 내려진 직후 2021년 8월에 일간지 『르마그렙(*Le Maghreb*)』이 실시한 여론 조사 결과를 보면 튀니지 국민의 94.9%가 대통령의 결정을 지지했다. 그리고 이들 중 77.1%는 이번 결정으로 튀니지가 올바른 길로 접어들었다고 평가했다. 조기 총선이 치러지고 대통령이 새로운 정당을 결성할 것을 가정해 선거 결과를 예측했는데, 결과는 벤 알리 시대 집권당의 후신인 자유데스투리아당이 30.8%로 1위에 오르고 가칭 '카이스 사이에드 당'이 20.1%로 2위를 차지하는 것으로 나타났다. 물론 이 결과는 75%의 응답자가 지지 정당을 선택하지 않은 결과라는 점을 고려해야 한다. 조기 대선이 치러질 경우에는 현 대통령이 91.9%의 압도적인 지지를 얻을 것으로 나타났다. 이는 몇 달 전인 2021년 2월에 같은 일간지 『르마그렙』이 실시한 여론조사 결과와 대조적이다. 당시에는 응답자의 89.9%가 튀니지가 잘못된 길로 접어들었다고 답했었다. 이렇게 여론이 변화한 것은 국민들이 엔나흐다가 이끄는 의회와 내각을 강하게 불신한다는 것을, 그래서 대통령의 조치를 환영한다는 뜻으로 읽을 수 있다. 물론 이 사실은 또한 여전히 정치권을 주도하고 있는 엔나흐다 및 연립정부 파트너 정당들과 현 대통령 간의 치열한 각축전이 벌어질 것을 의미한다.

2) 시험대에 오른 이슬람주의의 운명

이번 사태는 튀니지 혁명의 한 전환점이 될 것이다. 그리고 이와 함께 엔나흐다의 운명이 결정될 수 있다. 엔나흐다는 튀니지에서 지속 가능하고 체계적인 모습을 보인 유일한 정당이었다. 그러다가 2020년 중반부터 간누시가 이끄는 온건파와 간누시의 실용주의 노선을 비판하는 강경파 간의 갈등이 표면화되었다. 튀니지 혁명에서 가장 잘 알려진 인물은 민중에 의해 권좌에서 물러난 벤 알리지만, 엔나흐다와 간누시도 그에 못지않은 관심을 받았다. 그는 1990년대 벤 알리의 정적이자 정권의 이슬람주의 탄압의 희생자로 유명세를 탔다. 그리고 민중에 빚을 진 것이긴 하지만, 벤 알리의 뒤를 이어 정권을 장악했다는 점에서 튀니지 혁명의 주인공이 되기에 부족함이 없었다. 그는 1981년 이슬람경향운동(MTI)을 창설했고 비폭력 이슬람주의를 표방하면서 경제 개혁과 독재 타도를 내세운 인물이다. 정치적 다원주의와 민주주의를 수용하기도 했다. 1993년에 아랍어로 출간되고 2021년에 처음으로 영어로 번역된 그의 주저 『이슬람 국가에서의 공적 자유(*Public Freedoms in the Islamic State*)』(1993)에서 간누시는 최근 자신이 표방하는 이슬람 민주주의의 청사진을 제시했다. 이 책에서 그는 무슬림들이 인권 선언을 받아들여야 하며 정의나 복지 같은 개념이 이슬람 교리와 상충하지 않는다고 했다. 이러한 개방성 때문에 정권의 탄압을 받을 당시 서구의 여러 세력으로부터 호의적인 반응을 얻기도 했다.

벤 알리가 축출되고 2011년 1월 30일 간누시는 22년간 거주한 망명지 영국에서 튀니지로 귀환한다. 이란혁명 당시 아야톨라 루홀라 호메이니(Ayatollah Ruhollah Khomeini)의 귀환을 떠올리게 하는 장면이었다. 그리고 2011년 제헌의회 선거에서 그의 당은 득표율 37%를 기록한다. 그러나 현실 정치에 참여하면서 이 이슬람주의 정당은 과거와는 조금 다른 모습을 보인다. 민중의 더 나은 경제 수준을 이야기했지만, 그들의 친시장 경제 정책은 민중의 삶을 피폐하게 만드는 결과를 낳았다. 이는 적절한 해법을 준비하지 않은 이슬람주의 정치의 귀결점을 보여준다. 자본주의 경제 체제를 수용하는 이슬람이라는 노선을 견지해 왔다는 점에서 보면 변화한 것은 입장이 아니라 자신들이 서 있는 위치일 것이다.

아랍의 봄 이후 정치권에 참여한 이슬람주의에 대해 두 가지 상반되는 평가가 있다. 구지배 세력과 함께 혁명적인 변화를 저지하는 반혁명 진영의 한 축으로 간주하는가 하면, 정반대로 민주주의와 공존하는 포스트 이슬람주의라는 우호적인 평가도 있다. 아랍 세계의 이슬람주의 중에서도 상대적으로 개방적인 면모를 보여 온 튀니지의 엔나흐다는 양극단 중 어느 하나로 평가하기 힘든 사례였다. 그러나 2019년 연립정부를 주도한 이후의 엔나흐다는 코로나19 상황에 대한 불만족스러운 대처가 겹치면서 민중의 저항에 직면한다. 당내 온건파를 이끄는 간누시가 새로운 이슬람 민주주의를 표방하면서 여론의 지지를 이끌어내려 했지만, 만족할 만한 성과는 없었던 것으로 보인다.

사이에드 대통령과 엔나흐다를 비롯한 기성 정치 세력 간의 힘겨루기는 사이에드 대통령이 자신에게 막강한 권한을 부여하는 헌법 개정안을 국민 투표에 부치면서 절정에 달했다. 2022년 7월 25일 치러진 투표는 비록 투표율이 30% 에 그치기는 했지만 94.6%라는 압도적인 찬성으로 신헌법을 통과시켰다. 쿠데타에 가까운 대통령의 선택이 혁명 정신이 반영된 새로운 사회를 만드는 과정에서 어떤 역할을 할지 지켜볼 일이다.

"아랍의 봄은 정말 실패하고 만 것인가?" 튀니지 혁명에 참여했던 이가 답한다. "우리는 앞으로 많은 혁명을 겪게 되리라고 생각한다. 아직 갈

길이 멀다. 프랑스 혁명을 보라! 혁명은 시간이 필요하다. 변화는 하루아침에 이루어지지 않는다!"(Belhacine, 2020)

제2장 이집트, '빵, 자유, 정의'라는 오래된 문제로의 회귀

"빵, 자유, 정의!('aīsh, ḥurīya, 'adāla!)"

"국민은 정권 붕괴를 원한다!(The people want the fall of the regime!)"

이집트 시민 수십만 명이 카이로의 중심 타흐리르 광장(Tahrir Square)에 영어로 쓴 대형 플래카드를 내걸고 연신 아랍어로 슬로건을 외쳤다. 히잡을 쓴 여성, 흰 가운을 입은 의대생, 십자가나 쿠란을 들고나온 사람 등 다양한 연령과 직업, 성별, 종교 정체성을 가진 이집트 시민이 한목소리로 호스니 무바라크(Hosni Mubarak) 대통령의 사임을 요구하며 광장에 섰다. 반정부 시위는 2011년 1월 25일부터 2월 11일까지 18일간 타흐리르 광장뿐만 아니라 이집트의 광장과 거리 곳곳에서 하루도 빠짐없이 이어졌다. 1981년부터 30여 년간 무바라크 정권에서 표현의 자유를 억압당했던 국민들은 더 이상 발코니에서 시위를 지켜보는 방관자에 머물지 않고 스스로 광장에 나와 바리케이드 앞에 섰다(Benford & Snow, 2000). 권위주의 정권하에 오랜 기간 내면화된 두려움을 마침내 광장에서 극복한 것이다. 이 시위는 현대 이집트 역사상 전례 없는 최대 규모의 사회 운동으로 기록되었고, 무바라크 정권이 막을 내리는 직접적인 계기가 되었다. 태어나서 무바라크 외에는 다른 대통령을 본 적이 없던 20대 젊은이들과 인생의 절반 이상을 무바라크 통치 시기에 살았던 중장년에게 무바라크 하야는 생애 처음 경험하는 변화였다. 이집트인들이 '아랍의 봄' 시위를 '1월 25일' 혹은 '혁명'(yanāīr khamsa we 'īshrīn 또는 thaūra, 이하 1.25 혁명)[1]이라고 부르는 이유이기도 하다.

이들에게 무바라크 이후의 이집트는 경제적으로는 필시 더 나은 삶, 정치와 종교를 자유롭게 비판하고 다름을 인정받는 삶을 의미했을 것이다. 그러나 혁명 이후 10여 년이 지난 지금 이집트 국민들은 현대 이집트 역사상 전례 없는 억압적인 정부를 경험하고 있다. 근현대 정치사에 긴 뿌리를 내린 군부 세력과 이들의 지지에 힘입어 탄생한 압델 파타흐 엘시시(Abdul Fatah el-Sisi) 정부가 통치하는 이집트는 여전히 "빵, 자유, 정의" 문제로 고통받는데, 이는 코로나19로 인해 더해진 경제 타격과 무바라크 집권 시기보다 더 심각한 시민사회 활동 억압 등에서 원인을 찾을 수 있다. 2014년 시시 집권 이후 시민 단체 활동가, 언론인, 연구자 수십 명이 경찰에 의해 구금, 고문을 당하거나 사망했다. 그러나 현 정부는 이슬람 종교 기관의 지지에 힘입어 어느 때보다 강한 권력을 가지고 있고, 군부는 국민 친화적 이미지 수립에 성공했다. 사회 내에서는 종교 차이에 따른 차별이 심해지고, 여성과 성소수자에 대한 차별과 탄압, 폭력 문제 역시 지속되고 있다.

2011년 이집트의 장기 독재 정권이 시민들의 손에 무너졌는데도

1 사회학자 테다 스카치폴(Theda Skocpol)에 의하면 사회 혁명(social revolution)은 기존의 정권이 다른 성격의 정권에 의해 완전히 대체되는 현상을 의미한다. 이집트에서는 무바라크 퇴진 이후 권위주의 정부의 부활을 경험하고 있기 때문에 스카치폴의 정의에 따르면 이집트의 '아랍의 봄'은 혁명이라고 명명할 수 없다. 그러나 이집트 시민들이 '아랍의 봄' 시위를 '혁명' 혹은 "1월 25일"이라고 부르기에 이 장에서는 '1월 25일 혁명' 또는 '1.25 혁명'이라는 표현을 쓴다.

왜 또 다른 권위주의 정권이 부활할 수밖에 없었는가? 지난 10년간 이집트에서는 어떤 정치·사회 변화가 있었으며 이러한 변화는 새로운 권위주의 정부 수립을 어떻게 설명할 수 있는가? 이집트가 당면한 과제는 무엇인가? 이 장에서는 위의 질문에 답하기 위해 먼저 '1.25 혁명'이 어떻게 진행되었는지를 살펴보고, 지난 10여 년간 이집트에서 있었던 주요 정치·사회 변화를 개관한 후 현재 이집트 정부가 당면한 다양한 문제를 다루고자 한다.

1. 이집트 민중, 발코니에서 광장으로

2010년 12월, 튀니지에서 있었던 무함마드 부아지지의 분신, 사망 사건은 24여 년 독재 정권의 종료에 주요 원인으로 작용했다. 자인 엘아비딘 벤 알리 대통령은 2011년 1월 14일 대통령직을 사임하고 튀니지를 떠났다. 28일간 지속되었던 재스민 혁명의 성과였다.

튀니지에서 시작된 변화를 향한 열망의 불꽃은 이내 이집트로 옮겨 붙었다. 이 시기 이집트에서도 반정부 정서가 확산하고 있었는데, 그 배경에는 두 가지 사건이 있었다. 2010년 6월, 알렉산드리아에 거주하는 20대의 청년 칼리드 사이드(Khalid Said)가 부패 경찰의 고문으로 사망한 사건과 2011년 1월 1일에 있었던 일반 기독교인[2]에 대한 폭탄 공격이었다. 사이드는 이집트 경찰이 마약 밀매를 하는 장면을 발견하

2 이집트 인구의 10% 정도는 이집트 정교회 기독교인이고, 인구의 90% 정도는 '수니' 무슬림이다. 소수의 기독교 인구는 정교회, 가톨릭, 개신교 등 여러 교파로 나뉘는데 대부분은 정교회 소속이다. 이집트의 기독교인은 7세기에 이슬람이 들어오기 전인 1세기부터 거주했고, 따라서 역사적으로 '정통 이집트인'이라는 자부심을 가지고 있다.

고 촬영하여 소셜 미디어에 공유했고 이 사실을 알게 된 경찰이 그를 체포했다. 사이드는 체포된 이후 사망했는데, 사망 당시 경찰의 구타와 고문으로 일그러진 그의 얼굴 사진이 소셜 미디어를 통해 빠르게 퍼져 나갔다. 사진은 이집트 국민에게 큰 충격을 주었고, 이듬해 반정부 시위에서 그의 사진과 "우리가 칼리드 사이드다(Kulina Khalid Saīd)"라는 아랍어 표어는 무바라크 정부의 잔혹함을 보여 주는 상징적 사례로 등장했다. 평범한 남성이 경찰력 때문에 사망한 사건이 처음은 아니었지만, 이집트인이라면 누구나 사이드처럼 될 수 있다는 불안과 분노가 시위대를 동원하는 도화선이 되었다.

이에 더해 이집트 외부에 잘 알려지지는 않았지만 2010년 마지막 날, 송년 미사 직후에 같은 도시인 알렉산드리아의 한 교회 건물 앞에서 자동차 폭탄 테러 사건이 일어났다. 이 폭발로 미사를 마치고 교회를 나오던 기독교인 23명이 사망하고, 100여 명에 가까운 사람이 부상을 입었다. 이전까지 기독교인에 대한 테러 혹은 공격 사건은 상대적으로 정부의 관심과 통제에서 벗어나 있는 남부 지역(Upper Egypt)에서 자주 일어났다. 그러나 이번에는 카이로에 버금가는 대도시 알렉산드리아에서 폭탄 테러 사건이 일어났다. 이제는 대도시에 거주하는 기독교인도 안전하지 않다는 것을 의미한 이 사건은 이집트 전역의 기독교인에게 큰 위협으로 작용했다. 그러나 이 사건이 한 무장 단체가 기독교인을 특정해 벌인 범죄임이 드러났음에도 무바라크는 이전까지 그랬던 것처럼 이를 종파주의를 기반으로 한 폭력으로 규정하지 않았다. 그는 가해자를 특정해 처벌하지 않고 정신 질환자의 개인적 일탈 행위로 규정하며 별다른 처벌 없이 사건을 무마했다. 이에 대해 알렉산드리아 기독교인들은 정부의 무책임한 대응에 불만을 드러내며 가두시위를 벌였고, 뜻을 같이하는 무슬림들도 함께 참여했다.

평범한 시민의 안전을 위협한 두 사건은 이집트 내 반정부 정서를 강화했으며, 이집트 민중은 종교를 막론하고 누구나 비슷한 사건의 피해자가 될 수 있다는 위협을 느꼈다. 이는 2011년 1월 25일, 이집트에서 첫 대규모 반정부 시위가 일어났을 때 다양한 집단의 이집트인들이 시위에 참여하는 계기가 되었다. 이집트 국민이지만 정부의 보호를 받지 못한다고 느끼는 기독교인이 경험하는 일상의 위협뿐만 아니라 이집트 내 오래된 정치·경제 문제, 예컨대 경찰의 잔혹함, 아들에게 권력을 이양하려 했던 무바라크와 정권의 부패 문제, 임금은 그대로인데 물가는 지속적으로 상승하는 현실, 식품이나 가스 등 생필품에 대해 계속되는 정부 보조금 삭감 등으로 국민들의 불만이 가중되었다.

특정 집단이 가지고 있는 불만(grievances)은 집합 행동의 충분조건이다. 국내에서 정부에 대한 불만도가 높아지던 시기에 일어난 튀니지의 재스민 혁명은 이집트에서 대규모 시위를 촉발한 정치적 기회(political opportunity)로 작용했다. 벤 알리 대통령이 튀니지를 떠나고 열흘쯤 후인 1월 25일 이집트에서 '아랍의 봄' 시위가 시작되었다. 이집트에서 1월 25일은 경찰의 날이었는데 이날 반정부 시위를 시작한다는 점에서 특별한 의미가 있었다. 첫날 시위는 페이스북에 게시되었고, 시위는 이후 18일간 하루도 빠짐없이 지속되었다. 시위가 이어지면서 노동 단체나 정당의 정치인, 무슬림형제단(Muslim Brotherhood) 등이 소셜미디어를 통해 이집트 국민에게 시위 참여를 독려했고, 타흐리르 광장에 모인 수십, 수백만 명은 같은 목소리로 무바라크의 대통령직 사퇴를 촉구했다. 시민들은 단지 정권의 변화가 아닌 정권의 종료를 요구한 것이다.

25일에 시작한 시위에서 나흘 만에 시위대 25명이 사망했다. 이에 대한 대응으로 무바라크는 28일 TV 연설을 통해 민주주의에 헌신할 것을 선언하면서 정부 개혁에 대한 의지를 표명했다. 그러나 사퇴가 아닌 변화만 내세운 연설은 국민들을 만족시키지 못했다. 1월 31일 이집

[사진 2-1] 무바라크 퇴진 시위에 나선 이집트 시민들[3]
(출처: https://www.flickr.com/photos/elhamalawy/5410318742)

트 군부는 더 이상 정부를 지지하지 않고 오히려 시위대와 동맹 관계임을 선언했다. 2월 1일, 무바라크는 두 번째 연설을 통해 다음 선거에 출마하지 않겠다고 밝혔다. 그러나 이 역시 시위대를 해산하지 못했다. 다음 날 무바라크를 지지하는 이들이 반정부 시위대와 부딪치면서 평화 시위가 유혈 사태로 번졌다. 이후로도 반정부 시위는 며칠간 지속되었는데, 결국 2월 11일 부통령 오마르 술레이만(Omar Suleiman)이 무바라크의 사퇴 선언을 발표했다. 이 선언은 광장에서 생중계되었고, 광장에 모여 있던 시민 수십만 명은 환호했다. 그들 앞에 완전히 새로운 이집트가 기다리고 있는 듯했다.

'1.25 혁명'은 불특정 다수의 시민이 자발적으로, 자유롭게 참여한

3 Hossam el-Hamalawy. 2011. Copts and Muslims United. February 1st.

시민사회의 장을 형성했다는 점에서 기존 이집트 사회 운동과 차별점을 갖는다. 이집트뿐만 아니라 중동과 북아프리카에 걸쳐 나타났던 '아랍의 봄' 시위에서 눈여겨볼 지점은 시위가 예상하지 못한 시점에 대규모로 일어났다는 우발성(contingency)과 더불어 기존의 사회 운동과는 달리 시위를 주도하는 특정 단체가 부재했다는 점이다. 먼저 연구자나 해당 지역의 엘리트, 정치인 대부분은 이와 같은 대규모 시위가 일어날 것이라고 예측하지 못했다. 이집트의 영향력 있는 지식인이자 소설가인 알라 알아스와니(Alaa al-Aswany)는 그의 저서 『민주주의가 해법이다(*Democracy is the answer*)』(2015)에서 자신이 본 1월 25일의 타흐리르 광장을 회상한다. 그는 광장에서 시위가 예정되어 있다는 소식을 듣기는 했지만, 기존에 수차례 있었던 소규모 시위와 다를 바 없으리라 생각했다고 고백한다. 대부분의 반정부 시위에서는 수백 명의 시위자가 수천 명의 경찰에게 둘러싸여 구타당하고 체포당하는 일이 비일비재했고, 1월 25일도 별반 다르지 않으리라 생각한 것이다. 그러나 오후에 마주한 타흐리르 광장의 모습은 완전히 달랐다. 수십만 명이 모인 압도적인 광경을 마주하고 그는 '이집트가 잠에서 깨어났다.'라고 묘사했다.

시위의 시작뿐만 아니라 진행 과정과 결과 역시 예측하기 어려웠다. 이제까지 사회학자들의 사회 운동 연구는 1960년대 이후부터 주로 사회 운동을 주도하는 집회 조직의 리더십 역량과 시위대 동원 방식 등이 주요 분석 대상이었다. 그러나 이집트를 비롯한 다른 중동 및 북아프리카 지역의 '아랍의 봄' 시위가 보여 준 우발성과 시위의 유기적 발전 양상을 설명하기에는 기존의 이론 틀에 한계가 있다. 따라서 '아랍의 봄' 시위는 '우발성에 기댄 사회 운동이 어떻게 하루도 빠짐없이 지속될 수 있었는가?' 그리고 '어떻게 대중의 요구가 현실이 될 수 있었는가?'라는 질문을 통해 더 적절히 이해할 수 있다. 최근의 한 연구는 이집트에서 시위에 참여해 본 적 없는 시민 대부분이 18일간 시위를 지속하고 또 성공적인 결과를 얻을 수 있었던 요인 중 하나로 시위 현장에서 그들이 공유했던 강렬한 집합 감정(collective emotions)을 꼽는다. 집합 행동에서 감정을 분석하는 연구는 최근 사회 운동 연구의 새로운 경향을 반영하는데, 이 연구는 튀니지와 이집트, 알제리의 반정부 시위를 비교하면서 정권 교체에 성공한 튀니지와 이집트 시위대가 알제리와는 달리 변화에 대한 강렬한 열망과 변화가 가능할 것이라는 희망을 폭넓게 공유했음을 분석한다(Pearlman, 2013).

조직적인 리더십이 부재한 상황에서 시작한 시위였으나 그렇다고 목적이 불분명한 것은 아니었다. 북아프리카에서 정권이 붕괴된 튀니지와 이집트, 리비아에서 시위에 참여한 시민들은 대통령 사퇴라는 분명한 목표를 공유했을 뿐만 아니라 시위 현장에서 유기적으로 형성되고 확산된 세 가지 공통의 메시지, 즉 권위주의 리더십의 악마화, 인근 아랍 국가들에 대한 연대 그리고 시민에 가해진 잔혹한 국가 폭력에 대한 고발이라는 시위의 동기와 목적을 분명히 드러냈다(Charrad et al., 2021). 시민들은 스스로 감당해야 했던 빈곤 문제 등 경제적 어려움, 정부의 부패와 불의 문제를 풍자 및 비판하고 자신들이 국가의 주인임을 강조했다. 그리고 장기간 해당 국가들을 통치한 지도자들이 부당하게 획득한 대통령직을 사임하고, 국민이 국가를 새롭게 재건해야 한다고 강조했다. 다수의 북아프리카와 중동 국가에서 일어난 시위 물결은 유럽 국가와 미국의 해외 디아스포라로 확장되었다.

광장에 모인 이들은 성별이나 계층, 종교 차이에 따라 분열되지 않고 여느 때보다 시민으로서 연대하는 모습을 보여 주었다. 시민들은 무바라크 하야라는 공통 목표를 공유하면서 때로는 축제처럼 누리고, 때로는 다치거나 현장에서 사망한 시위대 동료를 임시 치료소로 옮기며 치열하게 싸웠다. 시민들은 언제 공격을 받을지 모르는 상황에서도 광장에 천막을 쳐서 임시 거처를 만들고 밤낮으로 타흐리르 광장과 거리

[사진 2-2] 시위로 인해 사망한 이집트인들의 초상화.
윗줄 왼쪽에서 다섯 번째에 칼리드 사이드의 초상화가 있다. (2014년)

를 지켰다. 때가 되면 어디에선가 마련해 온 음식을 나누어 주고 함께 저항의 노래를 불렀다. 이집트의 시민으로서 이들이 이때보다 더 강한 연대 의식과 인류애를 경험해 본 적은 없었을 것이다. 이 경험은 이집트 국민이 자신들을 적극적이고 책임감 있는 시민으로 정체화하는 의미 있는 사회적 경험이기도 했다. 종교 차이에 따라 때로는 분열되기도 했던 기독교인과 무슬림 사이에서도 화합과 협력의 모습이 보였는데, 광장에서 무슬림들이 기도할 때 기독교인들이 서로 손을 잡고 둘러싸 바리케이드를 쳐주었던 장면은 서구 미디어에서도 경쟁적으로 보도되었다.

이집트 시위에서 주목할 만한 점으로 그래피티를 들 수 있다. 그래피티는 스프레이를 든 사람이라면 누구든 참여할 수 있는 상대적으로 진입 장벽이 낮은 예술 행위고, 사회운동이나 혁명에서 지배 권력에 대한 저항 방식으로도 자주 이용되었다. 세계적으로 잘 알려진 그래피티 작가인 뱅크시(Banksy)가 팔레스타인 등 여러 국가에 남긴 그래피티가 대표적인 예다. 그는 베들레헴 거리에 돌이 아닌 꽃다발을 던지는 시위대의 모습, 평화의 상징인 비둘기 가슴 가운데에 총 과녁판이 그려져 있는 그림 등 여러 점의 작품을 남겼다. 이집트 시민들 역시 그래피티로 다양한 의미를 소통했는데, 시위 중 경찰과 군인에 의해 사망한 시위대를 순교자로 기리는 내용이 주를 이룬다. 이 외에도 이집트 군부와 무바라크를 악마로 표현하거나 빈곤을 야기한 자본주의 체제에 대한 비판, 여성의 해방과 역량 강화(empowerment)를 위한 요구, 이집트인이 파라오의 후손이라는 정체성에 대한 자부심 등을 담은 그래피티를 볼 수 있다.

1.25 혁명은 오랜 기간 축적되어 온 그야말로 "빵, 자유, 정의" 문제에 대한 불만, 즉 경제 문제와 경찰의 잔인함, 표현의 자유 박탈 등 정권에 불만이 높은 상태에서 튀니지의 재스민 혁명이 정치적 기회가 되어 시작되었다. 30여 년간 이집트를 통치했던 무바라크는 결국 사퇴했고, 이집트에서는 새로운 미래가 열리는 듯했다.

2. 1.25 혁명 이후 이슬람주의의 부상과 몰락 (2011-2014. 7. 3.)

무바라크 사퇴 이후 권위주의 정권은 막을 내렸으나 무바라크가 부재한 행정부가 곧 이집트의 민주화를 의미하지는 않았다. 무바라크 이후 4년은 무슬림형제단으로 대표되는 이슬람주의의 부상과 몰락으로 요약할 수 있다. 2011년 말 총선에서 무슬림형제단이 세운 자유정의당(Freedom and Justice Party)과 누르당(Al-Nour Party)이 이끄는 살라피 연합 정당이 의석의 과반을 차지했다. 이듬해인 2012년에는 이집트 현대 역사상 최초로 무슬림형제단 출신인 무함마드 모르시(Muhammad Morsi)가 대통령에 선출되었다. 무슬림형제단은 1928년 이슬람의 종교 원리에 기반한 국가 수립을 목적으로 설립된 단체로, 초기에는 영국에 대한 반식민 투쟁에 중점을 두었다. 그러나 이들은 이후 나세르 정권 등 세속 정치를 표방하는 권위주의 정권에 의해 불법 단체로 규정되었고, 지속적인 탄압을 받았다. 그럼에도 무슬림형제단은 이집트에서 가장 오래된 초국가적 이슬람주의 운동으로 자리 잡았다.

정치적 이슬람의 부상은 2012년 6월 대통령 선거에서 모르시가 무슬림형제단에 대한 시민들의 지지를 힘에 업고 대통령에 당선되면서 최고조에 이르렀다. 그러나 집권 1년째 되는 시점에 모르시는 군부와의 권력 투쟁에서 실패하고, 첫 1년간 경제 상황이 개선되지 않은 것에 실망한 국민의 여론과 이어진 시위에 의해 막을 내린다. 비록 무슬림형제단과 자유정의당은 2013년 모르시 축출 이후 다시 불법화되었지만, 2012년 모르시의 대통령 당선은 무슬림형제단이 기존 무바라크 정권과 스스로를 차별화하면서 대안 정치 세력으로 떠오른 의미 있는 현상으로 평가된다.

1.25 혁명 직후 3년간의 변화를 이해하기 위해서 다음의 두 가지 질문을 이해할 필요가 있다. 첫 번째 질문은 '권위주의 정부가 민중의 저항 운동으로 무너졌음에도 왜 이집트는 세속적 민주주의로 이행하지 못했는가'이고 이 질문은 '어떻게 이슬람주의가 시민들의 압도적인 지지를 받을 수 있었는가'라는 질문으로 이어진다. 두 번째 질문은 '모르시 이후 시시의 집권은 어떻게 가능했으며 이것이 의미하는 바는 무엇인가'인데, 이 의문점은 이집트 정치에서 군부가 차지하는 역할을 이해할 때 해소될 것이다.

이집트에서 권위주의 정부의 장기 집권은 시민사회 활동을 억압했고, 이는 민주주의 리더십 역량이 성장하는 것을 저해했다. 신성 모독법(blasphemy law)은 시민의 정부 리더십에 대한 자유로운 비판을 불법화했으며, 그 때문에 정치 문제나 정책에 관한 공개 토론이 불가능했다. 권위에 대한 불복종은 처벌 공포를 야기했고, 정부를 향한 공공연한 비판이 거의 불가능한 분위기가 조성되었다. 학교에서도 좋은 리더십이란 무엇인지에 관한 토론이 이루어질 수 없었기에 30여 년간 건재했던 권위주의 정부가 무너졌어도 바로 대안을 내세울 수 없었다.

무슬림형제단이 무바라크의 부재를 대체할 수 있었던 것은 특히 1970년대부터 활발하게 시작된 사회복지사업을 통해서다. 무슬림형제단은 이집트 내에서 소외된 남부 지역(Upper Egypt)에서 다양한 사회복지 사업을 집중적으로 펼치면서 특히 무슬림의 폭넓은 지지를 얻었다. 1980년대 이후 이들은 정부의 지원이 미치지 않는, 주로 경제적으로 소외된 지역에서 학교나 병원 등을 세우고 다양한 자선 사업을 광범위하게 펼침으로써 특히 가난한 이들을 지원했다. 더불어 1970년대 이후 등장한 도시의 새로운 중산층도 무슬림형제단의 지지 세력으로 포섭되었다. 이들은 주로 카이로대학 의과 대학에 재학 중인 학생들로, 수감자 의료 지원을 통해 무슬림형제단과 교류를 시작해 리더십의 핵심 세력으로 성장했다(Wickham, 2002). 무슬림형제단이 다양한 사회 계층 및 여러 단체와 장기적으로 형성해 온 교류는 무바라크 자진 사퇴 이후 시행된 대통령 선거에서 모르시가 수백만 표를 얻어 내는 데 큰 역할을 했다(Al-Arian, 2014). 무슬림형제단은 특히 선거 기간에 정당 정치에 입문하면서 무바라크 정권의 부패와 무능으로부터 스스로를 차별화하는 전략을 채택했고, 이러한 수사학도 성공적으로 작용했다. 철학자 슬라보예 지젝이 적확하게 지적한 대로 "확실성의 표지가 해체된 '빈 공간'은 스스로 확실성을 지녔다고 오인하는 세력의 점령 대상이 되"는 현상이 현실화되었다(지젝, 2015).

이렇듯 1.25 혁명 이후 이집트에서 이슬람주의의 부상은 2011년 말 이슬람주의와 살라피 정당이 총선에서 압승을 거두면서 현실화되었다. 무바라크 사퇴 이후 무슬림형제단과 살라피주의자들은 각각 자유정의당과 누르당을 구성하고 총선 준비에 나섰다. 2011년 말에서 2012년 초에 걸쳐 행해진 총선에서 자유정의당과 누르당이 압도적인 승리를 거두었는데, 이들은 총 508석 중 358석(각각 235석과 123석)을 확보하면서 전체의 70%가 넘는 의석을 차지했다(Lacroix, 2012).

살라피주의자들은 누르당 이외에도 정통당(al-Asālah Party), 건설과 발전당(al-binā'wa al-tanmīyya Party)과 함께 정치 세력화했다. 살라피주의자(salafists)는 7세기 선지자 무함마드와 초기 무슬림의 이슬람법 해석을 근간으로 하는 국가 설립을 목적으로 하며, 같은 종교적 신념을 공유하는 느슨한 세력 집단으로, 공식적으로 단체를 조직한 적은 없었다. 엘리트 정치 세력이 종교를 정치 세력화 수단으로 이용하는 현상을 '종교적 아웃비딩(religious outbidding)'이라고 일컫는데(Toft, 2013), 이슬람주의자들과 살라피 정당은 이 시기 대표적으로 종교적 아웃비딩을 통해 세력을 확장했다. 이들은 기존 세속주의 무바라크 정권의 부패와 무능으로부터 차별화하는 전략을 택했고, 상대적으로 윤리적이고 청렴하고 공정한 정치 지도자의 이미지를 강조하면서 이집트 국민의 압도적인 지지를 받는 데 성공했다. 이러한 종교적 아웃비딩 현상은 정권 교체가 이루어진 다른 북아프리카 국가에서도 공통으로 나타났는데, 튀니지에서 이슬람주의 정당인 엔나흐다가 2011년 총선에서 승리했고, 리비아에서도 이슬람주의 메시지가 많은 리비아인의 지지를 얻었던 것을 예로 들 수 있다.

이집트에서 이런 정치 분위기는 이집트의 비수니 무슬림과 세속주의 정치를 지지하는 무슬림에게 큰 위협이 되었다. 기독교인과 여성 등 소수자를 포용하는 정책을 제안한 자유정의당과 달리 누르당은 신실한 무슬림 신자가 아닌 이들을 포함하여 기독교인과 자유주의자, 그리고 무슬림이라고 할지라도 기도를 게을리하는 자 등에게 피선거권을 주는 것은 이슬람 정신에 어긋난다고 주장했다. 그들은 특히 기독교인에 공개적으로 비판의 날을 세웠는데, 이는 이집트 사회 내 반기독교 정서의 확산으로 이어졌다. 정치인이 형성한 반기독교 담론과 정서는 기독교인에 대한 차별과 폭력을 정당화하는 근거로 이용되었고, 이는 2013년 모르시가 군부에 의해 축출된 후 급증한 교회 건물 방화 사건과 기독교인을 향한 차별, 폭력 사태로 이어졌다.

두 번째 질문인 시시 정권의 출범 과정과 군부의 역할을 이해하려면 1980년대부터 시작된 미국의 이집트군 지원과 국내 경제 자유화 정책 등 국내외 요인을 종합적으로 살펴볼 필요가 있다. 이를 위해 먼저 이집트 정권에 관한 이해가 선행되어야 한다. 이집트 근대 정치는 헌정 70여 년의 역사를 기록하고 있으나 1956년부터 2011년까지 가말 압델 나세르(Gamal Abdel Nasser), 안와르 사다트(Anwar Sadat), 무바라크라는 3명의 대통령만 선출되었을 뿐이다. 모르시와 시시를 포함해도 총 5명이다. 1952년 자유장교단과 함께 군사 쿠데타를 일으킨 나세르는 이집트 헌정 역사상 최초의 대통령인 무함마드 나깁(Muhammad Naguib)이 사임한 후 1956년 대통령직에 올랐고, 이때부터 2011년까지 사다트와 무바라크가 장기 집권을 이어 갔다. 모르시를 제외한 4명은 모두 군부 출신이며 군부와의 긴밀한 관계 속에서 대통령 권한을 유지했다는 공통점이 있다. 이 시기 내내 군부는 국내 정치에서 핵심 권력을 쥐었고, 행정부 수반들은 군부 출신으로 군부와 긴밀히 협력하는 관계를 이어 왔다.

이집트군이 처음부터 강한 정치 세력은 아니었다. 양차대전 기간 군부는 오히려 세력이 약했다. 이집트는 1922년 영국으로부터 독립했지만, 이후 20여 년간 영국군이 이집트에 주둔했다. 이로 인해 이집트군은 상대적으로 세력화하기 어려웠을 것이라 짐작할 수 있다. 게다가 아랍-이스라엘 전쟁에서 연달아 패배한 이집트군은 국내에서 위상이 낮을 수밖에 없었다. 그러나 1981년 무바라크 정권의 시작과 함께 이집트군은 미국의 지원을 집중적으로 받았고, 이를 바탕으로 현대화한 이집트군은 1990년대부터 시행한 경제 자유화 조치와 함께 거대 기업으로 성장, 군이 보유한 부동산과 징집병의 값싼 노동력을 이용하여 다양한 사업체를 운영하며 자본을 축적했다(Kordunsky and Lokesson, 2013).

[사진 2-3] 카이로 도로에 설치된 대형 간판에 이집트 군부와 국기가 함께 그려진 모습 (2018년)

이는 시시 정권에서도 지속되고 있으며, 1.25 혁명 기간에 시위대를 보호하는 등 국민 친화적 이미지를 형성하면서 지지 기반을 더욱 강화했다. 2014년 시시 집권 이후부터는 카이로 곳곳에서 군부와 내셔널리즘을 강조한 포스터와 그림을 볼 수 있었고, 시시 대통령의 사진 역시 이집트 국기와 함께 자주 목격할 수 있게 되었다.

2013년 유일한 비(非)군부 출신인 모르시의 축출과 그에 이은 2014년 시시 정부 수립은 이집트 정부 내에서 군부의 절대 권력을 상징적으로 보여 주었을 뿐만 아니라 동시에 무슬림형제단의 한계를 보여 주는 사건이었다. 정치학자인 아슈라프 엘셰리프(Ashraf El-Sherif, 2014)는 이와 관련하여 무슬림형제단의 한계를 그들의 정치적·이데올로기적·구조적 한계로 정의했는데, 이는 (1) 이집트 사회 전반에 무슬림형제단이 이끄는 정부에 대한 대중의 합의가 부족했을 뿐만 아니라 무슬림형제단 역시 민주주의로의 이행에 적극적이지 않았다는 점, (2) 이전 정권과 협력 관계를 형성하고 주요 엘리트 정치인들을 포섭하는 데 실패했다는 점, (3) 위계질서를 중시하고, 능력이나 다양성보다는 조직에 대한 충성도와 통일성을 지나치게 강조한 나머지 사회 변화에 유연하게 대처하지 못했다는 점 등으로 요약할 수 있다. 2013년 대선에서 무슬림형제단의 승리는 70여 년에 이르는 오랜 권위주의 정부에서 새로운 정부로의 이행이라는 중요한 분기점이었음에도, 모르시와 무슬림형제단은 기존 정치 세력과의 협력 관계 형성에 성공하지 못했다(El-Sherif, 2014).

이후 당시 부통령이었던 시시가 대통령에 당선되었다. 대선 전부터 시시의 당선은 이집트인과 연구자 사이에서 기정사실화되었기에 당시 연구자들은 과연 시시가 몇 퍼센트의 지지율로 당선될 것인지에 관심을 가졌다. 2014년 대선은 공정하지 못한 선거로 평가받았고, 이는 이집트 국내 언론을 비롯, 국외 언론의 광범위한 비판을 피할 수 없었다. 대통령 후보자들이 선거 등록 마감일 전에 후보 등록을 취소했고 그렇지 않으면 행방불명되었기 때문이다. 시시 당선 이후 무슬림형제단 활동은 불법화되었고, 자유정의당도 강제 해산되었다. 살라피 정당 역시 누르당을 제외하고는 모두 해산되었다.

3. 시시 정권하에서 계속되는 '빵, 자유, 정의'의 문제 (2014. 7. 4.–현재)

시시는 군부 출신으로 군부와 긴밀한 협력 관계 속에서 정권을 유지하고 있다. 그러나 모르시 정부의 경제 정책 실패를 이유로 자신의 정권 장악을 정당화했기에 시시 정부는 최대한 빠른 시기에 정부의 능력과 효율성을 증명해야 하는 과제를 안고 있었다.

1) 빈곤, 실업 등 경제 불평등의 심화

1.25 혁명을 촉발한 높은 실업률과 물가 상승률, 중산층의 몰락으로 인한 빈부 격차 확대 등의 경제 문제는 이집트가 신자유주의 정책을 채택한 1980년대부터 파생되었다는 점에 주목해야 한다. 이 시기부터 정부는 보조금을 줄이고 신자유주의 정책을 고수하면서 지원을 최소화했다. 오래된 문제인 만큼 위 경제 문제를 한꺼번에, 단시간에 해소하는 것은 쉽지 않아 보인다. 게다가 이집트의 인구는 급성장세를 보였는데, 2011년 8,300만 명이었던 인구는 2021년에는 1억 3,000만 명으로 급증했다. 이는 향후 빈곤 문제와 고용 문제 심화로 이어질 수 있어서 대책 마련이 시급하다(임현석, 2020).

1970년대부터 사다트 정부에서 도입한 경제 개방 정책(infitāḥ)은 국내 기업의 사기업화와 정부 보조금 지원 축소 등 경제 정책 전반에 변화를 가져왔다. 더불어 1980년대 이후 이집트가 국제통화기금, 세계은행(World Bank)의 압력으로 신자유주의 정책을 적극적으로 받아들일 수밖에 없었는데, 이는 이집트가 현재 겪고 있는 다양한 경제 문제를 야기하는 직접적인 원인이 되었다. 무바라크 정부는 사다트에 이어 경제 정책에 정부의 기여도를 큰 폭으로 낮추고 국유 기업의 사유화를 계속 진행했으며 민간 기업에 주도권을 맡겼다. 식료품과 가스에 대한 정부 보조금 역시 대거 삭감하면서 서민들에 대한 경제 지원을 축소했다.

시시 정부에 들어서서도 이러한 문제는 계속되고 있다. 정부는 자유화 정책 기조를 유지하면서 실업률을 낮추고 경제성장을 가속화하는 것을 목표로 하고 있으나 아직 실질 경제 성장률이나 실업률 등에서는 괄목할 만한 변화가 보이지 않는다. 특히 2013년에 청년 실업률이 38.9%에 달했는데 학력별로 보았을 때 중등 교육 이상 수료자의 절반 이상, 고등 교육 이상 수료자의 30% 이상이 실업 상태에 있었다. 실업률 증가는 빈곤율 증가로 이어지므로 효과적인 정책 마련이 시급하다(박복영 외, 2015).

2) 시민사회에 대한 탄압 강화

2022년은 이집트에서 시시 정권이 출범한 지 햇수로 9년이 되는 해다. 이집트 국내외 연구자들과 언론은 시시 정부를 이집트 헌정상 가장 혹독하고 억압적인 권위주의 정권이라고 평가한다. 시시는 집권 이후 군부의 지지를 등에 업고 장기 집권을 현실화했다. 시시는 2018년 재선에 성공한 이후 2019년에 대통령 임기를 4년에서 6년으로 연장하는 헌법 개정을 감행했는데, 이 개정안에 의하면 2024년에 시시가 재선될 경우 2030년까지 대통령 임기를 지속할 수도 있다. 최소 17년 장기 집권이다. 이에 더해 일각에서는 시시가 2024년 재선에 성공할 경우 사실상 종신 집권을 시도할 것이라는 관측도 나오고 있다. 그는 2020년 7월 퇴역 군인 장교가 대통령 선거에 입후보하는 것을 금지하는 법안을 통과시켰는데, 이는 잠재적 경쟁 후보와의 경쟁을 피하려는 의도로 보인다(Reuters, 2020).

시시는 대통령 임기 연장뿐만 아니라 법 개정을 통해 시민사회 활동 대부분을 불법으로 만들었다. 이집트는 1981년 무바라크 정부 이후 2021년 10월까지 국가 비상사태를 유지해 왔는데 국가 비상사태 기간에는 대통령 권한이 강화된다. 예컨대 헌법이 국민에게 보장하는 권리가 제한되고 경찰의 권한이 확대되며 국가의 검열이 합법화된다. 과거 무바라크 정권은 국가 비상사태를 국민의 집회와 결사의 자유를 합법적으로 침해하는 수단으로 이용했다. 시시 역시 집권 후 비상사태를 연장하다가 비상사태 해제와 함께 비상사태에 준하는 행정부의 권한을 유지하기 위해 여러 관련 법을 개정했다(Human Rights Watch, 2021). 또한 정부는 2019년에 시민 단체 활동을 제약하는 법안을 시행하여 비정부 기구의 자유로운 활동을 제한했는데, 이 법은 시민 단체에 국가 안보 관련 활동만 허용한다는 내용을 골자로 하고 있다.

또한 이집트 정부는 1981년부터 형법 중 일부로 신성모독법을 시행하고 있다. 이는 현 정부에서도 국민의 표현의 자유를 제한하는 기제로 작동한다. 이 법은 이슬람과 선지자 무함마드 등 종교 인물뿐만 아니라 대통령 등 정부 지도자에 대한 비판을 불법화하고, 이를 어기는 사람들을 사법 처벌하는 근거로 이용되었다. 특히 이 법은 정부에 대한 여론 형성을 제한하는 정도에서 그치지 않고 이슬람을 신성화하는 대신 기독교나 타 종교에 대한 비판과 모욕은 처벌하지 않는다는 점에서 비무슬림의 표현의 자유를 이중으로 제약하는 결과를 초래하고 있다. 현 정부가 들어선 2014년 이후 이 법을 위반한 것으로 고발되어 처벌받은 시민의 수가 급증했다.

시민사회 억압은 성소수자에 대한 경찰의 지속적인 검문과 체포, 고문에서도 나타난다. 경찰은 성소수자 시위에 참여한 이들을 불시 검문하고, 체포하여 수개월 동안 독방에 구금했다. 일례로 사라 헤가지(Sarah Hegazi)와 다수의 시민은 2017년 성소수자 인권을 위한 음악 콘서트에 참여한 후 경찰에 체포되어 고문을 당했다. 사라는 가까스로 캐나다 토론토로 망명을 떠났지만 구금 중 성폭력과 고문으로 트라우마에 시달리다 스스로 생을 마감했다.

여성에 대한 차별과 폭력도 여전히 개선되어야 할 문제다. 1.25 혁명을 비롯한 반정부 시위에 참여했던 여성들은 경찰에 체포된 후 강제로 처녀성 검사(virginity test)를 받아야 했다. 시위 참여와 전혀 관련 없는 처녀성 검사를 강제 시행한 것은 여성들이 정치 참여에 수치심을 느끼게 만드는 매우 부적절한 조치였고, 이는 이집트 여성 인권의 현주소를 여실히 드러냈다. 또한 2011년 12월 타흐리르 광장에서 반정부 시위에서 경찰이 히잡을 쓴 무슬림 여성을 강제로 연행하는 중에 이 여성이 입고 있던 아바야(주로 무슬림 여성이 입는 옷으로 몸 전체를 덮는 긴 옷)가 벗겨져 상반신이 드러난 채로 끌려가는 사진이 찍혔다. 이 장면은 국내외 언론을 통해 고스란히 보도되었다. 여성을 발로 폭행하는 경찰 역시 사진에 찍혔는데, 이 사진은 '블루 브라를 입은 여성(girl in the blue bra)'이라는 이름으로 여성에 대한 경찰 탄압의 상징이 되어 시민들의 공분을 불러일으켰다.

이처럼 시민사회 억압과 통제 강화, 다양성 인정과 소수자 보호의 부재, 지속되는 비무슬림 종교 소수자를 향한 폭력과 일상이 된 차별, 여성의 지위와 권리 문제는 답보 상태에 머물러 있다. 시민사회 탄압과 자유 제한은 결국 성숙한 정치 토양의 형성과 발전을 지연시킬 수밖에 없다.

3) 종파주의 갈등의 심화

무슬림과 기독교인의 관계는 이집트 사회를 이해하기 위한 중요한 부분이다. 1.25 혁명 이후 기독교인에 대한 차별과 폭력 문제가 예전보다 심해지면서 사회 내 불안정성이 증대했다. 특히 2013년 모르시 정권이 축출된 뒤 모르시를 지지했던 이들이 기독교인에게 그 책임을 돌리면서 교회와 기독교인이 표적이 된 것이 주원인이었다. 2013년 8월 한 달 동안에만 이집트 남부의 민야(Minya) 지역에서 교회 80여 개가 불에 탔는데, 이는 기독교 공동체에 큰 위협이 되었다. 모르시 축출 이후 이집트의 미래를 예측할 수 없는 상황에서 기독교인의 불안함은 극에 달했다.

2014년 집권 이후 시시는 시종일관 친기독교 행보를 보였다. 시시는 취임 후인 2015년, 콥트 정교회의 성탄절 전야인 1월 6일에 성 마가 대성당을 방문했다. 이는 현대 이집트 역사에서 대통령이 교회를 방문한 첫 사례로, 기독교인은 시시의 방문을 반겼다. 시시는 이에 그치지 않고 2016년부터 부활절에 이집트와 해외 디아스포라의 기독교인을 대상으로 축하 메시지를 보내고 있다. 또한 2016년 시시 정부는 교회 건물 건설 관련법을 새롭게 제정해 새로운 교회 설립 절차를 간소화했다. 2015년 2월 15일 이슬람국가(Islamic State in Iraq and Syria, 이하 ISIS)가 리비아의 한 해변에서 이집트 기독교인 20명과 가나 기독교인 이주 노동자 1명을 참수하는 사건에 대해서도 시시는 7일간의 국가 애도 기간을 선포하면서 기독교인의 사망을 애도하고 기독교 공동체를 지지했다. 기존 대통령 중에서 기독교인의 사망으로 국가 애도 기간을 정한 사람 역시 시시가 최초였다.

시시의 친기독교 행보는 종교의 자유를 보장하고 평등을 추구하는 행보로 읽힐 수 있지만, 이것이 실질적으로 기독교 공동체에 어떠한 영향을 미치는지는 또 다른 문제다. 새로운 교회 설립법으로 인해 기독교인들이 예전보다 자유롭게 교회 건물을 지을 수 있게 된 것처럼 보이지만, 해당 관할 지방 정부는 건물 설립 허가를 내주는 절차를 차일피일 미루는 등 교회 설립과 관련해 기독교인이 체감할 수 있는 변화는 거의 없었다. 또한 여전히 자신이 거주하는 지역에 교회 건물이 건설되는 것을 반대하는 무슬림이 건물 짓는 일을 방해하거나 관련 기독교인을 괴롭히는 등 기독교인에 대한 폭력 사건 역시 증가하고 있다. 기독교는 시시 정부에 의해 인정은 받고 있지만, 여전히 폭력과 공격, 박해에 시달리고 있다.

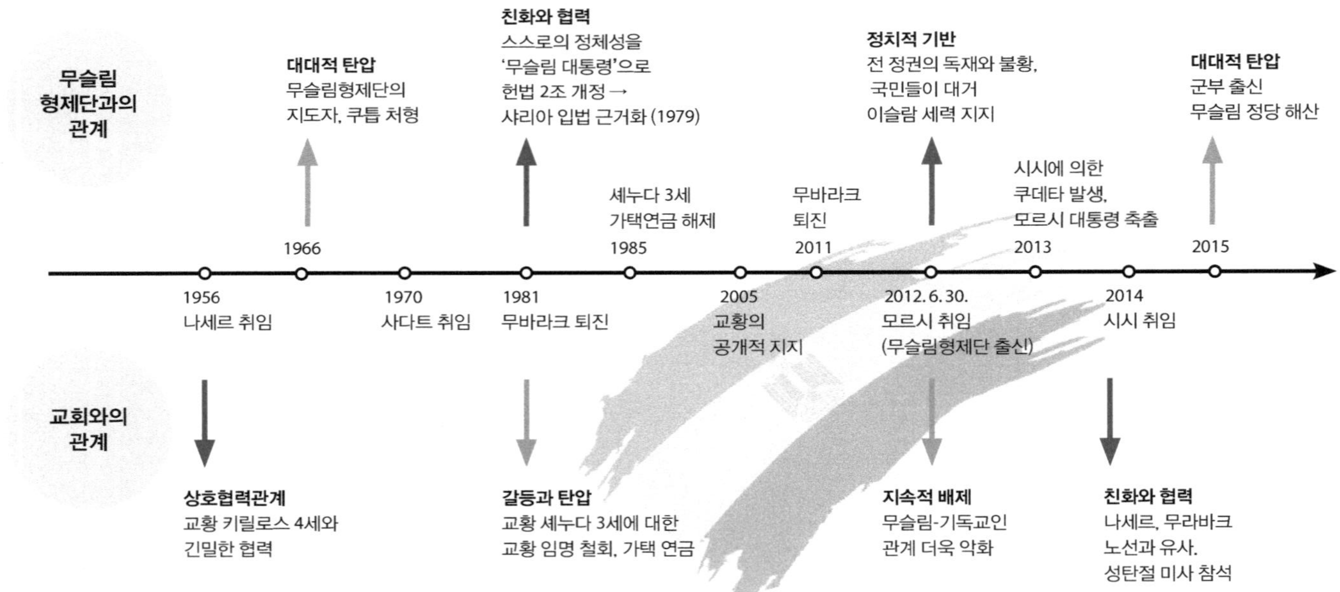

[그림 2-1] 이집트의 정권 이동에 따른 무슬림 형제단, 교회와의 역학 관계 변화

(출처: Asian Regional Review DiverseAsia Vol.3 No.3 (2020)에서 재구성)

4. 이집트를 떠도는, 오래되고 동일한 문제라는 유령

2011년 이집트 국민들은 1.25 혁명과 함께 한때 새로운 정치, 새로운 사회의 가능성을 꿈꾸었다. 대규모 시위와 무바라크의 퇴진은 중동이 사회 변화가 거의 일어나지 않는 지역이며 아랍인들을 무지하고 변화하지 않는 사람들로 치부하는 뿌리 깊은 오리엔탈리즘을 향한 통쾌한 반격으로 인식되기도 했다. 그러나 이집트는 혁명 이후 새로운 권위주의 정부가 집권하면서 무바라크 시기보다 나을 것이 없는 상황이라는 평가를 받고 있다.

이 장에서는 이집트가 혁명 이후 더욱 억압적인 권위주의 정부를 맞게 된 주요 원인을 민주화 추구를 위한 대안 리더십의 부재와 군부의 장기 세력화로 꼽았다. 1956년 군사 쿠데타 이후 권위주의 정권과 긴밀히 연대를 형성해 온 이집트 군부는 막강한 권력과 경제력으로 새로운 권위주의 정부를 세웠고, 이들 간 정치 협력은 과거 어느 시점보다 더 강한 정부를 구성했다. 무바라크 정권이 막을 내린 지 3년 만인 2014년 시시 정권을 통해 군부 지지에 힘입은 장기 권위주의 정권이 회귀한 셈이다. 2011년 오래된 독재자를 몰아낸 원동력인 "빵, 자유, 정의" 문제는 정권이 바뀌었다고 단기간에 해결할 수 있는 문제가 아닌 만큼 현 시시 정부 앞에는 큰 도전 과제가 놓여 있다. 일부 경제지표는 상승세를 보이지만, 언론, 집회, 표현의 자유는 무바라크 정권 시절보다 훨씬 더 억압되어 있다.

지젝은 『불가능한 것의 가능성』(2012)에서 혁명의 순간 그다음 날의 중요성을 지적했다. 이집트에서 권위주의 정부의 부활은 혁명 그다음 날부터 새로운 질서의 형성을 견인할 주도 세력과 논의 부재에서 비롯했다고 볼 수 있다. 2020년 이집트에서는 '아랍의 봄 2.0'이라는 물결을 타고 몇 차례 시위가 있었지만, 향후 대규모 혁명이 다시 일어난다고 해도 시민사회 활동이 지금처럼 경직되어 있고 정부가 군부의 영향력에서 벗어날 수 없다면 권위주의가 아닌 다른 형태의 정부를 보기 어려울 것이다.

제3장 시리아, 초유의 내전 늪에서 소생한 아사드 정권*

1. 내전의 늪으로 빠져드는 시리아의 봄

2011년 1월 말 바샤르 알아사드 시리아 대통령은 『월스트리트 저널』과의 인터뷰에 응했다. 2010년 12월 무함마드 부아지지의 분신으로 튀니지에서 촉발된 아랍의 봄의 물결이 이집트로 전이되어 확산의 조짐이 커가던 시점이었다. 바샤르 대통령은 바야흐로 중동 지역에 새 시대가 열리고 있다며 지도자들이 국민의 요구를 민감하게 받들어 개혁에 나서야 한다고 목소리를 높였다. 특히 민중 시위의 거센 도전에 직면한 튀니지, 이집트와 시리아의 상황은 전혀 다르다며 정부에 대한 국민의 신뢰 속에서 시리아는 안정을 유지할 것이라고 자신했다.

하지만 바샤르 대통령의 희망 섞인 전망이 물거품이 되기까지는 그리 오래 걸리지 않았다. 인터뷰 이후 두 달도 지나지 않아 시리아는 내전의 늪으로 조금씩 빠져들었다. 그리고 어느덧 10년의 세월을 훌쩍 넘겨 버린 지금, 시리아는 아랍의 봄의 정치 변동을 겪은 국가 중에서

* 이 글은 『한국중동학회논총』 제42권, 제3호에 게재된 논문을 발전시킨 것이다.

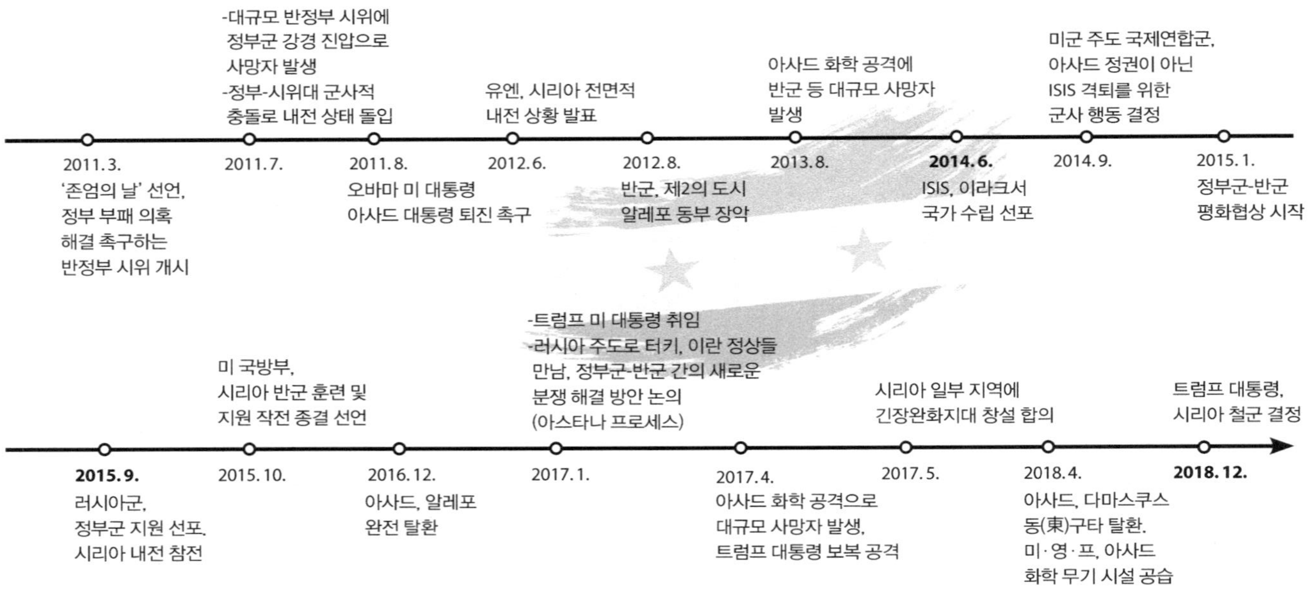

[그림 3-1] 시리아 내전 타임라인

최악의 비극을 겪고 말았다. 2021년 3월 14일 프란치스코 교황은 시리아 내전 발발 10주년을 회고하며 시리아가 역사상 최악의 내전을 겪었다고 했다. 사망자 수는 50만 명을 넘어섰고, 인구의 절반 이상이 국내외로 피난을 떠나야만 했다. 90%가 넘는 시리아인이 빈곤에 허덕이는 처지가 되었다.

무엇이 잘못되었을까? 최악의 비극으로 번진 시리아 내전은 사실 아이들의 사소한 낙서에서 시작되었다. 2011년 3월 시리아 남부의 작은 도시 다라(Daraa)에 10대 학생 10여 명이 모여들었다. 한창 호기심 많은 어린 학생들은 학교 운동장 담벼락에 아사드 정권을 비방하는 낙서를 했다. 주변 국가에서 볼 수 있는 대중 항쟁의 바람을 연상시키는 "닥터, 너의 차례야"라는 글귀가 쓰였다. 한때 영국에서 안과 의사로 일했던 바샤르 대통령을 닥터로 칭한 것이다. 담벼락에 정치적 구호를 새긴 자들을 색출하는 데 총동원된 치안 당국은 곧바로 아이들을 체포했고, 10-15세에 불과한 아이들은 옥살이를 해야 했다.

당시 열네 살이던 소년 무아위야 스야스네(Mouawiya Syasneh) 역시 낙서를 했다는 죄목으로 체포된 학생이었다. 훗날 스야스네는 새벽 4시에 보안 요원들이 집으로 찾아와 다짜고짜 수갑을 채워 끌고 갔으며 구타와 고문을 했다고 증언했다. 그는 친구들과 반정부 구호를 썼다고 인정하지 않을 수 없었다. 붙잡힌 친구들은 한 달 넘게 투옥되었고, 구타로 손가락이 부러진 아이들도 있었다고 한다. 어린 소년들이 시리아 보안 요원들에게 잡혀가 고초를 당했다는 이야기가 번지면서 길거리로 나서는 시민이 점차 늘어났다. 그 결과 3월 25일 다라의 거리에는 수십만 명의 군중이 운집했다.

시위가 확산되기 시작한 3월 30일 바샤르 대통령은 비로소 의회에서 공개 성명을 발표했다. 바샤르 대통령은 시위대에 의한 소동이 정권 전복을 노리는 이스라엘 같은 외부 세력의 사주로 일어났다는 음모론을 제기했다. 무엇보다 '피트나(fitna)'를 막는 것이 의무라고 강조했다. 이슬람의 경전 쿠란에서 다층적 의미를 내포한 단어인 피트나는 이슬람 역사 속에서 목도되었던 공동체 내부의 분열 양상을 의미한다. 바샤르 대통령은 수니파, 알라위파, 기독교, 쿠르드, 드루즈 공동체 등으로 나뉜 시리아 사회의 분열을 외부 세력이 조장하고 있다는 점을 강조하고자 이슬람 역사에서 유래된 단어를 사용했다.

결코 물러설 의향이 없음을 분명히 밝힌 바샤르 대통령의 선언과 함께 시리아 정부군은 한층 더 강경한 대응에 나섰다. 시위대를 향한 발포로 사상자가 속출할 수밖에 없었다. 시리아의 악명 높은 정보기관인 무카바라트(mukhabarat)는 시위 주동자를 색출하여 고문과 살해까지 자행했다고 알려져 있다. 이 시기 13세 소년 함자 알카티브(Hamza al-Khateeb)의 끔찍한 시신 영상이 유튜브에 공개된 것은 시리아 정부의 강압적 진압을 상징적으로 드러낸다. 카티브는 2011년 4월 29일 다라시 시위 도중 체포 및 구금되었다. 5월 25일 가족의 품으로 돌아온 어린아이의 주검은 경악할 정도로 처참한 모습이었다. 심한 구타 흔적과 화상 자국이 발견되었을 뿐 아니라 신체 일부가 절단된 상태였다. 함자의 가족은 끔찍한 주검을 소셜 미디어를 통해 외부에 알렸고, 이에 아사드 정권에 항거하는 시민들의 움직임은 더욱 거세졌다.

다라에서 시작한 반정부 시위는 4월 라타키아, 하마, 홈스 등 여러 도시로 번졌다. 아사드 정권의 맞대응도 강화되었다. 6월에 접어들어 아사드 정권은 시위대 진압을 위해 탱크, 전투기, 헬기를 포함한 군 병력을 본격적으로 투입했고, 많은 민간인 사상자가 발생했다. 시리아 정부군의 강경 진압이 이어지자 아사드 정권의 전복을 노리는 반군이 조직되었다. 7월 시리아의 퇴역 공군 대령인 리아드 알아스아드(Riad al-Asaad)는 아사드 정권 타도를 목표로 자유시리아군(Free Syrian Army, FSA) 결성을 주도했다. 8월에는 튀르키예의 이스탄불에서 시리아 국민의회

(Syrian National Council, SNC)가 창설되었다. 프랑스 파리 소르본 대학의 교수로 재직한 부르한 갈리운(Bruhan Ghalioun)이 의장에 취임한 시리아 국민의회는 미국, 사우디아라비아, 카타르와 같은 역내외 국가들의 지지 속에서 활성화되었다.

정부군과 반군의 교전이 격화됨에 따라 시리아는 내전의 소용돌이 속으로 점점 더 빠져들어 갔다. 2011년 가을부터 시리아 중부 홈스를 차지하기 위한 정부군과 반군 간의 치열한 전투가 본격화되었다. 2012년 2월 정부군은 전투기를 포함한 대규모 병력을 동원했고, 민간인 사상자가 다수 발생했다. 국제사회의 커지는 우려 속에서 2012년 2월 아랍연맹 초안을 토대로 시리아 국민에 대한 학살 중단과 민주화 프로세스 이행을 촉구하는 유엔결의안 채택이 시도되었지만, 유엔 상임이사국인 러시아와 중국의 거부권 행사로 부결되고 말았다. 이렇게 아사드 정권과 반군 간 무력 충돌이 격화되는 가운데 국제사회의 중재마저 무위로 끝나면서 시리아의 혼돈은 점입가경으로 치달았다. 2012년 7월 유엔은 시리아가 내전 상태에 돌입했다고 공식 선언했다. 아이들이 무심코 적은 낙서가 정부군과 반정부 시위대 사이에서 이토록 치열한 제로섬 갈등을 초래할지 처음엔 누구도 예측하지 못했을 것이다.

2. 제로섬 갈등을 야기한 종파주의의 소용돌이

1) 휘몰아친 종파주의의 파급력

초기 시리아 민중 봉기는 정부군과 반군 간의 극단적 대립을 동반한 내전 양상으로 전개되었다. 아사드 정권에게 평화로운 출구 전략은 전혀 고려 대상이 아니었다. 시리아의 봄이 내전의 수렁으로 빠져든 이유는 무엇일까? 왜 갈등에서 벗어나기 위한 어떤 몸부림도 소용이 없었을까? 질문에 답하려면 내전의 늪 한가운데에서 휘몰아친 종파주의(sectarianism)가 미친 파급력을 살펴보아야 한다.

민족, 인종 등 다양한 층위에서 집단 내부의 우열 관계가 차별이나 증오로 표출되는 현상을 의미하는 종파주의는 특정한 정치 환경에서 증폭될 가능성이 있다. 이런 관점에서 종파주의가 갈등 양상으로 표출되는 과정을 설명하는 데 유용한 개념인 종파주의의 정치화(politicisation of sectarianism)는 종파주의적 자아와 타자의 정체성을 구분하고, 정치 엘리트들이 다른 종파주의 집단을 정치적 희생양으로 삼을 가능성이 있다는 사실에 주목한다(Ardovini, 2016). 다시 말해서, 평상시에 종파주의와 무관한 사안일지라도 내전 같은 특수한 정치적 환경에서 정치 엘리트들이 정치 목적을 추구하는 과정에서 갈등적 종파 정체성에 기초한 담론이 형성될 수 있다. 특히 내전 같은 위기 국면에서 권력 유지를 원하는 권위주의 정권은 종파주의 정체성을 의도적으로 강조함으로써 정권의 안위를 도모하려 할 가능성이 있다.

이런 맥락에서 중동 지역에서 종파주의에 기반한 적대감은 원래 원형적으로 존재하는 것이 아니라 위협을 인식하고 위기 상황을 이슈화하는 과정에서 파생될 수 있다. 즉 평상시에 위협으로 보이지 않는 문제라도 안보 행위자들의 정치적 담론에 의해 중대한 위협이 될 수 있다(Buzan et al., 1998).

실제 갈등 구조를 갖고 있지 않은 종파주의 이외의 문제도 정치 의도 속에서 종파적 자아와 타자를 구분하는 갈등 정체성을 만들어 내는 종파주의의 정치화는 시리아 내전 갈등 심화를 이해하는 데 유용한 분석 틀이 될 수 있다. 아사드 정권과 반정부 세력 모두 내전이라는 특수한 상황에서 정치 목적 달성을 위해 상대 진영을 위협으로 규정하는 갈등적 종파주의 정체성 담론을 확산시키려 했을 가능성이 크기 때문이다. 이 과정에서 아사드 정권과 반군 세력 간의 정치적 타협은 요원할 수밖에 없었고 물러설 수 없는 제로섬적 갈등이 나타났다.

2) 물러설 수 없는 제로섬 갈등

종파주의의 소용돌이가 미친 영향을 중심으로 시리아 내전 초기의 정치 변동 과정을 분석하면 아사드 정권과 반군 모두 종파주의의 프레임을 활용해 정치적 이익을 얻으려 했다고 볼 수 있다. 즉 아사드 정권은 반정부 시위대를 급진적 수니파 반란 세력으로 규정했고, 반정부 세력 역시 아사드 정권을 알라위 소수 종파 정권으로 선언하며 상대 종파 집단을 위협의 대상으로 보았다. 특히 바샤르 대통령은 정권의 생존을 위해 종파주의라는 시한 폭탄을 의도적으로 터뜨렸다. 시리아 내의 종파주의 정치 지형에서 알라위파 정권을 지지하는 이들은 정권 교체로 인해 기득권을 잃고 수니파가 약진하는 상황을 두려워했다. 정권이 무너지면 소수 종파인 알라위파 정권의 안위를 담보할 수 없다고 믿었기 때문이다. 따라서 아사드 정권은 생존을 위해 시위에 참가한 국민들을 폭력적이고 급진적인 수니파 반란 세력으로 그려 내려고 했다. 바샤르 대통령의 지지자와 친정부 성향의 언론은 시위자들을 침입자, 테러리스트, 무장 폭도 등으로 지칭했다. 일부 아사드 정권 지지자는 수니파 이슬람 급진주의자들이 국가 전복을 통해 소수 종파를 말살시키고, 이슬람 국가를 만들려 한다고 주장했다.

이렇게 아사드 정권에 의한 종파주의 프레임 적용은 시리아 반군 내에 실제적으로 존재하는 세속주의 요소를 완전히 제거하려는 시도를 동반했다. 예를 들면, 시리아국민회의(Syrian National Council, SNC)의 구성원들은 수니파는 물론 알라위파와 무슬림형제단과 가까운 인사를 포함하는 다원성을 확보하고 있었지만, 종파주의 위협에 대한 시리아 정부의 강조로 다양성이 소멸해 버렸다. 특히 종파주의 담론은 반란을 일으킨 수니파 반군의 위협을 지나치게 과장하여 무자비한 탄압을 정당화하는 수단으로 작용할 수 있었다. 무엇보다 시리아 군 장교의 상당수는 정권에 충성하는 알라위파로 구성되어 강한 결속력을 가지고 있었다. 아사드 정부는 시위대를 효과적으로 진압하기 위해 샤비하(shabiha)를 동원했다. 유령이라는 의미를 지닌 샤비하는 정권에 충성하는 알라위파 요원들로 구성된 아사드 정권 친위대로, 정권 안보를 위해서 반정부 시위대에 무자비한 탄압을 서슴지 않았다.

한편, 반정부 시위대 역시 아사드 정권의 종파 정체성을 위협으로 규정하며 알라위파 정권 타도를 위한 물러설 수 없는 항쟁에 나섰다. 반정부 시위대는 2011년 3월 아사드 정권이 다라에 위치한 알오마리 모스크(Al-Omari Mosque)를 공격하자 분노를 표출했다. 당시 반정부 시위대의 야전 병원과 모임 장소로 활용되던 알오마리 모스크는 민중 봉기의 거점인 동시에 수니파의 정체성을 담고 있는 역사적 유적이기도 했다. 알오마리 모스크의 미나렛은 예언자 무함마드 사후 제2대 칼리파 오마르 빈 알카탑에 의해서 레반트 지역에 최초로 건설되었다. 2013년 4월 시리아 정부군은 이슬람 역사에서 손꼽히는 오래된 성전인 알오마리 모스크를 철저히 파괴했다. 반정부 인사들은 알라위파 정권에 의한 수니파 모스크 공격을 수니파 전체에 대한 폭력으로 해석하면서 알라위파 아사드 정권 타도를 외쳤다.

반정부 시위대는 아사드 정권에 대한 강경 투쟁을 전개하면서 알라위파에 대한 반감을 확연히 드러냈다. 반정부 시위대는 "알라위파를 무덤으로(Alawis to the grave)"라는 구호를 내걸고 알라위파를 "사탄과 이란의 동맹(allies of Satan and Iran)"으로 지칭했고, 일부 이슬람주의 추종 세력은 알라위파를 이단시하는 파트와(fatwa)를 내놓았다(Kerr and Larkin, 2015). 특히 무슬림형제단과 가까운 저명한 이슬람학자 유수프

알까라다위(Yusuf al-Qaradawi)는 아사드 정권에 대한 지하드를 선포했다. 이와 같이 시리아의 봄 초기에 강력하게 휘몰아친 종파주의의 소용돌이는 알라위파 정권과 수니파 반군이라는 프레임에 따라 갈등 정체성을 확산시키면서 상대방 종파를 위협으로 규정하는 양상으로 전개되었다. 결과적으로 정치화된 종파주의 담론이 점점 퍼져 나가면서 시리아의 봄은 정부군과 반군의 제로섬 갈등을 동반한 내전의 늪으로 빠져들었다.

3. 갈피를 못 잡는 오바마의 대응과 내전의 장기화

1) 오바마의 갈팡질팡 소극적 대응의 문제점

버락 오바마 대통령의 시리아 내전 대응 방식은 현재까지 많은 비판의 대상이 되었다. 임기를 마친 후 오바마 대통령은 자신을 향한 비판을 인지하고, 정책 판단에 착오가 있었다는 점을 사실상 시인했다. 구체적으로 오바마 대통령은 회고록 『약속의 땅(*A Promised Land*)』(2021)에서 시리아 내전 당시 선택의 어려움을 토로했다. 특히 오바마 행정부 대시리아 정책의 문제점은 일관성 결여다.

내전 초기인 2011년 5월 오바마 대통령은 아사드 정권의 잔혹한 대응을 비난하면서 반정부 시위대를 지지하고, 아사드 정권의 핵심 인사에 대한 제재 조치를 이행했다. 그해 7월 8일 로버트 포드(Robert Ford) 시리아 주재 미국 대사는 하마(Hama)에서 반정부 시위대를 격려하는 정치적 메시지를 표명하기도 했다. 특히 8월 18일 오바마 대통령은 백악관 연설을 통해 바샤르 대통령이 물러날 때가 되었다는 점을 분명히 밝혔다. 워싱턴의 아사드 정권 축출 선언에 입각해 오바마 정부는 시리아국민회의를 시리아를 대표하는 합법적 정부로 인정했다.

이와 같이 시리아 내전 초기 오바마 행정부는 반군을 정치적으로 지원했지만 직접적인 군사 지원은 고려하지 않았다. 오바마 대통령이 시리아에 대한 군사 행동에 나서는 데 주저한 것에는 다양한 원인이 있었다. 우선, 미국의 중동 군사 개입에 대한 부정적 여론을 감안한 결정이었다. 9.11 테러 이후 이라크 전쟁, 아프가니스탄 전쟁이 지리멸렬하게 이어지면서 미국 내에서 중동 지역 추가 파병에 비판의 목소리가 우세했다. 여기에 백악관은 반군 진영에 대거 참여한 급진적 이슬람주의 세력을 의식하고, 반군에 제공한 무기가 급진 이슬람주의 세력의 손아귀에 들어갈 경우 미국의 안보를 위협하는 부메랑이 되어 돌아올지 모른다는 우려를 갖고 있었다. 이 외에도 미국 정책 결정자들의 소극적인 태도는 미군의 직접적 군사 개입이 없어도 아사드 정권이 몰락할 것이라는 안이한 인식에서 비롯했다. 당시 데니스 맥도너(Denis McDonough) 백악관 비서실장은 시리아에 대한 미국의 직접 군사 개입을 반대한 대표적 인사로 분류된다.

따라서 미국은 직접 군사 개입을 회피하는 가운데 반군 세력이 요청한 대항공기 격추 무기 등 핵심 군사 전력 제공을 주저하는 모습을 보였다. 자유시리아군(FSA)의 지도자 살림 이드리스(Salim Idris)는 격전지 알레포를 둘러싼 아사드 정부군과 치열한 대결 속에서 오바마 정부에 첨단 무기 지원을 요청했지만, 원하는 것을 얻을 수 없었다.

한편, 오바마 대통령은 바샤르 대통령이 화학 무기 사용이라는 레드라인을 넘는 행동에 나설 경우 군사 행동에 나설 것이라는 의지를 피력했다. 2013년 8월 21일 반군 거점 도시 중 하나인 구타시에서 아사드 정권은 실제 화학 무기 공격에 나섰다. 어린이를 포함해 사상자 1,729명이 발생하자 8월 26일 존 케리 당시 국무장관은 아사드 정권의 화학 무기 사용을 강력히 규탄하는 메시지를 발표해 응분의 대가를 치르도록 만들기 위한 미군의 개입 가능성을 암시했다.

하지만 오바마 대통령은 공언했던 태도와 다르게 군사 개입을 시도하지 않았다. 미국은 레드라인 설정에 부합하는 단호한 군사 행동과는 거리가 먼 태도를 취했다. 당시 시리아에 대한 군사 개입을 반대하는 여론이 우세한 상황 속에서 오바마 정부는 아사드 정권의 레드라인을 넘어선 행동에도 반군 세력을 도우려는 군사 행동에 나서지 않았다. 일관성을 상실한 채 갈팡질팡하는 오바마 행정부의 정책은 아사드 정권에 항거하는 반군 진영의 사기를 떨어뜨리고 아사드 정부군이 생존하는 데 도움을 주었다. 이 관점에서 오바마 대통령의 대응은 지난한 시리아 내전의 장기화를 초래하는 원인으로 작용했다고 볼 수 있다.

2) ISIS 격퇴를 위한 군사 개입의 의도하지 않은 결과

오바마 행정부의 대시리아 전략은 ISIS가 등장하자 변화되었다. 2013년 9월 시리아에서의 군사 작전에 본격적으로 나선 ISIS는 자유시리아군으로부터 아자즈(Azaz) 마을을 탈환하고, 이후 팔미라와 이라크의 모술을 차지한 뒤 시리아의 라까를 수도로 하는 칼리파 국가를 설립했다. ISIS의 등장은 미국의 국가 안보에 직접적인 위해를 가했고, 오바마 정부는 군사 개입을 모색하게 되었다. 따라서 2014년 9월 10일 오바마 대통령은 ISIS 격퇴를 위해 군사 행동에 나서겠다고 천명했다.

미국은 ISIS 격퇴를 위한 군사 행동에 가담하면서도 지상군 개입을 지양하고, 주로 공군력 지원을 통해 ISIS 근거지를 공습하는 군사 행동에 나섰다. 육상 전투 작전은 쿠르드족 민병대 인민수비대(YPG)가 주로 임무를 수행하는 가운데 미군의 지원하에 인민수비대를 주축으로 ISIS를 격퇴하기 위한 시리아 민주군(Syrian Democratic Forces, SDF)이 결성되었다. 인민수비대와 ISIS 간의 치열한 교전을 상징적으로 보여 준 것은 튀르키예와의 국경에 위치한 도시 코바니(Kobane) 탈환을 위한 전투였다. 2014년 10월 ISIS가 점령한 코바니를 되찾기 위한 몸부림이 본격화되었고, 2015년 1월 미국 공군의 지원하에 인민수비대는 마침내 ISIS를 물리치고 코바니를 차지할 수 있었다. 이후 2016년 9월 시리아 민주군은 ISIS의 수도인 라까 정복을 위한 작전을 개시했고, 2017년 10월 라까 탈환에 성공했다.

그런데 인민수비대를 활용한 미국의 군사 개입은 전쟁에서 전과를 거두며 소기의 목적을 달성한 한편, 의도하지 않은 결과로 반군을 약화시키며 내전을 장기화하는 결과를 초래했다고 평가된다. 오바마 행정부는 미국에 직접적 위협으로 부상한 ISIS와의 전쟁에 집중한 군사 행동을 추진했고, 그 과정에서 힘을 잃어 가던 아사드 정권의 생존 가능성이 커지게 되었다. 다시 말해서, 아사드 정권에 대항해 맞서 싸운 ISIS 같은 이슬람 급진주의 세력에 맞선 전쟁에 집중하는 동안 시리아 정부군이 전열을 재정비할 수 있었던 것이다. 특히 미국을 중심으로 서방 세계가 시리아를 무너뜨리려는 획책을 꾸미고 있다는 음모론이 커지는 가운데 아사드 정권 지지자들의 결속이 강화됨으로써 아사드 정권의 생존 가능성이 커지게 되었다.

이렇게 ISIS와의 전쟁을 위한 오바마 행정부의 군사 개입으로 아이러니하게도 자유시리아군을 비롯한 반군 진영이 가장 커다란 피해를 입게 되었다. 특히 ISIS 격퇴에 집중한 미국은 아사드 정부에 대항하는 반군에 대한 지원은 소홀히 하는 모습을 보였다. 2014년 8월 반군 진영의 지도자 하디 알바흐라(Hadi al-Bahra)가 미국이 ISIS와의 전쟁에서 진정으로 이기길 원한다면 늦기 전에 첨단 무기를 반군에 지원해 달라고 호소했지만 미국의 호응을 이끌어 내지 못했다. 오바마 정부가 반군에 대한 군사 지원에 소극적인 태도를 보인 가운데 아사드 정권에 대항한 반군 단체들의 기반은 약화될 수밖에 없었다.

무엇보다 ISIS와의 전쟁에 집중한 오바마 행정부는 반군에 대한 군사 지원 규모를 이전보다 줄이는 조치까지 단행했다. 2015년 10월 ISIS에 맞서기 위한 군사력 운용에 집중한 미국 국방부는 5억 달러 규모에 달하는 수천 명의 시리아 반군 훈련 및 지원 작전 프로젝트를 종결한다고 선언했다. 결과적으로 ISIS 등장 이후 오바마 정부의 군사 개입은 반군 진영을 오히려 약화시키며 아사드 정권 생존에 기여함으로써 지리멸렬한 내전의 장기화를 초래하는 의도하지 않은 결과를 야기했다고 평가된다.

4. 푸틴의 개입과 생존한 아사드 정권에 남은 불씨

1) 게임체인저, 러시아의 개입과 소생하는 아사드 정권

2015년 9월 러시아의 시리아 내전 개입은 내전의 양상을 바꾼 게임체인저가 되었다. 러시아의 행동 개시는 그해 7월 이란 혁명수비대 사령관 가셈 솔레이마니(Qasem Soleimani)의 러시아 방문을 계기로 급진전되었다. 이란은 레바논의 헤즈볼라(Hezbollah)와 같은 친이란 단체를 동원하여 바샤르 대통령을 지원해 왔다. 모스크바에서 블라디미르 푸틴 대통령을 만난 솔레이마니는 시리아 내전 상황을 훤히 드러낸 지도를 펼쳐 보이며 러시아에 도움을 청했다. 지도에는 군사적으로 패색이 짙어 백척간두에 놓인 아사드 정권의 실상이 적나라하게 드러나 있었고, 러시아 정부 인사들은 아사드 정권을 구하기 위한 행동의 필요성을 절감했다. 따라서 솔레이마니의 방문은 아사드 정권을 수호하기 위한 새로운 러시아-이란 동맹의 신호탄이 되었고, 두 달 후 러시아는 시리아에 대한 전격적인 군사 개입에 나섰다.

러시아 정부는 시리아에 대한 군사 개입을 단행하면서 ISIS 같은 테러 조직을 척결하기 위한 행동이라는 정당성을 부여했다. 러시아의 세르게이 라브로프(Sergei Lavrov) 외무장관은 급진 이슬람주의 세력이 러시아에 대한 위협이라고 말했다. 하지만, 실제로 푸틴 대통령은 급진 테러리스트와의 전쟁보다 힘을 잃어 가는 아사드 정권의 소생을 우선시했다. 러시아의 정책 결정자들은 바샤르가 리비아의 알카다피나 이집트의 무바라크와 같은 운명에 처하도록 내버려 두어서는 안 된다고 판단했다. 동지중해의 유일한 러시아 해군 기지가 위치한 타르투스(Tartous)항이 있는 시리아에서 러시아의 이해관계에 반하는 새 정권이 들어서는 것을 묵과할 수 없었다. 따라서 러시아 정부는 시리아의 크메이밈(Khmeimim) 공군 기지로 전투기를 급파했고, 러시아의 군사 지원에 힘입어 시리아 정부군은 반군과의 전투에 새로운 전기를 마련할 수 있었다.

러시아의 개입으로 천군만마를 얻은 시리아 정부군은 연이은 전투에서 승전보를 전하며 주요 도시 재탈환에 나섰다. 2016년 3월 팔미라에 이어 12월에는 최대 격전지였던 알레포를 차지했고, 이듬해 5월에는 홈스마저 되찾았다. 특히 다마스쿠스와 함께 시리아의 양대 도시인 알레포 탈환은 시리아 내전의 분수령이 되었다. 알레포 전투는 시리아 내전의 향방을 결정짓는 중요한 기로에 있었기 때문이다. 반군을 지원한 미국 중심의 서방 세계와 정부군을 지원한 러시아 간의 대결 구도 속에 시리아 정부군이 알레포 전투에서 승리하면서 아사드 정권이 우세하다는 인식이 확산되었다. 특히 가장 치열한 전투에서 승리함으로써 러시아의 자신감은 한층 충만해졌다.

알레포 전투에 승리한 러시아는 유프라테스강 유역의 전략적 요충지에서 추가 전과를 올리며 아사드 정부군이 승리하는 데 크게 기여했다. 2017년 11월 러시아의 도움에 힘입어 시리아 정부군이 3년 동안

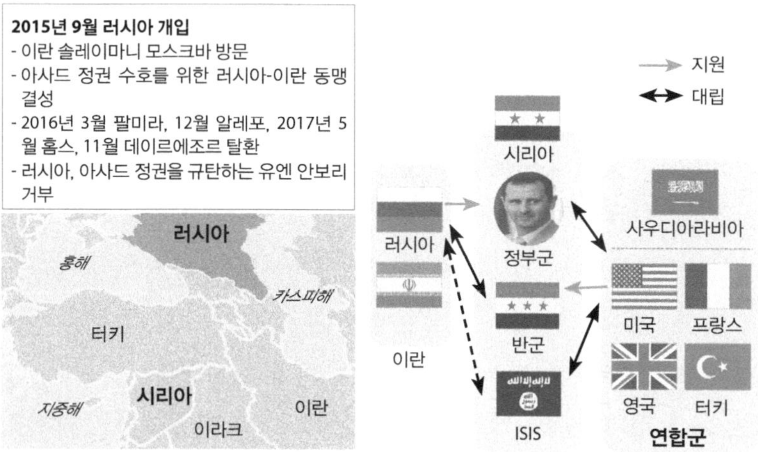

[그림 3-2] 러시아의 시리아 내전 개입 및 역학 관계

봉쇄되었던 데이르에조르(Deir ez-Zor)를 ISIS로부터 탈환할 수 있었다. 인근에 유전 지대가 다수 위치한 데이르에조르는 ISIS의 돈줄 역할을 해온 곳이다. 러시아는 전략적으로 중요한 유전 지대가 포함된 요충지를 시리아 정부군이 장악하도록 도와줌으로써 아사드 정권의 생존에 기여했다.

한편 러시아는 군사 행동과 함께 정치 외교의 무대에서도 아사드 정부를 적극적으로 지원했다. 푸틴 대통령은 군사 수단의 동원과 국제사회의 대화를 주도하는 외교전을 수행하는 이중 전략을 펼쳐 나갔다. 러시아는 수차례 거부권을 행사함으로써 아사드 정권을 규탄하는 유엔 안전보장이사회 결의안 채택을 가로막았다. 특히 알레포 전투에서 승리하며 시리아 정부군이 승기를 잡고 난 뒤로는 시리아 안정화를 위한 외교 프로세스를 주도하는 데 심혈을 기울였다. 대표적으로 2017년 1월 23일 러시아, 튀르키예, 이란의 정상들이 카자흐스탄의 수도 아스타나에서 만났다. 미국의 도널드 트럼프 대통령이 취임식을 거행한 지

사흘밖에 지나지 않은 시점이었다. 러시아 주도로 시리아 정부군과 반군 간의 휴전 방안이 논의된 결과 새로운 분쟁 해결 방안으로 아스타나 프로세스가 탄생했다.

아스타나 프로세스에 따라 2017년 5월 시리아 일부 지역에 긴장 완화 지대 조성이 합의되었다. 정부군과 반군의 대결 속에서 폭력 발생 가능성을 줄이고 난민의 귀환을 도모하며 안정화의 초석을 놓는다는 원칙을 확인했다. 러시아가 주도한 아스타나 프로세스는 초기에 일정한 성과를 거두었다. 2017년 9월 러시아, 이란, 튀르키예는 동구타, 이들립, 홈스, 라타키아, 알레포, 하마 등 군사적 충돌이 지속되는 지역에 6개월 동안 긴장 완화 지대를 만들기로 합의했다. 이곳에서는 정부군과 반군이 일체의 적대 행위를 멈추고, 인도주의 관점에서 아사드 정부는 중단된 전기와 수도 공급을 재개하기로 했다. 하지만 이러한 노력으로도 영구적 평화를 가져올 수는 없었다. 긴장 완화 지대 설정이 무색하게도 아사드 정권과 반군의 대립을 완전히 통제할 수는 없었고, 아사드 정권의 군사 행동이 재개되면서 충돌이 불거졌다(김강석, 2022b).

아스타나 프로세스의 연속선상에서 푸틴 대통령은 2017년 11월 18일 소치에서 시리아 국민대화의회(Syrian Congress for National Dialogue)를 개최했다. 2차 소치 회담은 2018년 1월 30일에 열렸으며, 시리아 내 다양한 인종·종파를 대표하는 인사, 정부와 반군 측 대표단이 참여하여 시리아의 새 헌법을 만들고 민주적인 지도자 선출에 대해 논의했다. 이처럼 러시아는 미국과 달리 시리아에 대한 군사 개입뿐만 아니라 외교 무대에서도 역량을 발휘하며 시리아 사태를 둘러싼 주도권을 장악할 수 있었다. 러시아의 이 같은 적극적 행보는 꺼져 가던 아사드 정권을 소생시키는 게임체인저가 되기에 충분했다.

2) 파편화된 시리아와 아사드 2.0 정부에 남겨진 불씨

러시아가 시리아 정국을 주도하기 시작한 2017년 1월 트럼프 행정부가 출범하자 국제사회는 미국의 새로운 대시리아 정책 기조가 어떻게 변화될 것인지 커다란 관심을 표명했다. 트럼프 대통령은 취임 이후 첫 해외 순방지로 사우디아라비아를 선택했다. 5월 사우디아라비아를 방문한 트럼프 대통령은 이란에 대한 전방위적 압박을 주창했다. 이런 분위기 속에서 이란의 중동 지역 내 팽창을 봉쇄하기 위해 트럼프 정부가 시리아 개입을 강화하리라는 조심스러운 전망이 나왔다. 이 기대감은 바샤르 대통령의 화학 무기 사용에 대한 트럼프의 단호한 군사적 응징으로 더욱 커졌다. 2017년 4월 이들립주의 칸 샤이쿤(Khan Shaykhoun) 마을에 살포된 화학 무기로 최소 89명이 사망하고, 541명 이상이 부상당했다. 트럼프 정부는 아사드 정부가 통제하는 사흐이라트(Sahyrat) 공군 기지에 토마호크 미사일 59발을 발사하며 응징에 나섰다.

하지만 트럼프 대통령이 전임 오바마 대통령과 달리 시리아에 적극적으로 개입할 것이라는 예상은 빗나갔다. 미국 우선주의를 표방한 트럼프 대통령은 시리아 내전에 대한 개입을 주저했다. 다시 말해, 트럼프 정부는 시리아 내전을 비롯한 복잡한 중동 문제에 군사적으로 연루되는 것을 회피했다. 화학 무기 공격에 오바마 정부보다는 단호한 모습을 보였지만, 제한된 목표물에 대한 공격을 넘어서서 상황이 악화되지 않도록 철저히 상황을 관리하려고 했다. 이들립주의 화학 무기 공격 이후 1년이 지난 2018년 4월 남부 두마(Douma)에서 발생한 또 다른 화학 무기 사용에 대한 대응에서도 마찬가지였다. 미국, 프랑스, 영국 연합군은 다마스쿠스와 홈스에 있는 시리아 정부의 군 시설을 포함한 다양한 목표물에 대해 제한적으로 미사일 공습을 단행하는 수준에서 행동을 멈췄다.

트럼프 대통령은 오직 미국 본토에 위해를 가할 수 있는 ISIS와의 전쟁에 치중하고자 했다. 트럼프 정부 출범 이후 ISIS 격퇴 작전은 강화되었고, 2017년 10월 시리아 민주군은 마침내 ISIS의 수도인 라까를 탈환하는 데 성공했다. 하지만 문제는 ISIS와의 전쟁에서 승리한 이후에 나타났다. 막상 ISIS를 격퇴하자 백악관은 더 이상 시리아 문제에 관심을 쏟으려 하지 않았다. 2018년 12월 트럼프 대통령은 ISIS와의 전쟁에서 미국이 승리했다고 공식 선언하면서 시리아에 주둔한 미군 약 2,000명의 철군 계획을 발표했다. 갑작스러운 시리아 철군 계획에 공화당의 린지 그레이엄(Lindsey Graham)을 비롯한 일부 매파 성향 의원은 거세게 비판했다. 이러한 논란에도 2019년 10월 트럼프 정부는 철군을 예정대로 추진했다.

트럼프 정부의 철군으로 상징되는 시리아 내전에 대한 미국의 방기(放棄)는 또 다른 비극의 씨앗을 남겼다. 미국이 떠난 후 진공이 발생하자 2019년 10월 튀르키예군은 평화의 샘 작전(Operation Peace Spring)을 선포하고 시리아 국경을 넘어 인민수비대를 공격했다. 쿠르드족은 내전 기간 ISIS와의 전쟁에 미국의 동맹으로 가담하면서 쿠르드 독립국가 형성을 꿈꾸었다. 미국의 시리아 철군 이후 발생한 튀르키예군의 공격으로 쿠르드족은 위태로운 안보 상황에 직면할 수밖에 없었다. 튀르키예의 레제프 타이이프 에르도안(Recep Tayyip Erdoğan) 대통령은 무장투쟁을 통해 쿠르드 독립을 모색해 온 쿠르드노동자당(PKK)을 안보의 최대 위협으로 인식하면서 시리아에서의 쿠르드 독립 가능성을 우려해 왔다. 이렇게 안보 불안이 고조되자 트럼프 행정부는 인도주의 위기 발생 가능성을 염려하며 튀르키예 정부와 협상을 통해 텔 아브야드와 라스 알 아인을 잇는 폭 30km, 길이 120km의 안전 지대 구축에 합의했다.

하지만 현재까지 시리아 북동부 지역의 정치 불안은 온전히 해결되지 않은 채 지속된다고 평가된다. 시리아 북동부 쿠르드족을 위한 자치정부(Autonomous Administration of North and East Syria, AANES)가 형성되며 시리아의 쿠르드인들은 독립 국가 형성을 모색하고 있다. 이 자치지구는 쿠르드어로 서쪽을 뜻하는 로자바(Rojava)로 일컬어지며, 쿠르드족이 꿈꾸는 '대쿠르디스탄(Greater Kurdistan)' 국가의 일부를 지칭한다. 로자바가 국제사회에서 공식 인정을 받지 못한 상황 속에 쿠르드족 문제의 정치적 민감성이 더해지면서 시리아 북동부는 여전히 갈등의 불씨를 안고 있다.

쿠르드와 함께 남겨진 또 다른 분쟁의 씨앗은 반군 최후의 거점인 이들립(Idlib) 지역에 존재한다. 시리아 정부군이 장악한 지역이 확대되면서 반군은 이들립 지역으로 모여들었다. 시리아 정부군과 반군 간 교전이 지속되면서 2018년 9월 핵심 당사국인 러시아와 튀르키예는 이들립 지역에 군사적 긴장 완화를 위한 비무장 지대를 설정하기로 합의했다. 하지만, 이들립 내의 테러 조직 격퇴를 명분으로 시리아 정부군의 공습이 재개되면서 무력 충돌이 재발했다. 따라서 2020년 3월 5일 푸틴 대통령과 에르도안 대통령은 모스크바 정상회담을 통해 이들립 지역의 긴장 완화를 위해 라타키아와 까미슐리를 연결하는 M4 고속도로를 따라 남북으로 6km에 달하는 안전 통로를 만들기로 합의했다. 모스크바 휴전 합의에도 이들립 지역 시리아 난민들의 인도주의적 위기는 정치 불안이 지속되면서 현재까지 이어지고 있다.

결과적으로 러시아의 개입으로 승리한 바샤르 대통령은 북동부 쿠르드족 자치지구, 북서부의 이들립 지역을 제외한 시리아 영토에 부분적 통치권을 갖게 되었다. 이 관점에서 시리아 내전은 아사드 정권의 승리로 종결되었지만, 파편화된 시리아에는 갈등의 불씨가 남아 있다. 따라서 내전에서 살아남은 아사드 정권이 앞으로 정치적 불안정을 극복하기 위해 어떤 대응에 나설지 주목받고 있다. 다시 말해, 내전으

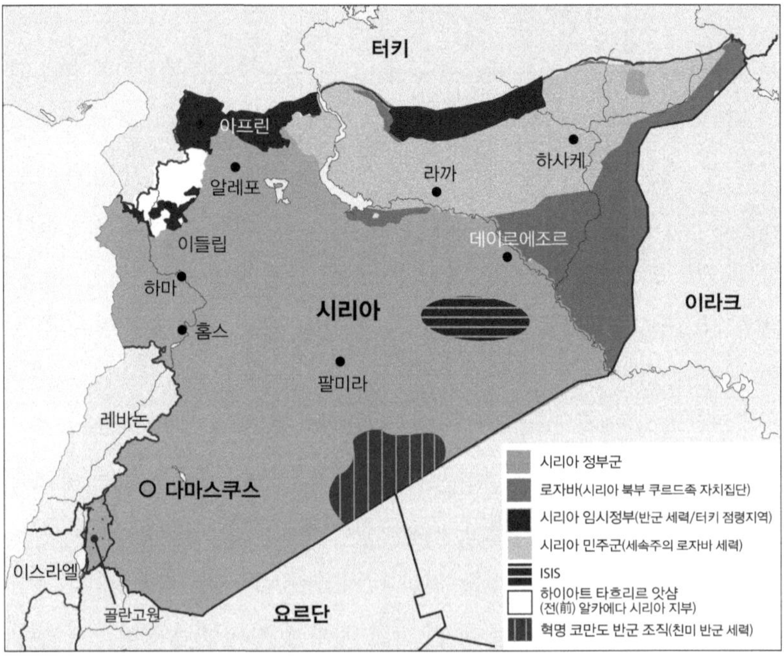

[그림 3-3] 파편화된 시리아의 지도(2021년 9월 기준)

로 황폐해진 시리아 경제를 어떻게 재건할 것인가? 쿠르드족 자치지구, 이들립 지역의 문제를 어떻게 해결할 것인가? 역내외 국가들과 외교 관계는 어떻게 될 것인가? 이처럼 다양한 문제가 제기되고 있다.

무엇보다 아사드 정권 통치 지역, 시리아 북동부 자치 정부, 튀르키예의 영향이 미치는 지역, 이들립 지역으로 파편화된 거버넌스 구조를 갖게 되면서 불완전 주권 국가의 특성이 심화된 탓에 시리아의 위기 대응 역량이 약화되었다. 이는 코로나19 대처 과정에서 분명히 나타났다. 지역별로 독자적인 조직 구조, 리더십, 자금 공급 체계를 갖는 보건의료 시스템이 등장한 채 분절된 대응에 그치고 있다. 일례로 데이르에조르의 경우 유프라테스강을 기점으로 서쪽은 아사드 정권의 보건부(Ministry of Health, MoH)가, 동쪽은 시리아 북동부 자치정부의 보건환경부(Authority of Health and Environment, AHE)가 관할함에 따라 코로나 검사와 환자 치료가 비능률적으로 이루어진다. 특히 상급 종합병원이 다마스쿠스를 비롯한 대도시에 주로 위치하며 지역별로 보건의료 인프라 차이가 발생하고 있는 가운데 적절한 의료 서비스를 받지 못하는 다른 지역 환자들이 많이 발생하는 것으로 알려졌다.

게다가 시리아 거주민에 대한 국제사회의 인도주의적 지원도 효율적으로 이루어지지 못하고 있다. 2014년 유엔 결의안 2,165호는 어려움을 겪는 시리아 난민의 이동과 원조 물자 공급을 돕기 위해 국경 검문소 네 곳을 개방했다. 하지만, 2020년 1월 시리아와 이라크 간 알유르비야(Al-Yurbiyah) 국경 검문소가, 7월에는 튀르키예와 시리아 간 바브 알살라마(Bab al-Salama) 국경 검문소가 폐쇄됨에 따라 바브 알하와(Bal al-Hawa) 국경 검문소 하나만 개방되었다. 따라서 시리아인들의 국경 이동이 자유롭지 못한 가운데 국제사회의 인도주의적 지원 물자마저 효율적으로 분배되기 어려운 상황이다.

이렇게 많은 문제가 불거지는 상황에서 지난 2021년 11월 9일 압둘라 빈 자이드 아랍에미리트 외무장관의 다마스쿠스 방문이 세계 언론의 커다란 주목을 받았다. 2018년 말 폐쇄했던 시리아 주재 아랍에미리트 대사관을 재개한 데 이어 최고위급 인사의 시리아 방문이 성사되자 아랍에미리트와 시리아 간의 관계 정상화 가능성이 제기되었다. 특히 2022년 3월 18일 바샤르 대통령이 아랍에미리트를 방문하여 내전이 발발한 이후 최초로 이웃 아랍 국가와의 정상 외교에 나섰다. 요르단과 이집트 같은 다른 아랍 국가들 역시 시리아에 바뀐 태도를 보이는 가운데 시리아가 아랍연맹에 복귀할 수 있을지 여부에 관심이 크다. 2011년 11월 반정부 시위대에 대한 반인권적 강경 진압을 이유로 시리아의 아랍연맹 회원국 최종 지위는 상실되었다. 주변 국가와의 외교 관계 정상화가 현재 아사드 정권이 안고 있는 산적한 문제 해결에 기여할 것으로 기대되는 만큼 향후 아랍연맹 복귀 시점에 귀추가 주목된다. 지리멸렬하게 끌어온 내전이 종식되고 새롭게 소생한 아사드 2.0 정부는 새로운 출발선에 놓여 있다. 초유의 내전에서 살아남은 아사드 정권의 승리 이후, 앞날은 파편화된 시리아에 남겨진 비극의 불씨를 어떻게 끌 것인지에 달려 있다.

제4장 예멘, 겨울보다 시린 봄

1. 예멘의 봄, 겨울보다 시린 계절

2011년 아랍권 각지를 뒤흔든 정치 격변인 아랍의 봄은 철옹성 같던 아랍 권위주의 정권을 잇달아 무너뜨렸다. 1978년 북예멘 대통령으로 집권하여 1990년 남북예멘이 통일된 이후에도 권력을 지키며 2017년까지 40년 가까운 세월 동안 군림해 온 알리 압둘라 살레흐(Ali Abdullah Saleh) 대통령 또한 아랍의 봄이 가져온 여파에서 벗어나지 못했다. 부패, 만성적인 실업과 경제난, 심각한 빈곤에 대한 항의로 촉발된 아랍의 봄이 실업률은 30%, 빈곤율은 45%에 달해 아랍 국가 중 사회·경제적으로 가장 열악한 상황에 있던 예멘에까지 미친 것은 이상한 일이 아니었다.

예멘의 시위는 튀니지 대통령 자인 엘아비딘 벤 알리가 축출된 1월, 수도 사나(Sanaa)의 사나대학교 학생 수천 명이 살레흐 대통령의 퇴진을 요구하면서 시작되었다. 청년층을 중심으로 다양한 사회 집단이 참여하면서 시위는 예멘 통일 이후 최대 규모로 확대되었다. 특히 여성도 예멘 사회에서 여전히 지배적인 위치를 차지하는 보수적 이슬람 규범을 깨고 남성과 함께 시위에 적극 참여함으로써 전통적인 남녀 분리

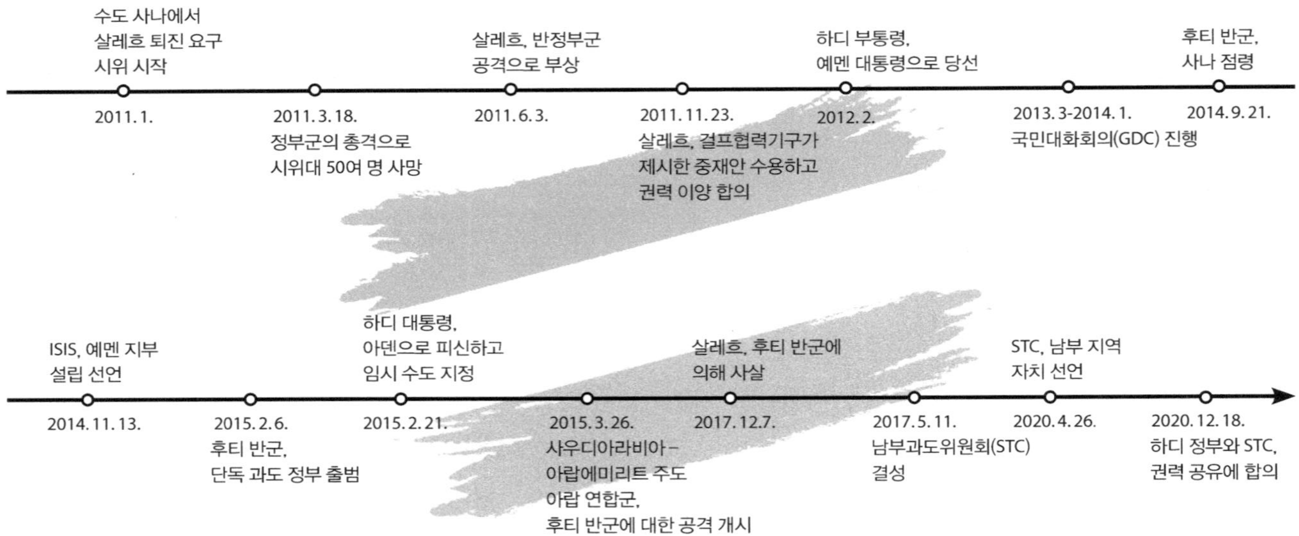

[그림 4-1] '예멘의 봄' 타임라인

규범에 도전을 제기했다. 국민의 자발적 참여를 내세운 시위는 2월 3일 이슬람주의 정당인 알이슬라흐(Al-Islah)를 포함하여 6개 야당이 연합한 공동회의정당(Joint Meeting Parties, JMP)이 정치 개혁을 요구하며 기성 정치권까지 아우르는 규모로 확대되었다.

2011년 3월에 접어들어 시위는 반정부 세력과 정권 사이의 전면적인 유혈 충돌로 발전했다. 3월 18일 정부가 배치한 것으로 추정되는 저격수들이 금요 집단 예배를 마친 시위대를 향해 총격을 가해 50명 가까운 사람들을 사살했다. 무고한 사람들을 살해한 정부에 대한 분노가 예멘 전국을 휩쓸었고, 살레흐 대통령의 최측근으로 군부 핵심 인사였던 알리 무흐신 알아흐마르(Ali Muhsin al-Ahmar) 장군이 편을 바꾸어 시위를 지지하고 나섰다. 시위대에 대한 무력 진압에 거부하는 군인들도 탈영하여 반정부 세력에 가담하는 등 3월 18일 사건을 기점으로 살레흐 정권은 내부에서부터 무너졌다.

정권의 강경 진압에 맞서 반정부 세력도 무력 대응에 나서면서 평화적으로 시작한 예멘의 봄은 전면적 내전으로 확대되었다. 오랫동안 살레흐 정권과 대립하던 예멘 북부의 후티 운동(Houthi Movement)이 반정부 운동에 가담하여 3월 19일에는 사아다(Saada)주의 주도(主都)인 사아다를 공격, 3월 26일 정부군을 격퇴하고 사아다를 완전히 장악했다. 5월 22일 살레흐가 평화적 정권 교체를 위한 걸프협력기구(GCC)의 중재안과 퇴진 요구를 거부하자, 예멘의 주요 부족으로 살레흐 정권의 핵심 축이던 하시드(Hashid) 부족연합 민병대를 이끄는 사디크 알아흐마르(Sadiq al-Ahmar)가 반정부 세력에 가담해 5월 23일 살레흐 퇴진을 요구하며 사나에서 정부군과 충돌했다. 전황은 점차 살레흐에게 불리하게 돌아갔고, 6월 3일에는 대통령궁이 반정부군의 포격을 받아 살레흐가 부상을 당해 사우디아라비아로 이송되는 사건까지 발생했다. 살레흐는 치료를 마치고 9월 23일에야 예멘으로 귀국할 수 있었다.

상황이 불리하게 돌아가자 결국 11월 23일 살레흐는 평화적 정권 이양을 위해 걸프협력기구가 제시한 중재안을 수용했다. 살레흐는 권력을 압두 랍부흐 만수르 하디(Abd Rabbuh Mansur Hadi) 부통령에게 이양하는 대신 여당 국민의회당(General People's Congress, GPC) 총재직을 유지하고 대통령 재임 기간에 저지른 비리나 범죄에 면책을 보장받았다. 중재안은 또한 2년의 과도 기간을 거쳐 신헌법을 제정하고 자유로운 총선을 치르며, 과도 정부는 공동회의정당과 국민의회당이 공동으로 구성한다는 내용을 포함했다. 2012년 2월에는 살레흐가 공식적으로 물러나고 하디 부통령이 단독 후보로 출마하여 과도 정부를 이끌 새 대통령으로 당선되었다. 2013년 3월에는 새로운 예멘이 나아갈 방향을 논의하고 사회 내의 갈등을 해소하기 위해 국민의회당, 공동회의정당, 남부 분리주의 운동인 히라크(Al-Hirak al-Janoubi, 남부 운동), 후티 운동 등 다양한 정치 세력을 대표하는 위원 565명으로 구성된 국민대화회의(National Dialogue Conference, NDC)가 출범했다. 비록 구정권을 완전히 청산하지 못했다는 한계를 가지고 있었지만, 40년 가까이 집권한 살레흐가 퇴진함으로써 예멘에는 새 시대가 시작되는 것처럼 보였다.

그러나 오늘날 예멘의 현실은 참담하다. 후티 반군과 중앙정부 사이의 내전, 이슬람 극단주의 조직의 위협은 예멘을 파괴했고, 수많은 사람이 난민으로 전락하거나 빈곤으로 내몰렸다. 오늘날 예멘은 21세기 최악의 위기에 놓여 있다. 유엔에 따르면 2021년 말까지 내전 과정에서 37만 명이 넘는 사람이 전쟁과 기근, 전염병으로 목숨을 잃었고 희생자 중 70%가 5세 미만의 영유아다. 유엔은 또한 약 3,000만 명에 달하는 예멘 국민 중 절반 이상인 1,560만 명이 극단적인 빈곤에 시달리고 있으며, 내전이 계속된다면 2030년까지 무려 130만 명이 사망하고 빈곤 인구도 2,200만 명까지 늘어날 것이라는 암울한 전망을 내놓았다. 전쟁으로 집을 떠나 피난길에 오른 예멘인도 약 400만 명에 달한다.

2018년 제주도에 유입된 예멘 난민을 둘러싸고 일어난 논쟁은 예멘 내전이 한국에서 멀리 떨어진 지역에서 일어나는, 우리와 무관한 일이 아니라는 점을 보여 준다. 예멘 난민 문제는 전 세계가 긴밀히 연결된 오늘날 중동에서 발생하는 사건이 우리에게도 영향을 끼칠 수 있음을 여실히 보여 주었다. 따라서 아랍의 봄 이후 예멘의 상황을 이해하는 것은 중요한 의미를 가진다. 그렇다면 도대체 아랍의 봄 이후 예멘에서 무슨 일이 일어났을까? 왜 예멘은 위기 상황에 놓이게 되었을까? 왜 민주화를 요구하는 움직임이 전면적 내전으로 변했을까?

2. 분열과 갈등으로 얼룩진 땅

1) 공화정과 부족주의의 기묘한 공존

아랍의 봄 이후 예멘을 분열시킨 갈등에는 예멘 사회에 깊이 뿌리내린 부족주의와 남북 갈등, 자이드파와 정부 사이의 대립 같은 역사적 배경이 있다. 18세기 이후 예멘 지역은 남예멘과 북예멘으로 분열되어 있었다. 시아파의 한 분파인 자이드파가 다수를 차지하는 북부 지역은 자이드파의 지도자인 이맘(Imam)이 다스렸으며, 아덴을 중심으로 한 수니파가 다수를 차지하는 남부 지역은 1728년 라히즈(Lahij)의 술탄이 자이드 이맘의 지배에서 독립하며 북부의 통제에서 벗어났다. 북부 이맘국이 독립을 유지한 반면 예멘 남부 지역은 1839년 영국의 지배 아래 들어가 아덴 보호령이 되면서 남부와 북부 사이의 분열은 더욱 고착화되었다. 북부에서는 1962년 젊은 장교들이 주도한 쿠데타로 이맘 왕정이 무너지고 공화국인 예멘아랍공화국(Yemen Arab Republic)이 세워졌으나, 마지막 이맘 무함마드 알바드르(Muhammad al-Badr)는 군부에 의한 왕정 붕괴가 확산할 것을 우려한 사우디아라비아의 지원을 받아 공화정부와 대립했다. 공화정부 역시 사우디아라비아를 견제하려는 이집트의 군사적, 재정적 지원을 받음에 따라 예멘 내전은 사우디아라비아와 이집트의 대리전으로 확대되었다. 공화정부가 승리한 뒤에도 북예멘에서는 정치 지도자 사이의 권력 다툼으로 여러 차례 쿠데타가 일어났고, 결국 1978년 살레흐가 최종적으로 권력을 잡았다. 한편 1967년 독립한 남부는 1969년 공산주의 세력이 집권하면서 중동 지역에서 유일한 공산 국가인 남예멘인민민주주의공화국(People's Republic of South Yemen)이 탄생했다. 남예멘 공산 정권은 국가가 경제 전반을 통제하는 사회주의 경제 성장 전략을 택했고 부족의 영향력을 약화해 나갔다.

권력을 잡은 살레흐는 입지를 공고화하기 위한 행보에 나섰다. 공공 분야 고용과 병원, 학교, 도로 같은 현대적 사회 기반 시설 구축, 자금 지원 등을 통해 국가 현대화에 나서는 한편 부족의 지지를 얻으려 했다. 부족주의를 해체하려던 남예멘과 달리 살레흐는 부족을 완전히 통제하기보다 정부에 협조하는 대가로 부족의 기존 지위와 자치권을 인정하는 방식으로 권력을 유지하는 방법을 택했다. 특히 살레흐는 자신의 친족과 측근, 하시드 부족연합과 같은 유력 부족 지도자에게 경제 혜택을 제공하고 행정부와 군부 요직에 앉혀 확고한 지지 기반을 구축해 나갔다. 1980년대 발견된 원유를 수출해 얻은 수입 분배 또한 살레흐 정권이 부족과 측근의 충성을 유지하는 중요한 수단이었다. 대표적으로 하시드 부족연합의 지도자 압둘라 알아흐마르(Abdullah al-Ahmar)의 아들 하미드 알아흐마르(Hamid al-Ahmar)가 이끄는 알아흐마르 그룹(Al-Ahmar Group)은 살레흐 정권의 비호 아래에 방송, 통신, 금융에 이르기까지 다양한 사업 분야를 망라하는 대기업으로 성장했다. 부족의 지지에 의존하는 살레흐의 권력 유지 전략의 결과 예멘 사회에서 부족은 여전히 중요한 사회적·정치적 행위자로 남아 있다.

2) 피로 물든 예멘 통일

상호 적대를 멈추지 않던 남북예멘은 1980년대 후반부터 통일을 향한 움직임을 보였다. 남예멘 공산 정권이 추진하던 국가 주도의 사회주의 경제 성장 전략이 한계에 직면했을 뿐만 아니라 소련 붕괴로 남예멘에 대한 공산 진영의 원조까지 중단되면서 남예멘은 경제 침체에 빠져들었다. 이에 남예멘 지도부는 상대적으로 부유한 북예멘과의 통합 필요성을 느꼈다. 한편 북예멘의 살레흐 역시 통일을 이루어 자신의 입지와 통치 정당성을 강화하는 동시에 남북예멘의 국경 지역에 있는 유전을 통해 경제적 이익을 확보하고자 했다. 이에 더해 부족주의의 영향력이 약화된 남예멘과의 통일은 북부의 부족을 견제하는 수단이기도 했다. 부족과 밀접한 관계에 있는 북예멘 군대와 달리 남예멘 군대는 부족주의의 영향을 받지 않았고, 따라서 살레흐는 통일을 통해 북부 부족을 통제할 수 있는 군사력을 갖추려고 했다(Dunbar 1992). 양측의 이해관계가 일치함에 따라 남북예멘 지도부는 1990년 통일에 합의했고 살레흐는 통일 예멘의 대통령으로, 남예멘 서기장이던 알리 살렘 알바이드(Ali Salem al-Baydh)는 부통령으로 임명되었다.

그러나 통일을 이룬 지 얼마 되지 않아 지도부 사이에 갈등이 촉발되었다. 남북이 권력을 공유한다는 것이 원칙이었으나, 실제로는 북부 출신 정치인과 부족이 더 많은 권력을 가져갔다. 남부 출신 정치 지도자들은 또한 살레흐가 지지 세력을 확보하기 위해 북부의 유력 부족과 측근에게 경제적 혜택을 몰아주는 것에도 불만을 품었다. 갈등은 결국 1994년 내전으로 이어졌다. 남예멘 지도자들이 분리독립을 선언한 지 두 달 만에 북예멘군이 남예멘을 점령하며 예멘은 다시 통일되었고 살레흐의 입지는 강화되었지만, 2008년에도 남부 독립을 요구하는 시위가 발생했다는 점에서 보이듯이 예멘의 완전한 통합은 이루어지지 않았다.

3) 후티 반란, 포위된 소수 집단의 저항

예멘 사회의 갈등과 분열을 촉발한 또 다른 요인은 시아파의 한 분파인 자이드파와 수니파의 차이였다. 전통적으로 사아다를 중심으로 한 예멘 북부 지역은 자이드파가 우세한 지역으로, 예멘 인구의 약 40%가 자이드파를 따르는 것으로 추산된다. 이맘이 자이드파 공동체를 다스렸고, 예언자 무함마드의 후손인 사이드(sayyid)는 지배 계층으로 군림하며 영향력을 행사했다.

한편 19세기 이후 예멘 수니파 사이에서는 살라피주의(Salafism)가 성장했다. 살라피주의자들은 예언자의 교우들(살라프, salaf)이 살던 시대를 이슬람의 순수한 가르침이 완벽히 실현된 이상 사회로 여기고, 이슬람의 순수하고 올바른 가르침에서 벗어난 모든 일탈 행위를 배척해야 한다고 주장했다. 그리하여 그들은 자이드파를 포함한 시아파를 이슬람의 올바른 가르침에서 벗어난 이단으로 규정하고 적대감을 드러냈다. 살라피주의의 영향력 강화는 살라피주의의 한 갈래인 사우디아라비아의 와하비(Wahhabi)파가 예멘에 침투할 수 있는 토대를 형성했다. 신의 유일성(타우히드, tawhid)으로 대표되는 이슬람의 순수한 가르침을 철저하게 추구하며 보수적으로 해석된 이슬람법을 엄격하게 실천하는 것을 강조하는 와하비파 또한 시아파에 적대적이었다. 이에 따라 살라피주의자들과 와하비파 추종자들은 자이드파를 올바른 이슬람으로 되돌리기 위한 선교 활동에 나섰다.

1962년 이맘 왕조 붕괴와 공화정 수립은 자이드파 공동체의 전통 사회 구조에 큰 변화를 가져왔다. 공화주의 성향의 장교들은 사이드와 자이드파의 관습과 의례를 과거 착취적 사회 질서의 상징, 이맘 왕조의 유산으로 여겼고, 이를 일소하기 위해 와하비파를 포함한 살라피주의자를 지원하고 자이드파의 수니화를 추진했다. 사우디아라비아 정부 또한 와하비파 선교사를 후원했다. 이처럼 예멘 공화정 수립 이후 자이드파 사이에서 고유한 정체성과 신앙, 문화와 사회가 정부와 정부의 지원을 받는 살라피주의자, 와하비파 세력에 위협받고 있다는 인식이 성장했다. 이에 더해 1990년대 북예멘과 남예멘의 대립 과정에서 살레흐가 공산주의 이념을 견제하기 위해 이슬람을 정치적 수단으로 이용함에 따라, 살라피주의자들과 와하비파를 포함해 이슬람의 가르침과 원칙에 토대를 둔 사회 질서를 추구하는 이슬람주의 정치 세력의 입지와 사회적 영향력이 강해졌고, 자이드파의 위기의식 또한 커졌다.

후티 운동은 이러한 배경에서 등장했다. '후티'라는 명칭은 1990년대에 활동했던 사이드이자 명망 높은 자이드파 종교 지도자로 자이드파 부흥 운동을 주도했던 바드르 알딘 알후티(Badr al-Din al-Houthi)와 그의 아들 후세인 알후티(Hussein al-Houthi)의 이름을 딴 것이다. 이들은 와하비파를 공개적으로 비판하며 자이드파의 정체성과 신앙을 지키기 위한 청년 조직 '청년신앙인모임(Muntada al-shabab al-mu'min)'을 결성했으며, 자이드파 권익 신장을 위해 정치에도 참여, 1990년에는 자이드파를 대변하기 위한 정당인 진리당(Hizb al-Haqq) 창당 과정에 함께했다. 후세인 알후티는 1993년 진리당 의원으로 국회에 진출하기도 했다. 후티 가문은 또한 살레흐 정권이 자이드파를 억압할 뿐만 아니라 사아다 지역의 열악하고 낙후된 경제를 방치하고 있다고 비판하며 지역 주민의 지지를 얻었다.

2001년 후세인 알후티는 진리당이 자이드파를 위해 활동하지 않고 권력 추구에만 몰두한다고 비판하며 진리당을 탈당하고 안사르 알라(Ansar Allah) 또는 후티 운동이라는 새로운 조직을 결성했다. 후티 운동은 9.11 테러 이후 미국 부시 행정부의 테러와의 전쟁을 지원한 살레흐 정권의 친미 정책을 비판하며 '신은 위대하시다, 미국에 죽음을, 이스라엘에 죽음을, 이슬람에 승리를!'이라는 구호를 채택했고 살레흐 정권과 공개적으로 대립했다. 이에 살레흐 정권이 2004년 후티 운동에 무력 진압으로 맞서 후세인 알후티를 사살하면서 후티 운동은 반군이 되었고 정부군과 후티 반군 사이의 전쟁이 시작되었다. 후세인 알후티가 사망한 이후에도 그의 형제인 압둘 말리크 알후티(Abdul-Malik al-Houthi)가 후티 운동을 이끌며 살레흐 정권과의 투쟁을 이어 나갔다.

후티 전쟁은 중앙정부와 소외된 지방 사이의 갈등이자 정권의 핵심 지지 세력과 배제된 집단 사이의 충돌이며 부족 갈등이었다(Ardemagni, 2019). 후티 반군은 살레흐 정권에서 소외된 바킬(Bakil) 부족의 지지를 받았으며, 살레흐는 측근인 알리 무흐신과 아들 아흐마드 알리 살레흐(Ahmad Ali Saleh)가 이끄는 정부군과 후세인 알아흐마르(Hussein al-Ahmar)가 이끄는 하시드 부족연합 민병대, 살라피주의자로 구성된 자원 부대 등 정권 친위 세력을 후티 진압에 투입했다. 2009년에는 후티 반군이 사우디아라비아 남부 지역으로 침투하여 자국 안보까지 위협할 것을 우려한 사우디아라비아가 예멘 북부의 후티 반군 근거지를 폭격하기도 했다. 이처럼 정부군과 후티 반군의 충돌은 점차 확대되는 양상을 보였다.

6년간 이어지던 전쟁은 수천 명에 달하는 인명 피해와 30만 명에 가까운 난민을 남기고 2010년 살레흐 정권과 후티 반군이 정전에 합의하며 끝났다. 그러나 정부군과 후티 반군 사이의 산발적인 교전과 충돌은 계속되었고, 전쟁으로 가장 큰 피해를 입은 북부 지역 주민들이 예멘 중앙정부에 품은 불신과 반감 또한 완전히 사라지지는 않았다.

3. 예멘 내전, 좌절된 민주화의 꿈

1) 40년 통치의 끝: 누가 권력을 잡을 것인가?

독재와 갈등과 대립의 역사가 예멘에 남긴 상처는 살레흐 한 사람의 퇴진으로 치유되기에는 너무나 깊었다. 살레흐 타도를 위해 뭉쳤던 후티 운동과 남부 분리주의 운동, 알아흐마르 가문과 구정권 인사들은 공동의 적이 사라지자 권력 차지를 위한 다툼을 시작했다. 후티 운동과 남부 분리주의 운동은 살레흐 정권 시기에 겪었던 탄압을 보상받으려 했고, 살레흐가 물러난 이후 권력을 잡은 하디 대통령과 알리 무흐신 장군, 알아흐마르 가문과 같은 기성 정치권은 권력을 지키려고 했으며, 완전히 힘을 잃지 않은 살레흐 지지 세력은 잃어버린 권력을 되찾으려고 했다. 한편 처음 시위를 주도했던 청년층은 기성 정치인들이 자신들의 혁명을 강탈했다고 여겼다. 청년들이 보기에 살레흐 퇴진과 하디 부통령의 권력 승계는 완전한 정권 교체가 아닌 결국 구정권 세력이 그대로 유지되는, 불완전한 혁명을 의미했다.

예멘의 봄을 틈타 살레흐 정권 내부에서 대립하던 파벌들은 정치 격변 과정에서 기득권을 지키고 이익을 극대화하기 위한 행보를 보였다. 대표적인 예가 알리 무흐신이다. 아랍의 봄 이전부터 알리 무흐신과 살레흐의 관계는 악화되기 시작했다. 살레흐는 군부 내 알리 무흐신의 영향력을 우려해 왔으며, 알리 무흐신은 권력을 계승할 것으로 유력한 인물인 살레흐의 아들 아흐마드의 힘이 지나치게 커지는 것에 불만을 품었다. 2010년 알리 무흐신은 권력 세습에 공개적으로 반대 의사를 드러내기도 했다. 한편 살레흐의 핵심 지지 기반인 하시드 부족연합의 지도자 압둘라 알아흐마르(혼동하기 쉽지만, 알리 무흐신 알아흐마르와는 무관하다)의 아들들 역시 권력 세습을 반대하며 살레흐와 불편한 관계에 있었다. 차기 권력 계승을 둘러싼 정권 내 유력 집단 사이의 갈등은 시위가 시작되자 곧 폭발했다. 알리 무흐신과 알아흐마르 가문이 살레흐에게 등을 돌리고 시위대의 편에 선 것이다. 그러나 이들이 시위를 지지한 목적은 예멘의 민주화가 아닌 자신의 기득권 유지였다. 살레흐가 퇴진한 이후 알리 무흐신과 알아흐마르 가문은 살레흐의 영향력에서 벗어나 권력을 강화하려던 하디 대통령과 협력하여 살레흐 지지 세력을 축출하고 군부와 보안 기구를 장악해 나갔다(Transfeld, 2016).

정권 이양 과정에서 예멘이 직면한 가장 어려운 문제는 후티 운동, 히라크와 과도 정부 사이의 갈등이었다. 공동회의정당과 국민의회당이 장악한 과도 정부에서 배제된 후티 운동과 히라크는 자신들이 정권 이양 과정에서 배제되었다는 불만을 품었다. 2013년 3월 출범한 국민대화회의에서 논의된 예멘의 연방제 전환에 관한 문제에서도 후티 운동과 히라크는 자신들의 입장이 반영되지 않았다고 느꼈다. 국민대화회의는 예멘을 연방제로 전환하는 것에는 합의했으나, 연방을 어떻게 구성할 것인지에 관해서는 의견이 대립되었다. 히라크는 남부와 북부 두 지역이 예멘 연방을 구성하는 방안을 지지했고, 후티 운동은 바다와 접한 지역을 요구했다. 결국 국민대화회의는 구체적인 합의안을 도출하지 못한 채 2014년 1월 해산되었고, 하디 대통령이 구성한 위원회가 예멘을 수도 사나와 총 6개 지역(북부 4개 지역, 남부 2개 지역)으로 구성된 연방으로 개편하는 방안을 일방적으로 발표했다. 하디 대통령이 발표한 연방제 개편안에는 후티 운동과 히라크 어느 쪽의 입장도 반영되지 않았다. 남부는 하드라마우트(Hadhramaut)와 아덴(Aden) 두 지역으로 분리되었고 후티 운동의 근거지인 사아다 지역은 내륙에 고립된 아잘(Azal) 지역으로 편입되었다. 연방제 전환을 둘러싼 갈등과 불만은 후티 운동과 히라크가 하디 정부에 반기를 드는 배경이 되었다.

[그림 4-2] 하디 대통령이 발표한 연방 구성안

2) 동지에서 적으로, 적에서 동지로: 다시 시작된 내전

2014년 9월 후티 운동은 사나를 장악하며 다시 예멘 중앙정부와 대립하는 반군이 되었다. 그러나 무력 충돌은 후티 운동이 사나를 점령하기 전부터 시작되었다. 2011년 이후 후티 운동은 중앙정부의 통제력이 약화한 틈을 타 북부 지역에서 세력을 확대해 나갔으며, 이 과정에서 후티 운동은 2004-2010년 전쟁에서 살레흐 정권의 편에 섰던 과거의 적인 하시드 부족연합과 알아흐마르 가문, 알리 무흐신과 다시 충돌했다. 2014년 7월 후티 반군은 하시드 부족연합과 알아흐마르 가문의 근거지이자 알리 무흐신 산하의 군대가 주둔하던 암란(Amran)을 점령, 사나에서 50km 떨어진 곳까지 진출하기에 이르렀다. 한편 권력을 되찾을 기회만 노리던 살레흐와 그를 지지하는 세력은 하시드 부족연합과 알아흐마르 가문이 지지하는 과도 정부를 축출하기 위해 후티 반군과 협력했다. 한때 대립하던 후티 반군과 살레흐가 권력을 위해 동맹이 되고, 한때 협력하던 살레흐와 하시드 부족연합이 이제는 적이 된 것이다.

2014년 9월 정부의 연료 보조금 삭감 계획 발표는 일방적인 연방 지역 구성으로 하디 대통령에게 불만을 품고 있던 후티 운동에 중앙정부에 반기를 들 명분을 제공했다. 후티 반군은 국고를 축내는 부패 관리들의 비리에서 혁명을 지킨다는 명목으로 사나로 진군했으며, 9월 21일에는 정부군의 저항을 격퇴하고 사나 시내에 진입했다. 하디 대통령을 포함한 정부 고위 인사들은 후티 반군의 뜻에 따를 수밖에 없었으며 알리 무흐신과 알아흐마르 가문은 사나를 떠나 망명길에 올랐다. 후티 반군과의 합의에 따라 하디 대통령은 자리를 유지했으나, 내각은 후티 반군의 뜻에 맞는 인물들로 새롭게 채워졌으며 실질적으로 후티 반군의 통제 아래에 놓였다.

후티 반군과 하디 대통령 사이의 갈등은 2015년 1월 다시 격화되었다. 하디 대통령이 기존의 연방 구성안을 철회하지 않겠다고 선언하자 후티 반군은 살레흐 지지 세력과 함께 참모총장을 볼모로 잡고 대통령궁을 포위했다. 하디 대통령과 내각 장관들을 가택에 연금한 후티 반군은 2월 6일 독자적으로 과도 정부를 출범시켰으며, 후티 운동의 지도자 압둘 말리크의 사촌 무함마드 알후티(Muhammad al-Houthi)가 이끄는 최고혁명위원회가 실권을 장악했다. 2월 21일 하디 대통령은 남부 아덴으로 도피해 자신이 예멘의 유일한 대통령이라고 주장하며 후티 반군이 쿠데타를 통해 불법으로 권력을 장악했다고 비판했다. 하디 대통령이 아덴을 임시 수도로 지정하고 후티 반군을 몰아내기 위한 저항을 이어 나갈 것을 천명하면서 예멘은 사나를 포함해 북부와 중부를 장악한 후티 반군과 하디 대통령이 이끄는 정부 사이의 전면 내전에 빠져들었다.

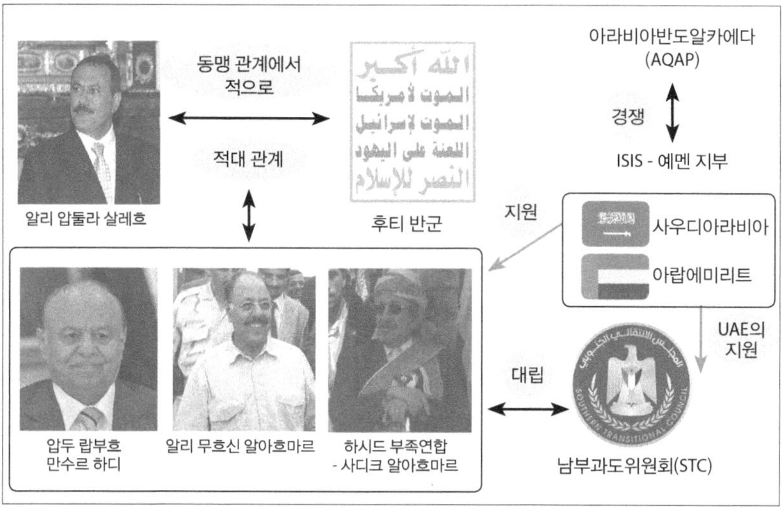

[그림 4-3] 예멘 내전 행위자 간 갈등 구도

3) '단호한 폭풍': 내전에서 사우디아라비아와 이란의 국제전으로

후티 반군의 사나 점령은 사우디아라비아를 자극했다. 사우디아라비아는 후티 반군이 주도하는 친이란 성향 정부가 예멘에 자리를 잡으면 이란의 영향력이 사우디아라비아의 배후 지역까지 침투해 국내 안보에 악영향을 미칠 것이라고 우려했다. 하디 대통령이 후티 반군에 맞서기 위해 국제사회와 아랍 각국 정부에 도움을 요청한 것도 예멘 정부를 도와 예멘 내전 개입을 정당화하는 명분을 제공했다. 이에 2015년 3월 26일 사우디아라비아가 주도하고 아랍에미리트, 바레인, 쿠웨이트, 이집트 등으로 구성된 아랍 연합군이 후티 반군을 격퇴하기 위한 '단호한 폭풍 작전(Operation Decisive Storm)'을 개시했다. 아랍 연합군은 후티 반군이 장악한 해안 지역을 봉쇄해 군수 물자 운송을 막는 한편 후티 반군 주둔지를 공습해 예멘 정부군을 지원하고 예멘 내전에 개입했다.

아랍 연합군의 개입은 사우디아라비아와 아랍에미리트에 대한 후티 반군의 보복을 자극했다. 후티 반군은 2015년 5월부터 예멘과 접한 사우디아라비아 남부 나즈란(Najran) 지역을 포격했으며, 미사일과 군사용 드론을 이용해 공격 범위를 사우디아라비아와 아랍에미리트 본토까지 확대해 나갔다. 2016년 1월부터 2021년 10월까지 후티 반군이 예멘 국내 및 사우디아라비아와 아랍에미리트 내 목표를 대상으로 한 공격은 4,103회에 이르며, 2021년 1-9월에만 총 702회의 공격을 감행했다. 후티 반군의 공격 범위는 예멘과 접한 사우디아라비아 남부 지역뿐만 아니라 예멘 국경에서 상당히 멀리 떨어져 있는 사우디아라비아 북부와 걸프해 연안 지역까지 아우른다. 대표적으로 2019년 9월 14일에는 사우디아라비아 내륙의 부카이크(Buqaiq)와 쿠라이스(Khurais) 지역의 원유 생산 시설이 드론 공격을 받았으며, 2022년 1월 18일에는 후티 반군이 발사한 미사일이 아랍에미리트 아부다비 국제공항을 폭격했다. 사우디아라비아와 아랍에미리트 본토에 대한 후티 반군의 공격이 늘어나면서 2015년 이후 예멘 내전은 후티 반군과 예멘 정부군, 예멘 국민뿐만 아니라 사우디아라비아, 아랍에미리트 모두가 직접 영향을 받는 국제전으로 확대되었다.

예멘 내전이 지닌 국제전의 성격은 이란이 지역 내 경쟁 상대인 사우디아라비아를 위협하기 위한 목적으로 후티 반군을 지원하고 있다는 의혹이 더해지며 증폭되었다. 이란으로부터 미사일과 드론 등의 무기와 자금, 운용 기술을 지원받은 후티 반군이 장거리 공격을 감행하고 자국 안보를 위협할 능력을 갖추게 되었다는 것이 사우디아라비아와 아랍에미리트 측의 주장이다. 실제로 이란이 후티 반군을 지원하고 있다는 여러 직간접적인 증거가 있다. 2013년 1월 예멘 해안경비대는 미사일, 로켓포, 폭발물 등 각종 이란산 무기를 실은 배를 억류했으며, 예멘 정부는 이 무기들이 이란이 후티 반군을 지원하는 증거라고 주장했다. 유엔이 후티 반군에 대한 무기 수출을 금지한 2015년 이후에도 이란은 후티 반군에 무기를 보내고 있으며, 이는 후티 반군이 미사일과 군사용 드론을 포함해 각종 이란산 무기를 사용하는 점에서도 확인된다. 2017년 유엔은 후티 반군이 사우디아라비아로 발사한 로켓포 잔해를 분석한 뒤 로켓포가 이란에서 제작되었다는 추정을 내놓았으며, 2020년 6월에 미국은 예멘 해역에서 로켓포와 총기류, 지대공 미사일과 대전차 미사일 등을 실은 선박을 억류하기도 했다. 이란 혁명수비대 산하 쿠드스군(Quds Forces)과 레바논 친이란 시아 무장정파인 헤즈볼라는 또한 후티 반군 대원에게 군사 훈련을 제공하는 것으로 알려졌다.

그러나 여러 증거에도 이란은 후티 반군에 무기를 지원하고 있다는 의혹을 전면 부정했다. 알리 하메네이(Ali Khamenei) 이란 최고 지도자는 이란이 예멘에 의약품 외의 물자나 군수품을 제공한 적이 없으며, 후티 반군은 이란산 무기를 필요로 하지 않는다고 밝혔다. 이란 혁명수비대 사령관 알리 자파리(Ali Jafari) 또한 이란은 후티 반군에 군사적 자문을 제공할 뿐이라고 언급했다.

군사 지원에 더해 공통의 시아 이슬람 정체성과 반미, 반이스라엘주의와 같은 이념적 공통점 또한 후티 반군과 이란 사이에 연계가 존재한다는 의혹을 뒷받침하는 근거로 제시된다. 예멘의 자이드파는 이란의 열두 이맘 시아파와 구분되는 교리와 의례를 가지고 있지만, 후티 운동의 창시자 후세인 알후티는 이란의 콤(Qom)에서 종교 교육을 받고 이란혁명을 미국과 이스라엘, 서구의 탄압과 지배에 맞선 저항으로 높게 평가했다. 후티 반군이 이란 정권을 모방하여 같은 구호와 상징, 유사한 정치 체제를 갖추었다는 분석도 있다(Almahfali and Root, 2020).

후티 반군을 포함한 중동 내 친이란 무장 조직과 정치 세력, 그리고 이란에 대한 걸프 국가의 반감과 불신의 기원은 이란 이슬람 혁명이 일어난 1979년으로 거슬러 올라간다. 혁명 이후 사우디아라비아를 필두로 한 걸프 국가들은 이란 정권이 아랍 지역의 시아파 무장 조직을 지원하고 친이란 세력을 구축하여 걸프 정권을 위협하고 있다고 의심해 왔다. 2003년 미국의 이라크 침공으로 사담 후세인(Saddam Hussein) 정권이 무너지고 친이란 시아파 정권이 수립된 변화 또한 중동 내 사우디아라비아와 이란의 세력 구도에 충격을 가져왔다. 이라크에 대한 이란의 영향력 확대는 사우디아라비아를 포함한 아랍 정권의 위기감을 자극했고, 이란이 이라크에서 시리아, 레바논까지 이어지는 '시아 초승달(Shia crescent)' 지역의 시아파 정치 세력과 무장 조직에 대한 영향력을 이용해 아랍 정권을 위협하고 있다는 인식이 형성되었다.

이러한 맥락에서 2011년 이후 후티 반군의 득세 또한 '시아 초승달'이 예멘까지 확대되는 것으로 이해되었다. 이란 국회의원 알리레자 자카니(Alireza Zakani)가 말하듯, 후티 반군이 사나를 장악함에 따라 이란이 바그다드, 베이루트, 다마스쿠스에 이어 사나까지 통제하게 된 것이다. 이러한 맥락에서 사우디아라비아와 아랍에미리트의 예멘 내전 개입은 단순한 반군 조직을 토벌하기 위한 것이 아닌, 이란과 후티 반군뿐만 아니라 이란의 위협에서 자국 안보와 중동 내 세력 균형을 지키기 위한 대응으로 정당화된다. 예멘은 권력을 잡으려는 후티 반군과 예멘 정부, 중동 내 영향력을 확대하려는 이란, 이란의 영향력 확대를 막으려는 사우디아라비아와 아랍에미리트 사이의 대리전(代理戰)이 벌어지는 전장으로 전락했다.

4) 복잡해지는 갈등 구도 속 멀어지는 평화

그러나 사우디아라비아와 아랍에미리트의 개입은 내전의 향방에 결정적인 변화를 가져오지 못했다. 정부군에 대한 아랍 연합군의 지원에도 후티 반군은 무너지지 않았고, 내전은 장기화했다. 내전 장기화는 내전에 개입한 행위자 사이의 정치적 분열을 더욱 고착화했다. 2016년 10월 2월 후티 반군과 살레흐 지지 세력은 국민의회당 정치국원이자 살레흐 정권 아래에서 아덴 주지사를 역임한 압둘 아지즈 살레흐 하브투르(Abd al-Aziz Saleh Habtour)를 국가구원정부(National Salvation Government) 총리로 임명하고 국가구원정부가 예멘의 유일한 합법 정부라고 선언했다. 후티 반군이 수립한 정부는 국제사회의 공식 인정을 받지 못했지만, 자신들이 예멘의 진정한 합법 정부임을 주장하며 예멘의 지배권을 두고 하디 대통령이 이끄는 정부와 대립하고 있다.

2017년에는 과도 정부를 타도하고 권력을 차지하기 위해 후티 반군과 살레흐 지지 세력 사이에 형성되었던 동맹 관계가 붕괴했다. 2017년 12월 2일 살레흐가 후티 반군과 관계를 끊고 사우디아라비아 및 아랍에미리트와 대화할 뜻이 있음을 밝힌 것이다. 살레흐가 입장을 바꾼 배경에는 결국 아랍 연합군과 협력하여 후티 반군을 몰아내고 권력을 차지하려는 의도가 있다고 분석된다. 그러나 살레흐는 12월 4일 후티 반군에 의해 사살당했고, 중앙정부에 대한 도전자로서 후티 반군의 입지는 더욱더 공고해졌다.

갈등 구도를 더욱 복잡하게 만든 또 다른 행위자는 바로 남부 분리주의 운동, 히라크다. 예멘의 봄은 남부 지역에서도 분리주의 운동을 다시 자극하는 결과를 가져왔다. 앞서 보았듯이 히라크는 연방제 구성안을 두고 하디 대통령과 대립했지만, 2015년 후티 반군이 하디 대통령을 쫓아내자 하디 대통령과 협력 관계를 맺고 후티 반군에 맞서 함께 싸웠다. 하디 대통령은 2015년 7월 아랍 연합군과 히라크의 도움으로 후티 반군으로부터 아덴을 탈환할 수 있었다.

그러나 후티 반군과 살레흐 지지 세력의 협력 관계와 마찬가지로 하디 대통령과 히라크의 협력도 오래가지 못했다. 2017년 4월 27일 하디 대통령은 아덴 주지사인 아이다루스 알주바이디(Aidarous al-

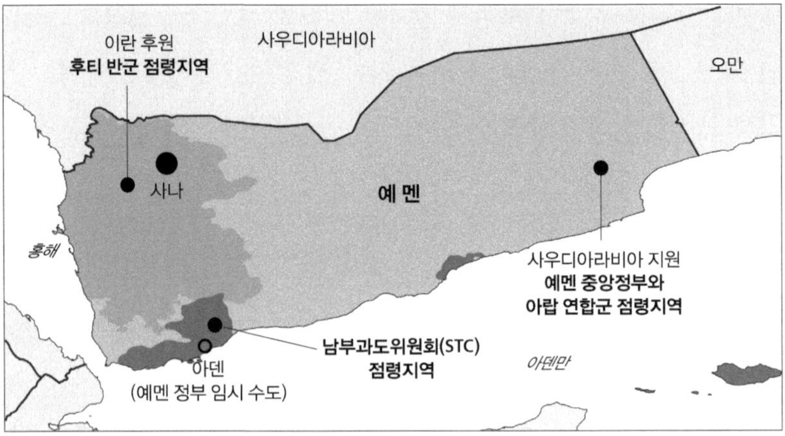

[그림 4-4] 예멘 내전 판도(2021년 11월 기준)

Zoubaidi)를 월권행위를 문제 삼아 해임했다. 이에 대응해 알주바이디는 5월 11월 자신을 수반으로 하는 남부과도위원회(Southern Transitional Council, 이하 STC) 결성을 선언하고 남예멘 재건을 천명했고, 하디 대통령은 STC를 불법 조직으로 규정했다. 양측의 대립은 무력 충돌로까지 발전해 2018년 1월 28일에는 아덴에서 STC 지지 병력과 정부군 사이의 교전이 발생했다. 2019년 11월 5월 하디 대통령과 STC는 사우디아라비아의 중재 아래 리야드협정을 체결하고 권력을 공유한다는 원칙에 합의했으나, 구체적인 실행 방안을 두고 이견이 좁혀지지 않으면서 STC는 결국 2020년 4월 26일 공식적으로 남부 지역에 대한 자치를 선언했다. 양측의 갈등은 STC 측 인물이 전체 24명 중 13명으로 절반 이상 포함된 거국 내각이 새롭게 출범한 2020년 12월 18일에야 봉합되었다.

하디 정부와 STC 사이의 갈등은 아랍 연합군을 이끄는 사우디아라비아와 아랍에미리트가 추구하는 목표 차이와도 관련되어 있다. 이는 후티 반군 제압과 예멘 안정화를 우선시하는 사우디아라비아와 달리 아랍에미리트가 2016년부터 STC에 대해서도 지원을 제공했다는 점에서 드러난다. 실제로 2018년 1월 아덴에서 STC와 정부군 사이에 충돌이 발생한 이후 하디 대통령은 아랍에미리트가 STC의 쿠데타를 지원했다고 비난하기도 했다. 아랍에미리트는 STC를 지원하여 자원이 풍부한 예멘 남부 지역과 홍해로 향하는 교통 요충지인 바브 알만딥(Bab al-Mandeeb) 해협에 대한 영향력을 확보하려는 것으로 분석된다. 한편 이슬람주의 정치 세력인 무슬림형제단을 중대한 위협으로 간주하는 아랍에미리트가 하디 정부의 주요 구성원이자 예멘 내 무슬림형제단과 밀접한 관련이 있는 이슬라흐를 견제하기 위해 STC를 지원한다는 분석도 제기된다.

5) 이슬람 극단주의의 어두운 그림자

예멘의 이슬람 극단주의 조직은 아프가니스탄에서 소련에 맞서 싸운 무자헤딘(mujahedin)이 이슬람 극단주의 이념을 가지고 예멘으로 귀국한 1990년대부터 나타났다. 1990년대 말에는 예멘의 무자헤딘이 알카에다 지도자 오사마 빈 라덴(Osama bin Laden)에게 충성을 선언, 알카에다 예멘 지부를 설립하고 중앙정부의 통제력이 취약한 예멘 동부 지역을 중심으로 활동했다. 2009년 알카에다 예멘 지부가 사우디아라비아 지부와 통합하며 만들어진 아라비아반도알카에다(Al-Qaeda in the Arabian Peninsula, 이하 AQAP)는 단순한 테러 조직을 넘어 주민들을 대상으로 한 복지 혜택을 제공하고 치안을 유지하는 등 정부의 무관심으로 소외된 동부 지역에서 국가 역할을 대신하여 주민들의 지지를 얻고자 했다. 살레흐 정권은 명목상으로는 테러 조직 근절을 선언했으나, 군부의 충성 유지에 필요한 미국의 원조를 계속해서 받기 위해 AQAP 진압에 소극적인 태도를 보였다(Clausen, 2017).

2011년 정치 변동과 내전이 야기한 혼란은 살레흐 정권이 붕괴하기 이전부터 예멘 21개 주 가운데 12개 주에서 활동하던 AQAP가 세력을 더욱더 확대할 수 있는 환경을 조성했다. 살레흐 정권 붕괴 이후 혼란 속에서 2011년 AQAP는 샤브와(Shabawah), 아브얀(Abyan) 등 예멘 남동부 지역에서 세력을 확대하고, 2011년 5월 28일에는 아브얀의 주도 진지바르(Zinjibar)까지 장악했다. AQAP는 테러 공격 외에도 전기와 수도 등 인프라 정비, 일자리와 복지 제공, 엄격한 이슬람법 집행을 통한 치안과 사법 질서 유지 등을 통해 제 기능을 하지 못하는 국가를 대체하는 조직으로서 점령지역 주민들의 지지를 얻는 것을 최우선시했다. AQAP는 또한 점령지의 부족과도 우호적 협력 관계 구축을 시도했다. 현지 주민의 지지 상실로 큰 타격을 입고 약화된 이라크알카에다와 달리 AQAP는 지역 사회와의 밀접한 관계를 통해 안정적인 기반을 갖추었다.

이슬람 극단주의 세력의 위협은 2014년 11월 13일 ISIS 조직이 예멘 지부(Wilayat al-Yemen) 설립을 선언하면서 심화되었다. AQAP와 비슷하게 아브얀, 아덴, 하드라마우트 등 예멘 남동부 지역을 근거지로 삼아 활동한 ISIS 예멘 지부는 2015년부터 본격적으로 후티 반군과 하디 정부에 대한 테러 공격에 나서며 AQAP와 이슬람 극단주의 운동의 주도권을 두고 경쟁 구도를 형성했다. ISIS 지도자 아부 바크르 알바그다디(Abu Bakr al-Baghdadi)는 ISIS 예멘 지부만이 예멘의 유일한 지하드 조직이라고 선언하며 AQAP를 인정하지 않았고, AQAP 지도부 또한 알바그다디에 대한 충성 맹세를 거부했다. ISIS는 AQAP가 지역 사회와의 우호적 관계 구축에 치중하며 이슬람의 적에 대한 지하드와 이슬람법에 따른 사회 건설을 소홀히 한다며 비판했고, 이에 AQAP의 기존 방침에 만족하지 못한 급진적 성향의 조직원 일부가 ISIS 예멘 지부에 합류하기도 했다.

ISIS는 또한 후티 반군의 성장에 위기감을 느낀 수니파의 지지를 동원하는 수단으로 시아파에 대한 종파주의적 반감을 자극했다. AQAP 역시 ISIS가 등장하기 이전인 2011년 1월에 시아파가 예멘 북부의 수니파를 위협하고 있다고 주장하며 후티 운동에 대한 지하드를 선포하고 북부 수니파 부족의 지지를 얻으려 했지만, 시아파에 대한 ISIS의 반감은 그 이상이었다. 알카에다와 달리 ISIS는 시아파를 수니파에 대한 적으로 규정해 시아파에 대한 공격을 정당화했으며, ISIS 예멘 지부 또한 예멘의 자이디 시아파를 적으로 삼았다. 이에 따라 ISIS 예멘 지부는 2015년 3월 20일 사나의 시아파 모스크 두 곳을 공격했고, 130명 이상이 목숨을 잃었다. ISIS 예멘 지부의 등장에도 예멘 지역 사회에 깊게 뿌리내린 AQAP의 입지는 크게 흔들리지 않았지만, AQAP 또한 수니파의 지지를 둘러싼 경쟁에서 뒤처지지 않고자 후티 반군의 위협에 맞선 수니파의 보호자로서 입지를 구축하기 위한 선전전에 나섰고, 이는 종파 갈등으로서 예멘 내전이 가진 성격을 강화하는 결과를 가져왔다(Kendall, 2016).

4. 역사가 남긴 유산

10년 넘게 이어지고 있는 예멘의 비극은 예멘 사회가 오랫동안 겪어왔던 구조적 문제가 아랍의 봄이라는 사건을 계기로 폭발한 결과라고 볼 수 있다. 40년에 걸친 살레흐의 집권은 부패, 빈곤과 저개발, 부족주의, 남예멘 분리주의, 후티 반군 문제, 이슬람 극단주의 조직의 성장 등 산적한 문제를 남겼다. 그러나 살레흐 개인이 퇴진하는 부분적 정권 교체만으로는 오랜 세월 누적된 문제를 해결하지 못했다. 독재자가 퇴진한 이후 권력을 차지하기 위한 다양한 행위자의 대립은 결국 내전으로 확대되었다. 오늘날 예멘 국민은 굴곡진 역사가 남긴 무거운 짊을 오롯이 짊어지고 있다.

예멘의 정치 상황을 설명할 때 흔히 제시되는 부족주의나 종파 갈등 개념은 복잡한 현실을 지나치게 단순화한다. 다른 아랍 국가보다 부족이 특히 큰 정치적, 사회적 영향력을 가지는 이유는 부족 전통과 문화가 예멘인의 유전자에 내재한 본질적이고 변하지 않는 무언가여서가 아니다. 정권에 대한 지지를 대가로 부족에 정치적, 경제적 혜택을 제공하며 부족을 권력 유지 수단으로 이용해 왔던 살레흐의 통치술은 예멘 사회에서 부족주의가 공고해지는 결과를 남겼다. 이런 역사적 배경으로 인해 부족은 국가가 제 역할을 다하지 못하는 상황에서 국가를 대신하여 개인에게 안전과 보호를 제공할 수 있는 유일한 집단으로 남았다. 그러므로 혁명 이후 혼란기에 부족이 중요한 행위자로 부상한 것은 자연스러운 결과다.

마찬가지로 종파 갈등이라는 개념 또한 예멘 갈등이 지닌 복잡성을 제대로 설명하지 못한다. 후티 운동과 살레흐 정권의 전쟁은 종파 갈등이 아니었다. 살레흐 역시 자이드 시아파 출신이었으며, 후티 전쟁에서 살레흐를 지원한 하시드 부족연합 또한 상당수가 자이드 시아파에 속한다. 마찬가지로 현재 후티 반군과 중앙정부 사이의 대립 또한 수니파와 시아파의 교리 차이에 따른 갈등이 아닌, 새롭게 권력을 잡으려는 집단과 권력을 유지하려는 집단 사이의 갈등에 가깝다. 후티 반군의 성장은 AQAP와 ISIS 예멘 지부가 종파 간 적의와 불신을 수니파의 지지를 얻기 위한 수단으로 이용할 수 있는 상황은 만들어 냈지만, 종파 차이가 존재한다는 사실 자체가 갈등의 원인은 아니다. 결국 예멘의 봄이 진정으로 꽃피우기 위해서는 무엇보다 역사가 남긴 뿌리 깊은 상처를 극복하는, 길고 어려운 일이 남아 있다.

제5장 바레인, 왕실과 대중 간 기나긴 갈등의 도돌이표

2011년 2월 14일, 바레인의 수도 마나마의 진주 광장(Pearl Roundabout)이 시위대로 뒤덮였다. 알 칼리파 정부의 대대적인 개혁을 요구하는 시위였다. 40년간 자리를 지켜 온 총리의 퇴진, 시아파 차별 철폐, 헌법 개정 등을 외친 시위는 걷잡을 수 없이 확산되었고 정부의 폭력적인 대응에도 열기가 식을 줄 몰랐다. 3월 중순, 급기야 바레인 정부의 군사 협력 요청으로 사우디아라비아와 아랍에미리트의 병력이 시위를 제압하기 위해 마나마로 건너왔고, 3월 15일 계엄령 선포와 시위대에 대한 무자비한 탄압이 이어졌다. 이후 하마드 빈 이사 알 칼리파(Hamad bin Isa Al Khalifa) 국왕이 개혁 의지를 표명하고 야권과 대화를 추진하기에 이르렀으나 서로 간의 합의점을 찾지 못한 채 삐걱거리던 범국민대화(National Dialogue) 프로세스는 결국 2014년 이후 문이 굳게 닫힌 상태다.

지도자를 물러나게 한 튀니지와 이집트의 혁명에서 영감을 받아 바레인 시민 수만 명이 거리로 뛰쳐나왔지만 지금도 알 칼리파 왕실은 건재하다. 걸프 왕정 국가에서는 드물게 지도층의 안정과 생존을 위협할 만큼 일파만파로 커진 바레인의 시민운동. 이 장에서는 바레인에서 시민 봉기가 일어난 정치적·사회경제적 배경을 살펴보고 지난 10여 년간 반정부 운동이 가져온 여파와 최근의 정치 동향을 모색한다.

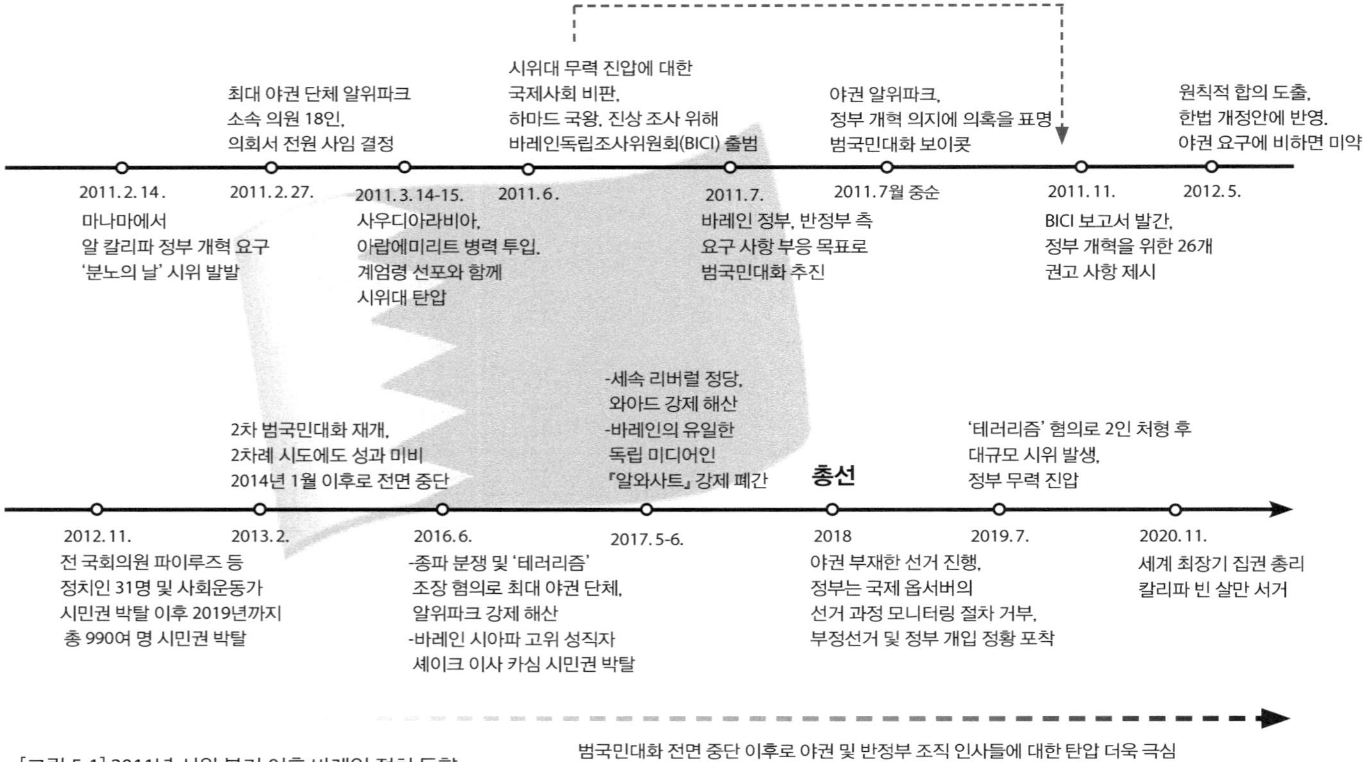

[그림 5-1] 2011년 시위 봉기 이후 바레인 정치 동향

1. 도돌이표가 되어 돌아오는 해묵은 갈등

미디어와 연구자 대부분은 2011년 바레인 시민 봉기를 다루는 데 있어 소수인 수니파가 다수인 시아파를 지배하는 종파 간의 비대칭적 권력 배분을 바레인 국내 정치 불안정 원인으로 주목해 왔다. 완전히 틀린 분석은 아니지만, 종파 간 갈등을 중심으로 하는 접근은 바레인의 인구 구성과 그 안의 정치적·사회적 역학을 지나치게 단순화하는 경향이 있다. 1783년 이래 바레인을 지배해 온 알 칼리파 가문은 사우디아라비아로부터 건너온 부족 혈통의 수니 아랍이다. 그에 반해 인구의 대다수를 차지하는 사람은 바레인의 토착민이라 주장하는 '바하르나(Baharna)', 시아 아랍인이다. 200년 이상 '바레인의 정복자(al-fâtiḥ)'라는 타이틀을 앞세워 동맹 부족을 우대하는 족벌주의 정치를 펼쳐온 알 칼리파 가문, 알 칼리파 왕실을 '외부 세력'으로 인식하며 차별 대우에 불만을 표출해 온 시아파 민중 사이의 대립은 단순히 종파 간 갈등으로 묘사할 수 없을 정도로 양상이 훨씬 복잡하다.[1] 끊임없이 이어지는 지배층과 피지배층 간 권력 다툼의 역학 속에서 수니와 시아라는 종파 차이는 '편 가르기'를 위한 기준점이 되어 점차 자기충족적 예언으로 발전해 왔다.

1 알 칼리파 가문은 1783년 아흐마드 빈 무함마드 알 칼리파(Ahmad bin Muhammad Al Khalifa)의 바레인 정복을 신화적 역사로 재창조했다. 그에게 부여된 '정복자'라는 타이틀은 역사 기록을 넘어서 알 칼리파의 지배를 정당화하는 이데올로기로 사용되어 교육 과정, 미디어, 정부 발간물 등에 폭넓게 사용되었다. 바하르나 인구는 알 칼리파의 역사 인식에 대부분 큰 반감을 품고 있으며 이러한 집단기억(collective memory)의 충돌은 수십 년 동안 이어진 알 칼리파 가문과 대중 간 갈등의 근저에 깊이 깔려 있다. 1988년 세워진 마나마 시내의 그랜드 모스크 또한 '정복자'라는 이름이 붙여졌다(Al-Fateh Grand Mosque).

바레인 근·현대사에 의미 있는 반정부 운동은 영국의 보호령하에 있던 1920년대에 시작되었다. 19세기부터 바레인을 관할하던 영국은 1차대전 후 기존의 간접 통치를 넘어 좀 더 적극적으로 바레인 내정에 관여했다. 당시 강압 통치 방식과 차별적인 조세 부과로 민중 사이에서 지도층에 대한 불만이 고조되고 있었고, 양측의 갈등을 억누르고 정치 안정을 도모하기 위해 영국은 1910년대 말부터 포괄적인 개혁을 추진한다. 이러한 움직임은 개혁에 찬성한 대다수 주민과 개혁에 반대한 알 칼리파 가문과 그들의 부족 동맹, 상인 세력 등으로 바레인 사회를 양분했다. 양 세력 간 긴장이 점차 극대화되며 물리적 충돌까지 이어지자 1923년, 영국 정부는 54년간 바레인을 통치한 지도자 셰이크 이사 빈 알리(Shaikh Isa bin Ali)를 폐위시키고 그의 아들인 셰이크 하마드 빈 이사(Shaikh Hamad bin Isa)를 자리에 앉혔다. 셰이크 이사의 폐위는 당시 큰 정치적 성과였으나 영국의 주도로 진행된 1920년대의 개혁은 행정적 변화에 초점이 맞춰져 있었으며 근본적인 사회 유동성을 이끌지는 못했다.

1920년대에 가시화된 사회적 긴장은 향후 수십 년간 이어질 정치 충돌의 서막이었다. 산업 구조 개편으로 외국인 이민자가 증가하자 바레인 민중의 불만은 더욱 고조되었다. 1932년 걸프 국가 중 최초로 바레인에 석유가 발견되고 진주 양식 사업에 의존했던 산업 구조가 급격히 변화하면서 인근 국가에서 많은 노동 인력이 밀려들었다. 외국인 노동자들이 바레인정유회사(Bahrain Petroleum Company)를 비롯한 정부와 공공 기업의 요직을 차지하자 바레인인의 불만이 커졌고, 1934년 정부 및 공공 기관 내 바하르나의 역할 확대를 요청하는 청원이 셰이크 하마드에게 제출되었다. 1938년에는 이란, 인도 출신의 숙련노동자에 대한 우호적 대우에 반대하는 목소리가 높아졌으며 걸프 지역 최초의 노동 파업이 발생했다. 외국인 노동자의 유입으로 처음으로 바레인 민중 사이에 '바레인인'이라는 유대감이 형성되었으며 이는 뒤에 이어질 1950년대의 민족주의 움직임에 지대한 영향을 끼친다.

1930년대에 노동자들을 중심으로 커진 민중의 불만은 1940년대 수차례 파업을 지나 1950년대까지 이어졌다. 계속되는 사회 긴장의 결과로 1954년 120명의 엘리트 인사를 중심으로 초종파적 기구인 고위 집행위원회(Higher Executive Committee)가 설립되었다.[2] 이들은 선출직 의회 설립, 민법과 형사법 제정, 노동조합 승인 등을 골자로 하는 정부의 개혁을 요구했고, 1956년 수에즈 운하의 국유화를 선포한 가말 압델 나세르 이집트 대통령의 아랍 민족주의에서 영향을 받아 점차 민족주의 운동을 이끄는 방향으로 활동했다.

1950년대에 정부의 탄압에도 계속되던 반정부 운동은 1960년대 말 영국이 걸프 지역에서 정치적, 군사적으로 철수하기로 결정함에 따라 새로운 국면을 맞는다. 그동안 영국 정부에 정치적으로 크게 의존해온 지도층은 내부의 정당성을 도모해야 하는 상황에 놓였다. 1971년 영국으로부터 독립과 함께 셰이크 이사 빈 살만(Shaikh Isa bin Salman)이 바레인 최초의 의회 수립을 천명한 것도 이런 이유 때문이었다. 1972년 제헌의회 설립에 이어 1973년 헌법이 공포되었고 선출직 의원 30명을 뽑는, 바레인 역사상 첫 선거가 치러졌다. 그러나 이 역사적인 의회는 오래 살아남지 못했다. 1974년 12월 셰이크 이사가 안보법(security law) 제정을 일방적으로 추진하자 의회에서 잡음이 생겨났고, 셰이크 이사는 정부에 협조적이지 않다는 이유로 1975년 8월 의회를 강제 해산했다. 바레인 최초의 의회는 그렇게 금세 역사 속으로 사라졌고, 2002년에 의회가 재개될 때까지 바레인은 약 30년간 계엄령 체제에 머

2 이후 국가통합위원회(National Union Committee, Haia' al-Itihad al-Watani)로 단체명이 변경되었다.

물게 된다.

한편 1979년의 이란 이슬람 혁명은 바레인 정치사에 또 하나의 변곡점을 남겼다. 이란의 아야톨라 루홀라 호메이니가 팔레비 왕정을 무너뜨리고 신정정치를 표방하자 바레인에서도 이에 영향을 받은 이슬람 그룹들이 득세했다. 바레인해방이슬람전선(Islamic Front for the Liberation of Bahrain, IFLB; Al-Jabha al-Islamiyya li-Tahrir al-Bahrayn)과 같은 지하 조직들이 번성해 알 칼리파 가문의 축출을 외쳤고 이에 정부는 강경 대응으로 맞섰다. 1981년 정권 전복을 모색했다는 이유로 바레인해방이슬람전선의 조직원 60명이 체포되었고, 이 사건은 바레인 정부가 공공연하게 반정부 운동을 탄압하고 이란의 내정 간섭을 비난하는 구실이 되었다.

1990년대에는 종파와 이데올로기를 아우르는 대규모 대중 시위가 활발히 전개되었다. 1992년 11월, 악화되는 정치적·경제적 상황으로 말미암아 사회 지도자 약 30명이 의회 재건을 요청하며 서명한 청원서가 정부에 제출되었다. 이에 대한 응답으로 셰이크 이사는 1992년 12월, 임명직 의원 30명으로 구성된 슈라위원회(Shura Council)를 설립했으나 입법 권한은 없고 정책 전반에 자문 역할을 하는 기구에 불과했다. 정부의 미온적인 대응에 반발해 1994년, 2만여 명이 서명한 또 하나의 청원서가 제출되었고, 이와 동시에 청년층을 중심으로 높은 실업률과 경제 불평등에 항의하는 시위가 여러 차례 발생했다. 시위대와 경찰 병력의 물리적 충돌이 이어진 결과 1994년 말까지 30여 명이 사망하고 3,000명 이상이 체포되었다. 정치범 석방과 같은 정부의 화해 제스처에도 대대적인 개혁을 요구하는 시위가 계속되었고, 바레인 시민들은 1994년부터 1999년까지 대규모 시민운동을 바레인의 '인티파다(intifada)'라 기록한다.

걸프 왕정의 정치 발전이 더디고 국민의 정치 참여가 수동적일 것이라는 편견과 달리 20세기 이래 바레인의 정치 환경은 이처럼 매우 역동적으로 변화해 왔으며 시민들도 상당히 높은 수준의 정치 참여 의식과 행보를 보여 주었다. 1930년대 노동 운동, 1950년대 민족주의 운동, 1970-1980년대 이슬람주의 운동, 1990년대 대중 시위 등 시기마다 주요 행위자는 변화했으나 알 칼리파 왕실이 민중에게 계속 저항과 도전을 받았음은 분명하다. 2011년 바레인의 시민 봉기는 튀니지와 이집트 혁명의 영향에만 국한되지 않는, 오랜 시간 이어진 정치 운동의 산물이다.

2. 2011년 시민들이 다시 거리로 뛰쳐나오기까지

1) 정치 개혁 실패와 정당성의 위기

1990년대의 대규모 반정부 운동을 목격하며 1999년 즉위한 수장 하마드는 정당성의 위기를 타개하기 위한 돌파구를 마련해야 했다. 삼촌인 셰이크 칼리파 빈 살만(Shaikh Khalifa bin Salman)이 1971년 총리직에 임명된 뒤로 막강한 영향력을 발휘하는 가운데, 새로운 지도자로서 입지를 구축하기 위해 정치범 석방과 의회 재건 등 야권과 반정부 세력이 수십 년간 요청해 온 요구 사항들을 받아들이며 일련의 개혁을 시도했다. 이에 따라 2000년 9월, 1973년에 제정되었던 헌법이 재도입되었고 국민헌장(National Action Charter; Mithāq al-'Amal al-Waṭanī) 초안 작성을 위한 위원회가 구성되었다. 새 지도자의 개혁 제스처는 즉위 직후 야권의 큰 환영을 받았고, 2001년 2월 14일, 국민헌장 찬반 국민 투표가 98%라는 높은 찬성률을 달성하며 성공적인 첫 단추를 끼게 된다.

그러나 당초 1973년 헌법이 선출직의 단원제 의회를 표방했던 것과 달리 임명직의 슈라위원회를 추가해 양원제 의회를 구성하기로 한 하마드의 일방적인 결정은 개혁의 진정성과 정당성을 떨어뜨렸다. 정당도 여전히 인정되지 않았다.[3] 개혁의 범위와 과정이 야권에 큰 실망을 안긴 가운데 2002년 2월 14일, 하마드는 입헌 군주국으로의 전환을 선언하며 '수장(Emir)'에서 '국왕(King)'으로 자신의 칭호를 변경했다. 곧 이어진 2002년의 의회 선거는 1970년대 의회 강제 해산 이후 바레인 국민들이 30년 가까이 기다려 온 중요한 역사적 분기점이었으나, 야권 단체들은 개혁의 진정성에 물음표를 던짐과 동시에 정부가 야권의 영향력을 축소하기 위해 선거구 구획 과정에서 편법을 사용했다고 주장하며 이를 보이콧하기에 이른다. 그 결과 의회 재건 이후 구성된 첫 정부는 친정부 성향의 인사들로 구성되었고, 야권 단체들은 제도권 밖에서 1973년 헌법을 토대로 일원화된 의회 재건을 지속해서 촉구했으나 실질적인 영향력을 미치지는 못했다. 특히 정치 단체와 시민사회의 활동을 제한하는 정치소사이어티법(Law on Political Societies)과 공공집회법(Public Gathering Law), 반테러법(Anti-Terrorism Law) 등이 속수무책으로 통과되었다.

선거 보이콧의 결과, 의회 내 의석 부재로 영향력을 펼 수 없었던 야권 단체들은 2006년 선거를 앞두고 전략을 변경한다. 그리하여 최대 야권 단체이자 이슬람 정당인 알위파크(al-Wefaq)와 세속주의 정당인 와아드(Wa'ad)가 손을 잡는 이례적인 행보를 보였으나 알위파크가 의회 총 40석 중 17석, 와아드가 1석을 확보하는 데 그쳐 과반수 확보에는

3 바레인은 법적으로 정당을 인정하지 않으며 사회 계급, 직업, 종교에 기반한 정치 단체를 조직하거나 종교 지도자가 정치 활동에 참여하는 것도 불가하다. 단, '정치소사이어티(political society)'라는 형태의 정치 단체 설립이 가능해 이들이 사실상 정당의 역할을 해왔으나 2022년 초까지 알위파크, 와아드 등 대부분의 야권 단체가 강제 해산된 상태다.

실패한다. 4년 후 2010년 선거에서는 친정부 성향의 단체들이 약세를 보인 가운데 알위파크가 18석, 독립 후보들이 17석을 차지하면서 무소속 의원들과 연대를 구축해 야권의 정책 우선순위를 반영할 가능성이 열리게 되었다. 그러나 2011년 2월 시민 봉기 중 시위대가 사망하는 사건이 발생하자 알위파크는 정부의 강경 진압에 대한 항의로 의회에서 전면 사퇴를 결정한다.

2) 경제 불평등과 정부 부패

정부의 정당성 결여와 더불어 왕실의 막대한 부 축적과 정부 부패는 시민에게 상대적 박탈감과 무력감을 안겼다. 알 칼리파 가문이 보유한 재산 규모를 정확히 파악하기는 어렵지만, 국왕을 포함한 왕실 대부분의 구성원이 석유 수익, 토지 점유, 국부 펀드, 민간기업 지분 소유 등 다양한 형태로 막대한 재산을 끌어모은 것으로 짐작된다. 특히 알 칼리파 가문은 정부가 1980년대에 시작해 2000년대 박차를 가한 개간 사업의 최대 수혜자다. 불투명한 입찰 과정을 거쳐 개간된 상당한 면적의 부지, 특히 고급 리조트로 가득한 서부 해안가를 아우르는 지역이 하마드 국왕의 사유재산이라는 것은 공공연히 알려진 사실이다. 바레인 전체 해안선의 90% 이상이 사유지로 편입되어 있으며 대부분 일반인 출입이 불가능한 까닭에 섬나라인 바레인에서 대중이 자유롭게 접근할 수 있는 해안의 범위는 극히 제한적이다. 더 나아가 알 칼리파 가문과 부족, 수니 지지자들이 주로 거주해 온 리파(Riffa')를 포함한 일부 지역은 정부의 허가 없이는 토지 취득이 매우 어렵다.

반면 서민의 삶은 새 지도자 즉위 후에도 여전히 팍팍했다. 2004년 조사에 따르면 취업 인구 중 25%가 빈곤선 이하에서 생활 중이었으며(BCHR, 2004) 외국인을 제외한 2005년 비공식 실업률은 15%를 웃돌았다(ICG, 2005). 정부가 개간 사업과 건설업에 막대한 비용을 투자한 데 반해 바하르나를 포함한 시아파 거주 지역 대부분은 인프라가 열악하고 개발 수준이 매우 뒤처져 있다는 점도 이들이 느끼는 불평등 정도를 심화시켰다.

한편 정부 요직 상당수가 족벌주의와 정실 인사로 물들었다는 시각이 대중 사이에 팽배했다. 특히 국가 안보를 비롯해 예민한 사안을 다루는 부서와 직책은 알 칼리파와 수니 지지자들이 독점하다시피 했다. 2003년 기준 572개 정부 고위직 중 시아파는 약 18%의 직책을 맡는 데 그쳤으며 정부에 종사하는 시아파 인력 대부분은 비숙련 노동직을 담당하는 것으로 나타났다(Bassiouni et al., 2011).

3) 강대국 의존과 '내부의 적' 레토릭

바레인 시민들 사이에 팽배했던 또 다른 사회 불만은 알 칼리파 정부가 국내 정치 행위자의 지지를 발판으로 정당성을 도모하기보다는 외부 정치 세력에 정치적·경제적으로 의존하면서 국내 야권과 반정부 세력에 '내부의 적'이라는 낙인을 찍는 레토릭을 사용해 왔다는 점이다.

미국에 대한 의존은 바레인 안보 유지에 매우 큰 역할을 해왔다. 1970년대 영국이 걸프 지역에서 물러난 이후 영국의 빈자리를 차지해 온 미국이 2002년 바레인을 주요 비나토동맹국(Major non-NATO ally, MNNA)으로 지정했을 만큼 바레인은 미국에도 지정학적으로 매우 중요한 국가다. 중동 지역을 담당하는 미 해군 제5함대가 바레인에 주둔하고 있으며 2000년대 초반 미국은 1930년대 영국이 구축한 주파이르(Juffair)의 해군 기지를 아프가니스탄과 이라크전 당시 군사 작전을 수행하는 기지로 활용했다. 조지 W. 부시 행정부와 이란의 관계가 악화 일로를 걸으면서 바레인의 전략적 중요성은 더욱 커졌고 오바마 행정부 초기에도 대바레인 정책 노선은 크게 변하지 않았다. 2010년 기준 미국은 연간 해군 기지 사용료로 670만 달러를 바레인 정부에 지급했으며 같은 해 1,800만 달러의 군사 지원을 한 것으로 추산된다(Cooley & Nexon, 2011).

사우디아라비아 또한 알 칼리파 왕정의 매우 중요한 혈맹이자 후원국이다. 사우디아라비아와 바레인의 유대 관계는 사우디아라비아와 이란의 갈등을 빼놓고는 이야기할 수 없다. 1979년 이슬람 혁명 이전 사우디아라비아의 알 사우드(Al Saud) 가문과 이란의 샤(Shah) 정권은 반공산주의 왕정이라는 이데올로기적 유대를 토대로 비교적 우호 관계를 유지해 왔다. 그러나 팔레비 정권의 붕괴와 함께 등장한 호메이니의 이슬람 정권은 왕정 폐지와 외세 영향 배척을 외쳤고, 이는 사우디아라비아와 이란이 서로 대척점에 서는 변곡점이 된다. 이후 수십 년간 사우디아라비아와 이란은 역내 패권국 지위를 두고 경쟁해 왔으며, 이란과 종파 대립 구도를 형성한 알 사우드 가문의 눈에 시아파가 인구 대다수를 차지하는 바레인은 매우 위태로워 보였다. 바레인의 시아파 세력이 이란의 영향을 받아 수니 정권에 대항해 득세할 경우 사우디아라비아 동쪽의 시아파 인구에 영향을 끼칠 수 있다는 염려가 크게 작용했다. 이에 따라 사우디아라비아 왕실은 바레인을 자신의 영향력 아래 두기 위해 정치적·안보적 지원은 물론 재정적 후원도 아끼지 않았고, 사우디아라비아에 대한 의존은 바레인의 알 칼리파 왕실이 정치적 현상 유지(status quo)를 하는 데 결정적인 역할을 해왔다.

이처럼 강대국에 정치적·경제적으로 크게 의존해 온 한편, 바레인 정부는 국내 반정부 세력에 대해 외부 세력, 특히 이란과 내통하며 종파 간 갈등과 정권 붕괴를 추구하는 '내부의 적'이라는 프레임을 씌우는 방식으로 탄압을 이어 왔다. 특히 이라크전 이후 역내 수니-시아 종파 간 갈등이 불거지면서 바레인 정부의 '내부의 적' 레토릭도 강화되었다. 2005년 새로 제정된 테러방지법은 '테러리스트 활동'에 대한 정의가 모호하고 안보 기관에 막강한 권력을 부여하는 등의 문제점으로 국내 야권 세력은 물론 국제사회에서 많은 질타를 받았으나 바레인 정부는 반정부 세력 탄압을 제도적으로 정당화하는 수단으로 이 법을 사용해 왔다.

4) 안보 기관의 외국인 용병 고용 및 정치적 시민권 부여

바레인에서 큰 논란이 되었던 또 다른 갈등의 원인은 알 칼리파 정부가 국가 안보 기관에 비(非)바레인 국적자들을 대거 고용하고, 더 나아가 인구 구성을 재조정하려는 정치적 목적으로 이들을 포함한 수니 외국인들에게 조직적으로 시민권을 부여해 왔다는 점이다.

알 칼리파 정권의 외국인 용병 고용은 오랜 역사를 갖고 있다. 알 칼리파 초기 군대는 카타르의 알 누아이미(Al Nu'aimi)나 하사(Hasa)의 바니 칼리드(Bani Khalid) 등 동맹 부족들을 중심으로 구성되었고, 20세기 초반에는 왕실의 친위병(fidāwīyya)이 인근 부족들로부터 고용되었으며, 바레인의 첫 경찰 병력의 상당수도 무스카트 출신의 발루치 용병이었다. 이런 고용 형태가 계속된 결과 1960년대에 이르자 경찰 병력의 약 20%만 바레인 시민권자였다. 반면 자문 관련 고위 직책은 영국인 등 유럽, 북미권 인사들이 맡는 경우가 많았다. 국가안보국(National Security Agency)의 전신인 국가안보수사총국(Bahrain General Directorate for State Security Investigations)을 1966년부터 1998년까지 이끌며 '바레인의 도살자(the Butcher of Bahrain)'라는 악명을 얻은 영국인 이언 헨더슨(Ian Henderson)이 대표 사례다. 이 현상은 하마드 국왕 즉위 후에도 계속되었다. 파키스탄인들이 안보군 인력의 상당 비율을 차지하면서 2000년부터 2010년까지 파키스탄에서 들어온 인구가 6배 증가했고, 2011년 기준 바레인 국가 안보 기관에 파키스탄 출신 병력이 7,000명가량 포진된 것으로 추산되었다(Delmar-Morgan & Wright, 2011). 이러한 외국인 병력이 국가 안보를 도모하는 데 사용되는 대신 왕실의 권력 강화와 유지에 동원되어 바레인 시민을 억압한다는 시각이 갈등의 핵심이다.

더 나아가 시아파가 다수인 현 인구 구성을 수니에게 유리하도록 재편성하기 위해 알 칼리파 정부가 수니 외국인 노동자들에게 시민권을 발급해 대거 귀화시킨다는 의혹이 증가해 왔다. 1930년대 국적법(Citizenship Law)이 제정된 이래 시민권 발급이 정치적 목적으로 사용된다는 의혹은 꾸준히 있었으나 2000년대에 들어서면서 반정부 단체들을 중심으로 바레인 정부가 아랍 혹은 비아랍 수니 외국인들에게 시민권을 대거 발급한다는 루머가 크게 확산되었다. 2000년대 초부터 확산된 이 의혹은 2006년, 바레인 정부에서 전략 고문으로 일하던 수단 출신 영국인 살라흐 알 반다르(Salah Al Bandar)가 시아파 인구의 영향력을 제한하기 위해 추진된 정부의 기밀 프로젝트를 폭로하면서 더욱 증폭되었다. 그가 펴낸 216쪽짜리 보고서에 따르면 정부 고위 인사들을 주축으로 시아파의 영향력을 축소하기 위한 기밀 사업이 장기간 추진되었는데, 특히 '국가 안보를 위해' 종파별 인구 균형을 맞추려는 목적으로 수니 이라크인, 발루치인, 예멘인 등에게 조직적으로 바레인 시민권을 부여한다는 것이 이 프로젝트의 주요 골자다. '반다르 스캔들'이라 불리는 이 사건은 2006년 총선을 앞두고 매우 큰 논란을 낳았으며 정부에 대한 강한 불신을 더욱 확산시켰다. 공식적인 종파별 인구 조사가 부재한 가운데 야권에서는 2011년까지 5만 명에서 20만 명이 정부의 정치적 목적에 의해 바레인 시민권을 획득했을 것이라 추산한다. 이에 따라 전체 인구 대비 약 70%를 차지했던 시아파의 비율 또한 점점 줄어들고 있다고 보는 시각이 대부분이다.

3. 진주 광장 기념비와 함께 무너진 희망

새 지도자의 등장과 개혁에 대한 기대로 문을 연 2000년대. 그러나 앞서 살펴본 것과 같은 불만과 의혹이 해소되지 않은 채 10여 년이 흘렀고, 튀니지와 이집트의 정권 교체를 목격한 바레인 시민들이 개혁 요구를 외치며 2011년 2월 14일 길거리로 쏟아져 나왔다. 그러나 시위대의 거점이던 마나마 진주 광장은 곧 최루가스로 뒤덮였고 바레인 민주화 운동의 상징인 진주 기념비는 정부에 의해 철거되고 말았다. 그 후 다시 10년. 도돌이표처럼 흘러온 지난 시간의 기록을 살펴보자.

1) 바레인독립조사위원회와 사라진 약속

시위대를 무력 진압해 해외 언론과 국제사회의 강한 질타를 받자 하마드 국왕은 시민 봉기 중 발생한 일련의 사건을 조사하기 위해 2011년 6월에 바레인독립조사위원회(Bahrain Independent Commission of Inquiry, 이하 BICI)를 출범시켰다. 같은 해 11월 BICI가 발간한 500여 쪽의 보고서에 따르면 2월부터 4월 중순까지 시위와 관련해 35명이 목숨을 잃었다. 이 중 민간인 19명이 안보군의 무력 사용으로 사망했고, 최소 559명이 정부 안보군에 고문을 당했으며, 노동자 4,000여 명이 시위에 가담했다는 이유로 해고된 것으로 밝혀졌다(Bassiouni et al., 2011).

BICI 보고서는 희생자들의 사망 전후 정황과 고문 등 무력 사용에 대한 즉각적인 수사 진행, 국가안보국의 법 집행 권한 폐지, 미디어 검열 완화 등 정부 개혁을 위한 26개의 권고 사항을 제시했다. 하마드 국왕은 BICI의 권고 사항을 이행하기 위한 전담 집행위원회를 설립하며 2012년 2월 말까지 이행하겠다고 밝혔다.

이렇게 국왕이 직접 시민 봉기 기간에 발생한 부당한 대우와 폭력

[사진 5-1] 바레인의 민주화 운동을 상징하는 진주 기념비를 차용한 2.14 청년 동맹의 로고 (2014년)

진압 과정에 대한 조사를 추진하자 국내외 미디어와 옵서버들은 크게 환영했고, BICI 보고서는 바레인 정부와 시민사회 그리고 국제기구들에게 바레인의 개혁 과정을 평가하는 로드맵이 되었다. 그러나 알 칼리파 정부의 약속과는 달리 2016년 미국 정부의 평가 결과 26개 권고 사항 중 5개 사항에만 개선이 있었으며, 10년이 지난 지금 바레인 정부가 BICI의 권고 사항을 제대로 이행하지 않았다는 평가가 대부분이다.

2) 단절된 범국민대화

한편 2011년 시민 봉기 이후 바레인 정부는 시위대 및 반정부 조직들의 요구 사항에 부응한다는 목표로 범국민대화를 추진했다. 첫 대화 프로세스는 5명의 알위파크 멤버를 포함한 35명의 반정부 인사 등 300여

명의 정치계 및 시민사회 인사가 참여한 가운데 2011년 7월 2일 시작되어 정치, 경제, 사회, 인권을 두고 논의했다.

그러나 전체 인사 중 야권의 비중이 적은 것을 문제 삼은 알위파크는 범국민대화 프로세스가 시작된 지 2주 만에 정부의 개혁 의지에 의혹을 표명하며 대화를 보이콧했다. 가장 영향력 있는 야권 세력이 부재한 채로 진행된 범국민대화의 결과, 선출 의회의 권한 강화, 국민의 뜻을 반영한 정부 구성, 공정한 선거구 획정, 귀화법 및 국적법 개정, 부패 척결, 종파 갈등 완화 노력이라는 원칙적 합의가 도출되었고 2012년 5월 헌법 개정안에 반영되었으나 이는 야권의 요구에 비하면 미약한 수준이었다.

2차 범국민대화는 2013년 2월 재개되었다. 친정부 성향 인사 8명, 알위파크를 포함한 야권 인사 8명, 현직 의원 5명과 3명의 현직 장관으로 구성된 2차 대화는 약 7개월간 진행되었으나 반정부 대표단이 범국민대화의 합의안을 국민 투표에 부칠 것을 요구한 데 반해 친정부 측은 이를 의회 동의안에 국한할 것을 주장하면서 결렬되고 말았다. 알위파크의 사무차장인 칼릴 마르주크(Khalil Marzooq)가 테러리즘을 선동했다는 이유로 체포된 것도 대화 결렬의 주된 원인이었다. 결국 두 차례의 시도에도, 범국민대화는 큰 성과를 거두지 못한 채 2014년 1월 이후로 전면 중단되었다.

범국민대화 프로세스는 BICI와 마찬가지로 바레인 국내는 물론 미국과 영국 같은 주요 강대국과 유엔을 포함한 국제기구의 환영과 기대를 받으며 시작되었다. 그러나 반정부 성향 인사들이 극히 소수에 그쳐 실질적인 목소리를 내기 어려웠다는 점, 2011년 시위를 주도했던 청년층의 참여가 부재했다는 점 등으로 시작 단계부터 한계를 노출하며 '보여 주기식' 제스처라는 평가를 받았다. 또한 범국민대화 프로세스가 진행되는 중에도 정부가 마나마에서 시위를 전면 금지하고 시민의 정치 참여 확대에 반하는 조치를 취해 논란을 빚었다.

대화가 전면 중단된 이후로 야권과 반정부 조직의 인사들에 대한 탄압이 더욱 가시화되었다. 특히 2016년 6월, 종파 분쟁을 조장하고 외국 정부와 내통한다는 혐의로 최대 야권 단체인 알위파크가 강제 해산되어 지지자들에게 충격을 안겼다. 이듬해 5월에는 세속 리버럴 정당으로서는 최대 규모인 와아드 또한 강제 해산되었다. 결국 2018년 총선은 알위파크와 와아드 등 바레인 주요 정치 단체들의 부재로 야권이 설 자리를 잃어버린 채 치러진 반쪽짜리 선거가 되었다. 정부는 국제 옵서버 기구들의 선거 과정 모니터링 절차를 거부했고, 선거구 획정과 후보 공천 단계에서부터 부정 선거 및 정부의 개입을 암시하는 여러 정황이 보고되기도 했다. 또한 바레인 미디어로서는 유일하게 정부로부터 독립적 견해를 유지해 왔던 유력 일간지 『알와사트(*al-Wasat*)』가 2017년 정부에 의해 강제 폐간됨에 따라 유권자들은 선거 기간 동안 중립적인 정보에 접근하기 어려웠다. 유력 야권 인사들이 부재한 채로 진행된 2018년 11월 총선 결과 친정부 지지자들과 독립 후보들로 구성된 의회가 출범했고 알 칼리파 정부를 견제할 수 있는 영향력 있는 통로가 사라졌다.

3) 무기가 된 시민권 박탈

공식적인 개혁 움직임이 갈등 국면으로 치닫는 동안 2012년 이래 반정부 인사들에 대한 감시와 탄압이 본격화되었다. 정부는 특히 반정부 인사들을 향한 보복성 대응으로 시민권 박탈 같은 비인도적 정책을 공포 정치의 수단으로 활용했다. 시민권 박탈 조치를 합법화하려는 의도에 따라 2014년, 바레인 정부는 1963년의 국적법을 개정해 '적대국을 돕거나 이해관계에 관여할 경우' 혹은 '바레인의 국익에 해를 가하거나 국가에 대한 충성 의무에 반하는 행위를 할 경우' 정부가 개인의 시민권을 박탈할 수 있다고 허용했다. 2013년에는 2006년의 반테러법을 개정해 '테러리즘'으로 기소된 피고인의 시민권을 박탈할 권한을 재판부에 부여했다.

'테러리즘'을 비롯해 대부분의 죄목의 정의가 모호하다는 비판에도, 바레인 정부는 이런 일련의 법적 근거를 토대로 반정부 인사 수백 명의 시민권을 박탈해 왔다. 2012년 11월, 전 국회의원인 자와드 파이루즈(Jawad Fairooz)를 포함해 정치인과 시민사회 운동가 31명의 시민권이 박탈된 데 이어 2015년 바레인 내무부는 인권 운동가인 사이드 아흐마드 알와다이(Sayed Ahmed Alwadaei)와 시민운동가, 기자 등 70여 명의 시민권을 박탈했다. 이 중 대부분은 알 칼리파 정권의 대외적 이미지를 훼손하거나 가짜 뉴스를 퍼뜨려 사회 불안을 선동했다는 이유로 기소되었다. 2016년에는 저명한 시아파 성직자 셰이크 이사 카심(Shaikh Isa Qassim)이 종파 간 갈등을 조장하고 국외 정치 세력과 내통해 국가 안보를 위협한다는 혐의로 국적을 박탈당해 큰 논란이 발생했다. 이사 카심의 시민권 박탈로 시위대 수백 명이 그의 집 근처에서 가두시위를 벌이며 경찰과 무력 충돌을 빚기도 했다.

시민권 박탈이 점점 더 제도화, 일상화된 결과 지난 10년간 종교지도자, 정치인, 기자, 인권 운동가 등 수백 명이 바레인 국적을 잃었다. 그중 상당수는 다른 나라 국적을 보유하지 않아 무국적자 지위로 전락했으며 정부에 강제 추방당해 정치 난민 신세가 되었다. 2018년 한 해에만 298명이 시민권을 박탈당했는데 이는 2017년의 156명에서 거의 2배 증가한 숫자이며 2012년 이래 가장 큰 규모였다. 정부의 탄압이 점점 강화된 결과 2012년부터 2019년까지 990명의 바레인인이 시민권을 박탈당한 것으로 집계된다. 2019년 4월 정부가 이들 중 551명의 국적을 회복시켰으나 유력 야권 인사와 운동가는 포함되지 않았다.

한편 시민권 발급을 통한 정부의 수니 인구 역전 프로젝트 역시 2011년 이후 더욱 박차를 가해 왔다는 것이 야권의 주장이다. 수십만 명의 귀화 인구에 의료, 주택, 교육 및 기타 정부 서비스를 제공함으로써 이미 적자인 바레인의 공공 재정에 부담이 더해졌다. 또한 이들 중 상당수가 안보 분야에 종사한다는 점을 감안할 때 국가 안보가 기존의 일반 시민들이 아닌 귀화자들의 손에 맡겨지는 것에 대한 불만도 높다. 알 칼리파 왕실이 용병들에게 시민권을 부여함으로써 이들의 충성심을 도모한다는 시각 역시 팽배하다.

4) 계속되는 인권 탄압

이와 더불어 시민들의 기본적 권리가 여전히 정부의 공권력 남용과 인권 탄압으로 침해받고 있다. 많은 유력 인사가 대중 연설, 미디어 인터뷰, 소셜 미디어 콘텐츠 게시 등으로 법적 처벌을 받고 표현의 자유를 빼앗긴 채 정부의 지속적인 감시에 놓여 있다. 바레인인권센터(Bahrain Centre for Human Rights)의 대표인 나빌 라잡(Nabeel Rajab)은 복역과 석방을 거듭하며 정부의 탄압을 받아 온 대표적인 반정부 인사다. 1990년대 시민운동으로 인권 활동을 시작한 라잡은 2011년 여러 차례 반정부 시위를 이끌며 정부와 충돌했다. 2012년에는 트위터에 올린 메시지가 '바레인을 모욕한다.'라는 이유로 3개월 징역을 선고받았으며 시위 참가 관련 죄목으로 징역 3년이 추가되었다. 이후 법원이 이를 2년으로 경감해 2014년 5월 24일 석방되었으나 같은 해 10월 정부를 비판한 트윗으로 인해 다시 체포되었다. 2017년에는 바레인 정부에 대한 '가짜 뉴스'를 확산시킨다는 이유로 2년 형을 선고받았고, 2018년 2월에는 예멘 공습을 비판하고 바레인 감옥에 횡행하는 고문의 실태를 언급하는 트윗을 남겼다는 이유로 징역 5년 형을 선고받았다.

바레인 최대 야권 단체인 알위파크의 사무총장 셰이크 알리 살만(Shaikh Ali Salman) 또한 정부의 끊임없는 탄압을 받는 주요 인사다. 정부에 인권 탄압의 책임을 묻고 개혁 요구에 대한 야권의 의지를 표명하는 그의 연설이 종파 간 증오와 폭력을 선동했다는 이유로 바레인 정부는 2015년 알리 살만에게 4년 형을 선고했다. 사우디아라비아를 비롯해 걸프 국가들과 카타르의 외교 관계가 삐걱거리던 2017년에는 알리 살만이 카타르와의 중재 회담에 참여한 것이 스파이 활동이라며 그를 새로 기소해 종신형을 선고했다.

한편 2011년 이후 주기적으로 이어진 시위에 대한 폭력 진압으로 바레인 곳곳이 피로 물들기도 했다. 2016년 6월 20일에 성직자 셰이크 이사 카심이 국적을 박탈당한 이후 그의 거주지인 두라즈(Duraz) 지역에서 대규모 연좌 시위가 발생했다. 바레인 정부는 이 지역을 봉쇄하고 생필품의 자유로운 출입을 막았으며 특정 시간대 인터넷 연결을 강제 차단했다. 이듬해까지 수개월간 전개된 두라즈 시위에 정부가 폭력 대응으로 맞선 결과 18세 청년 무스타파 함단(Mustafa Hamdan)을 포함해 최소 6명이 사망하고 280명 이상이 체포되었다. 2014년에 일어난 폭탄 공격에 경찰관 3명이 사망한 사건으로 2017년 초에 시아파 청년 3명이 처형당하자 수백 명의 시위대가 거리로 뛰쳐나와 경찰과 무력 충돌했다. 2019년에도 한 차례 대규모 시위가 발생했다. 시아파 운동가 2명이 테러리즘 관련 사안으로 처형된 데 항의 시위가 발발하자 정부는 최루가스를 사용해 진압에 나섰고, 양측의 충돌 결과 1명이 사망했다. 두 사건 모두 처형된 피고인들이 고문에 의한 자백으로 사형 선고를 받았다는 의혹이 있었다. 바레인인권및민주주의연구소(Bahrain Institute for Rights and Democracy)에 따르면 2011년부터 2021년까지 바레인 법원의 사형 선고 비율은 이전보다 600% 증가했다.

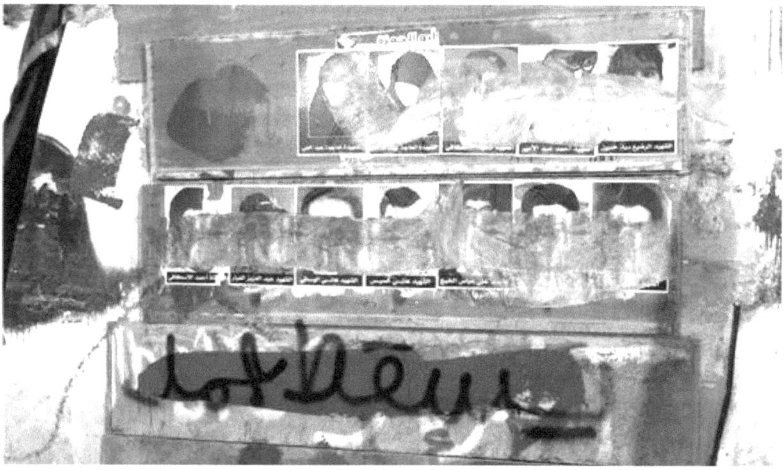

[사진 5-2] 바레인 시아파 거주 지역에서 흔히 볼 수 있는 정부 탄압 희생자들의 사진 벽보. 반정부 시위에서 구호로 자주 사용되는 '하마드를 타도하라(yasquṭ ḥamad)'라는 문구가 적혀 있다. (2015년)

5) 강대국으로의 편승

국내의 끊임없는 잡음과 정치적 도전이 계속되는 가운데 알 칼리파 왕실은 내부 결속력 강화에 자원을 투입하는 대신 외부 강대국들의 힘의 논리에 편승하여 정치 정당성을 확보하는 전통 방식을 지난 10년간 고수해 왔다. 특히 사우디아라비아와의 연대는 2011년의 위기 이후로도 여전히 정치적·재정적으로 알 칼리파 왕실을 지탱해 주는 큰 자산이었다. 알 칼리파 정부는 알 사우드 가문과 견고한 유대를 유지하며 사우디아라비아와 타 걸프 왕실에게 재정 지원을 받는 한편, 사우디아라비아가 주도하는 역내 정치 역학 관계에서 알 사우드의 이해관계에 영합하는 정책을 펼쳐 왔다. 2016년 사우디아라비아 정부가 시아파 성직자 셰이크 니므르(Shaikh Nimr)를 처형한 것에 대한 항의로 이란 시위대가 사우디아라비아의 외교 시설을 공격해 사우디아라비아와 이란 사이에 갈등이 발생하자 바레인은 이란과 단교를 선언하고 이란 외교관들을 강제 추방했다. 2017년에는 테러리즘을 후원하고 내정에 간섭한다는 이유로 사우디아라비아가 카타르와의 국경을 폐쇄하고 단교를 선언하자 바레인도 아랍에미리트와 함께 적극적으로 동참했다.

최근 추진된 이스라엘과의 관계 정상화는 국내에서 정당성을 다소 잃더라도 미국, 사우디아라비아 등 동맹국과 관계를 강화해 외부의 지지를 도모하려는 알 칼리파 정부의 전형적인 정치 노선이 잘 드러난 사건이다. 하마드 국왕은 아랍 국가의 지도자로서는 흔치 않게 이스라엘과의 관계 정상화를 공공연히 암시해 왔다. 2017년에는 이스라엘에 대한 아랍 연맹의 보이콧을 중단할 것을 촉구했으며 2019년 7월에는 바레인 외교장관 칼리드 빈 아흐마드 알 칼리파(Khalid bin Ahmed Al Khalifa)가 이스라엘 측 대표 이스라엘 카츠(Yisrael Katz)와 워싱턴 DC에서 공식 회동해 이란의 위협에 대해 논의한 것으로 알려지기도 했다. 이렇게 서서히 준비해 온 관계 정상화는 2020년 9월 아랍에미리트와 더불어 아브라함협정(Abraham Accords)으로 이스라엘과 정식 외교 관계를 수립함으로써 정점에 달했다. 미국이 중재한 이 협정으로 바레인은 이집트, 요르단에 이어 아랍에미리트와 함께 이스라엘과 수교에 합의한 아랍 국가의 반열에 들어섰다. 도널드 트럼프 대통령이 중재하는 친이스라엘 정책에 편승함으로써 미국에 새로운 정부가 들어서기 전 역내 및 국제정치적 입지를 확실히 다지려는 정치적 계산이었음을 짐작할 수 있다(Occhiuto & Mazzucco, 2020).

예상할 수 있다시피, 알 칼리파 정부의 이러한 결정은 국내 정치 행위자들의 강한 반발에 부딪혔다. 특히 2016년 이래 이란과의 관계가 단절된 상황에서 이루어진 이스라엘과의 관계 정상화는 바레인의 시아파 인구를 크게 자극했다. 이란에 망명 중인 시아파 성직자 셰이크 이사 카심은 지도층과 국민이 이해하는 바레인의 국가 목표와 이해관계 사이에 큰 간극이 있다고 강하게 비판했으며, 바레인변호사협회를 비롯해 다수의 시민 단체가 아브라함협정에 대한 공식적인 반대 성명을 발표했다. 정부의 이스라엘 수교 발표 이후 약 일주일간 반대 시위가 벌어지기도 했다.

6) 삐걱거리는 국가 경제

바레인의 경제 상황은 국내 정치 불안정과 석유 가격 변동에 크게 좌우되어 왔으며 2020년 코로나19 사태가 터지면서 더욱 심한 불안 상태에 들어섰다. 2022년 2월 초 기준 바레인에서는 37만 4,500명의 코로나19 감염자와 1,400명의 사망자가 발생했다. 인구 대비 상당히 높은 비율이다. 코로나19 사태로 인해 바레인의 2020년 경제 성장률은 -5%를 기록했으며, 국가 재정의 큰 부분을 차지하는 에너지 분야에 정부 투자가 크게 감소했다. 그러나 바레인 경제 상황은 코로나19 사태 이전부터 점차 악화일로에 들어서고 있었다. 2014년 이래 유가 하락과 원유 생산량 감소로 외환 보유고가 75%까지 감소했으며(Mogielnicki, 2018), 2015년부터 2020년 사이 재정 적자는 국내총생산 대비 연간 -15%를 기록했고 공공 부채는 2014년 60억 달러(국내총생산 대비 44%)에서(세계은행, 2016) 2020년 170억 달러(국내총생산 대비 133%)로 늘어났다(IMF, 2021).

바레인의 재정 악화 이면에는 막대한 무기 구입이 있다. 오바마 행정부가 인권 탄압 우려로 보류했던 바레인으로의 무기 수출을 트럼프 대통령이 전면 허용하면서 2017년과 2018년 사이 바레인 정부는 2017년 기준 공식 예산안 14억 달러를 훌쩍 뛰어넘는 60억 달러 규모의 무기 거래를 진행했다(Vittori, 2019). 대중의 승인 없이 불투명하게 이루어지는 막대한 무기 구입으로 국가 재정이 위태로운 가운데 일반 국민은 허리띠를 더욱 졸라매야 하는 상황이다. 정부는 식료품과 생활 필수품에 대한 보조금 지급을 중단했고, 2019년부터 부가가치세를 5% 부과했다.

시민들의 불만이 커져 가는 가운데 내부의 정치 위기를 타개하고자 바레인 정부는 2018년 사우디아라비아, 쿠웨이트, 아랍에미리트로부터 100억 달러의 재정 위기 구제 패키지를 지원받았다. 이스라엘과 관계 정상화 대가로 미국에게 더 많은 경제 지원을 받을 가능성도 높다. 그러나 외부 재정 지원은 당장의 불을 끄기 위한 임시 방편에 불과하다. 바레인 정부가 현재 수준의 지출을 감당하려면 최소 127억 달러가 더 필요하리라 추산된다(Vittori, 2019). 외부 지원에 길들여져 온 알 칼리파 왕실이 앞으로 치러야 할 정치적 대가가 얼마인지 지금으로선 알 수 없다.

4. 도돌이표를 넘어 마침표로?

2011년 2월 14일 수천 명의 시위대로 가득 찬 마나마의 거리는 수십 년 동안 알 칼리파 왕실과 싸움을 반복해 온 바레인 사람들에게 낯설지 않은 풍경이었다. 20세기 초부터 이어져 온 반정부 운동은 2011년 또 한 차례 바레인 역사에 큰 도돌이표를 찍었다. 새로운 지도자와 함께 문을 연 2000년대. 새 헌법 도입과 의회 재건은 야권과 대중에게 정치 참여 기회를 확대해 주는 것처럼 보였으나 그 의도와 결과는 제한된 수준에 불과했다. 불평등과 부당함에 저항의 목소리를 높이며 시민들이 다시 거리로 나섰지만 10여 년이 지나도록 불만은 여전히 크게 해소되지 않았다.

그렇게 또다시 10년이 흘러가는 동안 앞으로의 향방에 영향을 끼칠 만한 몇 가지 큰 변화가 있기는 했다. 50년간 총리 자리를 지키며 '세계 최장기 집권 총리' 타이틀을 얻은 칼리파 빈 살만 총리가 2020년 11월 서거했다. 알 칼리파 가문 권력의 정점에 있던 84세 총리가 세상을 떠나자 국왕의 큰아들이자 왕세자인 살만 빈 하마드(Salman bin Hamad)가 총리 자리를 물려받았다. 실용주의자로서 비교적 개혁 지향 성향이 강한 것으로 알려진 젊은 총리의 등장으로 바레인 정치가 새 국면을 맞이할지 관심이 모이고 있다. 그러나 여전히 많은 왕실 인사가 정부에 대거 포진해 있다는 점에서 국가 개혁 전망에 회의적인 목소리도 높다.

2018년 4월에는 바레인 서쪽 해안에서 800억 배럴의 석유와 약 14조 입방피트 규모의 가스 매장량이 발견되었다. 실제 개발까지는 상당한 시간이 소요되리라 예상되지만 바레인이 주요 에너지 생산국으로 발돋움할 것이라는 기대가 치솟았다. 다만 에너지 수익 확대가 바레인 국민의 생활 수준을 전반적으로 개선할지 아니면 부의 양극화 현상과 정치 갈등을 더욱 심화시킬지는 미지수다.

한편, 1970년대 바레인 주파이르 기지에서 철수했던 영국이 47년 만에 바레인에 다시 거점을 세웠다. 2018년 4월 영국 해군은 마나마 남쪽 미나 살만(Mina Salman)항에 500여 명의 수용이 가능한 기지를 신설했다. 약 4,000만 파운드의 비용 대부분을 바레인 정부가 부담할 만큼 알 칼리파 왕실이 공들인 사업이다. 이미 미국과 영국 등 주요 강대국들이 바레인 내 인권 탄압을 묵인한다고 비판받는 상황에서 바레인의 지정학적 중요성이 재조명됨에 따라 바레인 정부가 강대국에 편승하는 정치적 레버리지를 극대화할 가능성이 높아졌다.

2011년 시민 봉기 이후 10년. 야권 내에서도 통합을 가로막는 요인이 없지는 않았다. 하마드 국왕의 범국민대화를 수락한 알위파크와 같은 제도권 안의 단체들은 알 칼리파 정권 축출을 외치는 2.14 청년 동맹(February 14 Youth Coalition)을 주도로 한 반정부 단체들에게 큰 비난을 받았고, 이와 반대로 선거를 보이콧하거나 알 칼리파와 대화를 거부하는 등 제도권 진입 기회를 스스로 던져 버린 행태로도 비판받았다. 그러나 이제는 알위파크, 와아드 등 야권 단체들이 더 이상 적법한 단체로 인정되지 않아 제한적인 권력 접근 기회마저 닫혀 버린 상태다. 수많은 정치·사회계 인사와 종교 지도자가 수감되거나 해외 망명 중이며, 정부로부터 위협과 감시 없이 시민들이 자유롭게 목소리를 내기는 여전히 쉽지 않다. 100년 가까이 거듭된 뿌리 깊은 갈등의 도돌이표를 마침표로 바꾸기 위한 진정한 변화는 아직 요원해 보인다.

제2부

다시금 봉기하는 중동의 현장

제6장 이라크, 봄을 부르는 민중의 열망

1. 아랍의 봄, 10년 후의 이라크

이라크의 2011년은 시위대를 향한 정부의 무자비한 폭력 진압 때문에 거리마다 시민의 피가 얼룩진 암울한 해였다. 이 시기는 튀니지와 리비아, 이집트 등지에서 아랍의 봄 혁명이 고조되던 때로 이라크 거리에도 정부에 대한 분노의 목소리가 결집했다. 이라크 시민들은 1980-1988년 이라크-이란 전쟁, 1991년 걸프전, 2003년 미국의 이라크 침공, 2014년 ISIS의 수립 선포로 이어진 장기적 국가 안보 위기를 겪으며 정부에 대한 불신이 커졌다. 거리로 나온 시민들의 요구는 혁명이 아닌 개혁이었다. 초기 이라크 시위는 만연한 정부 부패, 공공 서비스 부재, 실업 문제 개선을 요구하는 수준이었다. 시위는 점차 수도 바그다드를 넘어 이라크 전역으로 확대되었다.

이 상황에도 정부는 시위대의 요구에 귀를 기울이는 대신 그들을 바으쓰주의자(Ba'thist),[1] 테러리스트, 반유대주의자, 반민주주의자로 낙

1 아랍어로 르네상스, 부활을 의미하는 바으쓰(Ba'th)는 시리아 지식인 미셸 아플라끄(Michel Aflaq)의 이념에서 출발하며 아랍 민족주의, 범아랍주의, 아

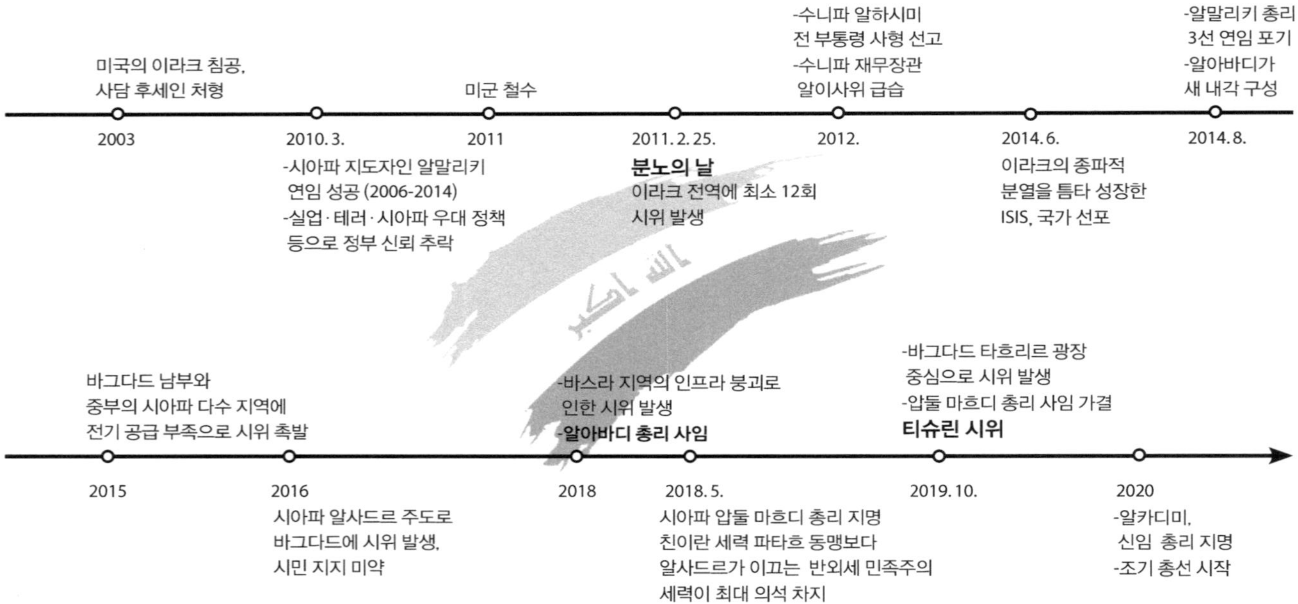

[그림 6-1] 2003년 이후 이라크 내 분쟁 타임라인

인찍고 통행 금지, 인터넷 차단, 언론 통제 등의 방식으로 시위를 억제하는 데 집중했다. 다른 아랍 국가들과 마찬가지로 이라크 정부는 시위를 현 정부에 대한 반대 행위로 판단했으며, 더 큰 확산을 막는 데 집중했기 때문에 발생 초기부터 억압 정책을 사용했다. 이에 대한 반작용으로 시민들의 분노는 곧바로 탄압을 용인한 정부 책임자에게 향했다. 시위는 수도 바그다드를 비롯한 이라크 주요 도시들로 널리 확산되었다. 바스라, 모술, 키르쿠크, 안바르, 디 까르, 하위자 등 주요 도시로 번진 시위 행렬은 누리 알말리키(Nouri al-Maliki) 정부에 반하는 정치적 도전으로 간주되었다. 결국 미군 철수를 8개월 앞둔 2011년 2월 25일은 폭력적 시위 진압에 대한 시민들의 '분노의 날'로 기록되었다. 이날 이라크 전역에서 최소 12건의 시위가 발생했다. 전국적으로 수만 명의 시민이 참여했으며, 바그다드 타흐리르(Tahrir) 광장에만 시위대 5,000여 명이 집결했다. 분노한 시민들은 시위대를 가로막는 군과 경찰에게 돌과 신발, 물병 등을 투척했고 경찰은 발포로 맞대응했다. 이로 인해 팔루자에서 6명, 모술에서 6명, 하위자에서 2명, 티크리트에서 3명, 키르쿠크에서 3명의 사망자가 나왔고 전국적으로 23명의 사상자가 발생했다.

그로부터 10년이 지난 오늘, 이라크는 민주주의로 이행의 답보, 종파주의적 갈등 강화, 사회적 분열 확대, 무장한 비국가 행위자들의 전횡으로 여전히 혼란스럽다. 그럼에도 이라크 거리는 계속해서 시위대의 함성이 채우고 있다. 사회 부조리를 지적하며 더 나은 국가를 바라

랍 사회주의를 원칙으로 하는 세속적 이데올로기다. 일당 국가 수립을 지지하고 정치 다원주의를 거부하는 바으쓰주의를 수용한 이라크의 정당 바으쓰는 1968년부터 2003년까지 권위주의적 통치 수단으로 이념에 대한 비판을 막고 일당 독재체제를 유지해 왔다. 2003년 미국의 이라크 침공으로 인한 사담 후세인의 몰락과 함께 바으쓰 정권도 축출되었다. 위 맥락에서 바으쓰주의자는 사담과 같은 구권력자, 독재주의자를 의미한다.

는 시민들의 목소리는 더욱 간결하고 명확해졌다. 정치권이 본연의 임무에 집중하여 시민들에게 헌법상 권리와 복지를 보장하라는 지난 10년간의 요구는 2019년 10월 타흐리르 광장을 중심으로 일어난 '티슈린(Tishreen, 10월) 시위'로 이어졌다. 이에 더해 시민들의 외침은 외세 개입과 국가 분열을 조장하는 세력에 대한 분노를 응축하여 진화했다.

2. 시위에서 혁명으로: 시민운동으로의 진화

국제투명성기구(Transparency International)가 발표한 반부패 국가 순위(2020년 기준)에 따르면 이라크는 180개국 중 160위로 세계 최하위권이다. 이라크중앙통계기구(COSIT)에 따르면 실업률은 13.74%(2020년 기준)로 경제개발협력기구(Organization for Economic Cooperation and Development, 이하 OECD) 평균인 6.8%보다 2배 이상 높고, 특히 15-24세 청년 실업률은 25.16%로 OECD 평균인 17.5%를 훨씬 상회한다(세계은행, 2021). 전체 인구의 60%가 25세 미만인 이라크의 청년 세대 다수가 노동 시장에서 배제되었다는 의미다. 노동 인구의 평균 급여는 월 201만 이라크 디나르(IQD), 즉 1,378달러 남짓이다. 인구의 절반이 평균 급여에 못 미치는 수입에 의존하고 있으며 25%는 그 절반인 114만 이라크 디나르로 이라크 평균 가족 구성원 수인 6명을 부양한다(salaryexplorer, 2021). 세계은행 자료에 따르면 이라크 빈곤율은 세계 평균 9.2%를 훨씬 상회하는 27%에 달한다. 세계 4위의 석유 매장량을 보유한 자원 부국의 위상에 걸맞지 않게 정부는 오랫동안 전기, 식수 등 기본 공공 서비스를 안전하고 지속적으로 제공하지 못했다. 시민들은 그 이유가 정치 엘리트의 만연한 무능과 부패에 있다고 본다. 미 국무부 자료에 따르면 정부 부처나 관료계의 기관 대부분에서 자금이 부적절하게 운용되어 왔다고 한다. 2018년 기준 공공 부문의 정규직원은 288만 명에 달하며, 이 자리는 대부분 관료들의 친인척으로 채워졌다. 매달 나가는 급여만 해도 국내총생산의 약 4분의 1에 달하며, 이들의 절반은 급여만 받고 실제 일은 하지 않는 이른바 '유령 노동자'들이다. 또한 이라크청렴위원회는 2020년 8월 장관 50명, 고위공직자 480명이 부패 및 공적 자금 남용에 연루되었으며 2,736개의 공공 프로젝트에서 비리를 확인했다고 밝혔다. 그들은 이 가운데 5조 이라크 디나르, 즉 40억 달러 규모의 644개 프로젝트를 조사 중이다.

이러한 상황에서 국민들이 기성 정치 조직의 낮은 생산성과 그들의 배를 불리는 데 석유 세원이 낭비되는 점, 소득 불평등의 심화로 소수만 과도한 풍요를 누리는 점, 계층별 격차가 점차 벌어지는 점, 공공서비스라는 기본적 복지 제공에 실패한 점에 반발하는 것은 당연한 수순이다. 시민들은 불만을 표출하기 위해 항거 시위에 나섰다. 경제 개혁, 일자리와 청년 세대의 기회 창출, 사회 정의 실현, 더 나은 사회 복지 제공, 심화되는 불평등 개선과 정치 엘리트들 사이에 만연한 부패 종식, 관료 조직의 업무 수행 요구는 시위 발발 초기부터 매우 일관된 사항이었다. 이제는 한 걸음 더 나아가 미국과 이란 같은 외세 개입을 종식해야 한다는 외침과 함께 주권과 국민의 존엄성 수호라는 궁극적 목표가 포함되었다. 수년간 시위가 진행됨에 따라 제기된 주장들도 발전하고 구체화된 것이다.

시위대의 요구 사항은 크게 세 가지로 요약할 수 있다. 첫째는 무책임한 정부 책임자들의 사퇴와 개헌 등 정치 개혁, 둘째는 개정된 선거법에 따른 새로운 선거 실시, 셋째는 더 책임감 있는 관료 정부를 구성하기 위한 제도적 변화로서 무하사사(Muhasasa)의 폐지다.

분노의 날을 기점으로 전국에 확산된 시위는 티슈린 시위에서 정점에 도달했다. 민중 시위가 전개될수록 정치권에 대한 압박은 무시할 수 없는 수준이 되었고, 이는 무려 4명의 총리 교체와 선거법 개혁이라는 정치적 성과를 이룩하는 데 지대한 영향을 미쳤다.

2003년 이라크 전쟁 이후 급진적인 정치 변화를 겪는 가운데 2006년 총리직을 맡은 시아파 지도자인 알말리키는 2010년 3월 총선에서 힘겹게 연임에 성공했다. 그러나 집권 2기부터 수니파와 쿠르드 정파의 정치 대표성을 제한하고 시아파를 우대하는 정책을 선호하는 경향을 보였고, 이는 실업율 증가와 빈곤의 악순환, 테러 단체에 대한 자의적 체포 등 행정 체제의 사유화라는 만성적 국내 문제들과 결합하여 신뢰를 추락시켰다. 특히 2011년 미군 철수 이후 2012년 특수부대를 이용해 재무장관을 역임한 수니파 라피 알이사위(Rafi al-Issawi)의 팔루자에 있는 가택을 급습한 사례와 수니파 최고위직 인사인 타리끄 알하시미(Tariaq al-Hasimi) 전 부통령에게 암살단 조직 혐의로 사형을 선고한 사건을 기점으로 알말리키 총리는 사담과 동일선상의 독재자로 인식되었다. 수니파 정치가인 살레흐 알무틀라크(Saleh al-Mutlaq) 전 이라크 부총리는 알말리키가 사담으로 변했다고 비판했다.

2011년 알말리키는 시위대의 요구에 귀 기울이겠다는 약속을 뒤엎고 시위 진압에 집중했다. 결국 2월 25일 분노의 날에 20명 이상의 사망자가 발생하고 300여 명이 불법 체포되었다. 이렇게 축적된 분노는 2012년 말 니나와, 안바르, 디얄라, 살라딘, 키르쿠크, 모술 등 주로 수니파가 다수인 도시를 중심으로 반(反)알말리키 폭력 시위를 촉발했다. 국정 문제에 대한 알말리키 총리의 종파적 접근은, 특히 그가 시아파로 이루어진 측근을 통해 국방부와 내무부를 장악함으로써 군을 통제하려 시도하면서 종파 간 분열을 심화시켰다. 알말리키 집권 말기에 모술, 안바르, 살라훗딘주에서 자치 요구가 이어질 만큼 사회는 분열되었다. 반(反)알말리키 시위는 무끄타다 알사드르(Muqtada al-Sadr)와 같은 시아파 지도자들의 지원으로 2013년 상반기까지 계속되었으며, 보안군이 키르쿠크 인근 하위자의 수니파 시위대 임시 캠프를 습격하여 42명이 사망하면서 절정에 달했다. 그리고 ISIS는 이러한 정치 분쟁의 틈을 파고들어 분열을 먹이 삼아 가파르게 성장했다. 2014년 6월 ISIS는 모술을 포함하여 최소한 영토의 3분의 1을 장악했다. 이라크가 ISIS의 온상이 된 이번 사태에는 수니파와 쿠르드를 차별하는 알말리키의 분열 정치가 원인이 되었다는 비판에 떠밀려 2014년 8월 알말리키는 3선 연임을 포기하고 총리직을 하이다르 알아바디(Hider al-Abadi) 총리 지명자에게 넘겨 주며 영욕의 시간에서 내려왔다. 그러나 2011년 미군의 철수와 알말리키 정권의 분열 정책은 'ISIS 등장'이라는 나쁜 유산을 남겼으며, 이는 민중이 고스란히 감당해야 하는 피해와 고통이 되었다. 한편 ISIS에 저항하기 위해 뭉친 이라크 내 준군사집단의 연합체인 민중동원군(Popular Mobilization Forces, 이하 PMF)의 무장 활동의 합법화는 반란 문화를 공포 문화로 바꾸는 계기가 되었다.

한편, 알아바디는 알말리키의 분열 정치와 거리를 두고 시아파가 이끄는 정부 내에서 수니파, 쿠르드족 사이의 다리가 되기 위해 노력하겠다는 선언과 함께 총리직을 수락했다. 그렇지만 파편화된 사회, ISIS의 점령으로 사회 기반 시설 붕괴라는 가혹한 문제들을 떠안은 채 출범한 신정부에서 그가 할 수 있는 일들은 제한적이었다. 결국 2015년 무더운 여름에 바그다드를 비롯한 남부와 중부의 시아파 다수 지역에 전기 공급 중단 사태가 장기화되자 다시금 시위가 촉발되었다. 신정부 초기 발발한 시위는 기본 일상생활을 영위하고자 하는 시민들의 요구에 머물렀지만, 그의 임기 동안 점차 문화적 형태의 시민운동으로 정착해 나갔다. 반란 문화는 공포 문화를 극복하고 시민운동으로서 점차 힘을 강화해 갔다.

알아바디 총리의 임기 동안 가장 두드러진 시위는 2016년 시아파 지도자인 무끄타다 알사드르에 의해 주도되었다. 알사드르의 지지자를 일컫는 사드리스트(Sadrist) 수천 명이 바그다드 그린존으로 진입하여 의회 청사 앞에서 정치권의 태업을 비난하고 정부 구성 의사 결정 과정에 항의했다. 사드리스트들은 시위 형태를 빌려 정치 행위에 나섰지만, 그들이 주도한 시위는 알아바디 총리에 대한 불만을 부추기기 위한 꼼수에 지나지 않았다. 순수하지 않은 목표를 지닌 시위는 시민들의 공감과 지지를 얻지 못한 채 힘을 잃었다. 내부 적폐에 대해 분노를 키우고 수년간 정당한 방식으로 정치 체제를 비판하며 고양된 시민 의식은 기존 정치인에 의지하는 수준을 뛰어넘었기 때문이다.

2018년 시위는 매우 다른 양상으로 흘렀다. 2018년 여름 이라크 남부 바스라(Basra)에서 발생한 시위는 알아바디 총리가 사임하는 가장 결정적 요인이 되었다. 평균 기온이 48도를 웃도는 바스라는 전기가 제대로 들어오지 않고 식수도 제대로 공급되지 않아 사실상 인프라 붕괴 상태였다. 열악한 공공 서비스, 식수 오염, 일자리 부족 등에 항의하는 시위는 군경의 과도한 진압과 충돌하며 사망자 수십 명과 부상자 수백 명을 양산했다. 이 여파로 3개월간 지속된 시위의 책임 추궁은 이라크 지도부를 넘어 이란으로 향했다. 바스라는 시아파 주민이 다수를 차지한 데다 이란과 가까운 국경 지대에 위치해 이란의 지원을 받는 이라크 시아파 민병대들의 거점 도시이기도 하다. 바스라 시위대는 이란이 연계 단체들을 후원하여 이라크 정치에 개입하고 부패 정치인과 결탁해 내정에 영향력 행사를 시도해 왔기 때문에 현 이라크 문제들에 책임이 있다고 보았다. 시위대는 바스라 주재 이란 영사관에 방화 공격을 시도하고 반이란 슬로건이 적힌 피켓을 들고 일어났다. 이라크의 최고 시아파 지도자인 아야톨라 알리 알시스타니(Ayatollah Ali al-Sistani)는 알아바디 총리가 시민들의 개혁 요구에 응답하지 않는다면 그에 대한 지지를 철회하겠다고 밝혔다. 미국이 총리의 연임을 지지하고 있음에도 알아바디는 연임에 나서지 않겠다고 선언했다. 결국 2018년 5

월 총선 이후 공석이던 총리직에 시아파인 아딜 압둘 마흐디(Adel Abdul Mahdi)가 지명되며 혼란이 일단락되었다. 알아바디 총리 임기 중의 시위는 무책임한 정치 세력이라면 지역색과 종파색을 떠나 누구라도 대중의 심판대에 오를 수 있다는 교훈을 깨닫게 해주었다. 이에 대한 증거로 2018년 총선에서 다수 의석을 확보한 정치 블록이 없었고, 친이란 세력으로 분류되는 파타흐 동맹보다 반외세 민족주의를 표방한 알사드르 진영의 알사이룬(Al-Sayroon) 정파가 최다 의석을 차지했다.

한편 압둘 마흐디 총리는 전임 총리보다 더 어려운 상황에서 정권을 이양받았다. 수준 높은 시민 의식으로 무장한 시민들은 더 높은 수준의 국정 운영을 요구했다. 시위대의 요구는 이라크 내 외세 철수와 종파주의 탈피라는 수사학이 대세가 되었다. 이라크 내부에 뿌리 깊이 자리한 이란의 영향력과 테헤란이 지원하는 민병대에 대한 분노로 점철된 시위는 주권과 자유를 강조하는 시민운동으로 승화된 것이다. 이 지점은 초기 아랍의 봄 혁명을 상기시킨다.

보안군과 민병대가 600명 이상의 시위 참가자를 살해하고 수많은 사회 활동가를 암살한 정황이 밝혀지며 새로운 시위가 더 많이 일어났다. 2019년 10월 국민은 다시 한 번 정권에 책임을 묻기 위해 봉기했다. 시위는 특정한 주동자 없이 소셜 미디어를 통해 조직·확산되었으며 주로 실업, 부패, 공공 서비스 실패라는 책임을 묻기 위해 정부 사임 요구에 초점을 맞추었다. 타흐리르 광장은 시위 중심지가 되었으며 다른 주요 도시에서도 시위가 열렸다. 시위대의 요구에 따라 이라크 의회가 압둘 마흐디 총리 사임을 가결한 이후, 바그다드 시위대는 2019년 12월 11일 실질적인 개혁 약속을 이행할 것을 전제로 신임 총리를 인정하겠다는 성명을 발표했다. 이러한 차원에서 새로운 총리 지명자인 무함마드 타우피크 알라위(Muhammad Tawfiq Allawi)가 신내각 구성 역량이 부족하다고 판단하여 그의 임명을 반대하는 등 즉각 개입을 통해 정부와 협상해 나갔다. 6개월간의 논의 끝에 전 이라크 정보국장을 역임한 무스타파 알카디미(Mustafa al-Kadhimi)가 신임 총리로 지명되었다. 신정부는 공약대로 선거법 개정에 따른 조기 총선 절차를 시작했다. 이는 시위대의 일부 요구가 진지하게 받아들여졌으며, 거리의 바람을 더 이상 무시할 수 없게 되었다는 점을 보여 준다.

선거법 개정은 시위의 가장 큰 정치적 결실이라고 볼 수 있다. 기존의 이라크 선거 제도는 한 선거구에서 여러 명이 당선되는 대선거구제 형식으로 총 320석을 인구 비율에 따라 18개 주에 할당하는데, 이라크에는 정당이 없기 때문에 선거 때마다 당시 이권에 따른 연합 정파의 이합집산이 반복되어 왔다. 특히 득표수에 따라 의석을 배분하는 주별 비례대표제는 유권자가 원하지 않는 후보가 선출되거나, 무소속이나 신생 정파의 당선자를 배출하기 어렵다는 단점이 지적되어 왔다. 이에 따라 시위대는 선거 제도 변화를 요구했고 이라크 의회는 2019년 12월 선거법 개정을 위한 회의를 열었다. 그 결과 대선거구제에서 소선거구제로 개정하는 법안이 가결되었다. 소선거구제 전환에 따라 83개로 세분화된 선거구에서 최다 득표한 후보가 당선될 수 있었다. 정치권의 무기력함에 대한 반발로 참여율이 나날이 하락해 왔던 선거는, 선거법 개정으로 시민들의 선거 참여를 독려하고 유권자가 원하는 후보자를 선출할 수 있는 길이 열려 선거가 정치인들만의 축제가 아닌 국민의 심판대 역할을 할 수 있게 되었다.

선거법 개정은 응당 선거 결과에 따른 국정 운영 구성을 가능하게 하는 전제 조건이었다. 이러한 정치적 결과는 무하사사라는 정치적 약탈의 악순환 고리를 끊는 선순환 효과를 불러일으켰다. 무하사사는 2003년 미국이 이라크의 다양한 민족 종파 집단 간에 비례대표 정부를 구성하기 위해 도입한 정치 제도로서, 부패, 정치 공모와 후원 네트워크를 뒷받침하는 정치적 고질병 유발인자로 지적되어 왔다. 민족 종파적 할당제를 기반으로 직위와 자원을 분배하는 권력 배분(power sharing) 체제는 종파주의를 반대하는 시위의 방향과 일치하지 않았다.

2003년 이후 종파와 인종에 따른 할당제가 고착화된 이라크에서 아랍의 봄이 2011년 이라크의 분노의 날을 촉발했고, 이를 계기로 시민 혁명을 불러왔다고 말할 수는 없다. 하지만 무기력한 정치권에 변화를 요구하는 시민들의 태도 변화를 고무시키는 데 일조했다고 말할 수 있다. 2015년 이라크 시위는 주로 사회 활동가나 시민사회나 정치 단체에 소속되어 활동한 경험이 있는 기성세대가 주를 이루었지만 점차 교사, 공무원 등 중산층을 중심으로 전 세대로 확산되었다. 2015-2016년 타흐리르 광장의 시위대를 분열시킨 주된 논쟁은 보수적인 이슬람주의 시아파 사드리스트들의 운동 개입에 대한 비난과 실용주의 차원에서 그들의 참여를 수용할지 여부를 둘러싸고 벌어졌다. 그러나 시위가 지속될수록 자신들의 정치적, 종파적 폭력 경험에 기반한 종파적 정체성에 대한 거부라는 탈종교적 요구로 이어지며 새로운 단계로 도약했다. 바로 시민(madani)으로서의 권리를 강조한 것이다. 이로써 세대를 뛰어넘어 모두가 참여할 수 있는 시민운동 형태로 진화해 나갔다. 또한 시민들의 희생은 정권 교체뿐 아니라 제도 변화를 불러올 정치권의 일부 호응을 이끌어 냈다.

3. 2019 티슈린 시위와 시민사회의 역동성

앞서 언급한 것처럼 시위대는 초기부터 '일하는 정부'를 일관되게 요구해 왔으며, 시간의 흐름에 따라 발전적인 변화를 거듭했다. 시위대 피켓에 적힌 문구는 이 변화 양상을 잘 대변해 주었다. 2011년 초기 시위대는 시민의 권리를 당당히 요청하는 데 동참할 것을 독려하는 내용을 담았다.

"이라크인은 변화를 원한다.", "부패를 반대한다고 외친다.", "이라크인은 더 나은 삶을 누릴 자격이 있다.", "이라크인이여, 일어나라! 그리고 완전히 자유로운 삶을 위해 당신의 목소리를 높여라: 일자리를 얻을 때까지 실업 NO! 기회 균등 Yes!"

2015년 이후에는 종파 간 균열 구조를 강화하는 무하사사를 비판하며 이를 거부하는 구호가 나타났다.

"무하사사 NO! 정치적 종파주의 NO! 부패 NO!"

2019년에는 미국과 이란 등에 대한 반외세주의 감정 및 이라크의 완전한 주권 회복과 국민의 자유 수호라는 시위의 궁극적인 목표가 강화되었다. 2003년 이후 이라크에서 폭력은 주로 수니파가 시아파에, 아랍인이 쿠르드족에, 국가가 반군을 향해 휘두르는 것으로 단순 도식화되기 십상이었다. 이렇게 이미지화된 대결 구도는 권력의 핵심을 차지한 시아파 정부가 바그다드와 남부 시아파 밀집 지역의 시위를 무력으로 진압함으로써 깨졌다. 특히 무끄타다 알사드르 진영과 PMF 내 가장 강력한 이란 연계 세력인 아사이브 아흘 알하끄(Asa'ib Ahl al-Haq)나 카타이브 헤즈볼라(Kata'ib Hezballah)가 같은 시아파임에도 오랫동안 갈등 상태에 있었다는 점이 티슈린 시위 동안 표면화되었다. 이란과 연계된 파벌은 2017년 ISIS의 패퇴 이후 군사적·정치적·경제적 힘을 확장하고 보안 기관을 포함한 일부 국가 기관을 장악해 왔으며, 집권 엘리트들을 반대하며 거리로 나온 티슈린 시위대를 살해한 혐의를 받고 있다. 이렇듯 종파를 앞세운 위선적인 종교 엘리트들의 만행은 시위 구호를 통해 비판받았다.

"종교의 이름으로 약탈자들이 이라크를 강탈했다."

한편 2020년 1월 이라크 본토에서 실행된 이란 이슬람혁명수비대 쿠드스군 사령관 가셈 솔레이마니를 목표로 한 미국의 암살 작전은 이라크가 대리전장으로 전락할 수 있다는 가능성에 경종을 울리며 종파와 지역을 떠나 외세 개입을 반대하고 불완전한 주권의 회복을 요구하도록 했다. "우리는 조국을 원한다."라는 시위대의 구호는 티슈린 기간 내내 관련 희생자들의 사진과 시민들의 소셜 미디어 속에 물결쳤다.

"나가라, 이란! 이란 NO! 미국 NO! 이라크에 자유를.", "우리는 조국을 원한다.", "우리의 순교자들은 우리가 하나이자 이라크인임을 상징한다."

이렇듯 진화하는 시민사회와 달리 시위 발생 초기부터 이라크 정부는 이를 반정부적 도전 행위로 보고 억압하는 데 주력해 왔다. 이라크 헌법 제38조는 표현의 자유, 집회 및 평화적 시위의 자유를 보장하고 있다. 유엔이라크지원단(United Nations Assistance Mission for Iraq, UNAMI)은 이라크에 적용되는 국제 및 국내법적 틀이 생명, 자유 및 안전에 대한 권리뿐만 아니라 평화적 집회 및 표현의 권리를 보장한다고 명시한다. 그럼에도 인권감시센터(HRW)는 2016년과 2018년 시위 기간에 기자와 시위대에 대한 불법 체포와 구금, 폭행이 있었다는 사실을 확인해 주었다. 이들은 이라크 형법 222조, 226조, 230조, 240조, 342조, 345조, 355조에 의거하여 공공 기관과 공공 안전을 해하고, 공무원의 명령을 위반했으며, 공공 및 사유 재산에 피해를 입혔다는 죄목으로 기소되었다. 2019년 10월 25일 고등사법위원회는 폭력 행위 및 공공 재산에 끼친 피해는 기소 사유에 해당하며, 생명권을 존중할 의무가 있는 이라크 당국과 보안군은 국가의 필요만큼 비례적으로 무력을 사용할 수 있다고 말해 시위 진압에 무력이 필요함을 인정했다.

그렇지만 이라크 티슈린 봉기는 종파적 담론, 불법 무기와 자금 조달 등 외부 영향에 의존하는 기존 세력의 현상 유지 정책에 선을 그은 독립적인 도전이었다. 이 운동의 대척점에는 정부, 민병대, 이란의 영향력이 있다. 티슈린 봉기는 이와 같은 다양한 정치 역학성의 도전에 직면했다. 티슈린 시위는 무력으로 진압되었고, 이라크 준군사조직에 의해 폭력적으로 해산되기도 했다. 이라크인권고등위원회(IHCHR)의 자료에 따르면 2019년 10월 1일부터 12월 10일까지 시위에서 사망자 528명이 발생했다. 부상자는 약 9,000명에서 2만 5,000명으로 출처에 따라 상당한 차이가 있다. 그런데 대다수의 출처는 실제 사상자 수가 집계를 훨씬 상회할 것으로 예측한다. 폭력적 진압 과정에서 다수의 사상자가 발생한 것은 보안군이 아닌 무장 세력의 개입 때문이었다. 시위대는 무장 세력의 폭력으로 더 큰 위험에 직면해 왔다. ISIS의 이라크 점령에 대응하기 위해 알시스타니가 촉구하고 알말리키 정부가 구성한 PMF의 주요 세력인 아사이브 아흘 알하끄, 카타이브 헤즈볼라는 시위대를 향하여 실탄을 사용했을 뿐 아니라 시위대에게 납치, 고문, 살해를 저질렀다. 시위에 중요한 역할을 한 활동가나 소셜 미디어와 기사 등을 통해 당국과 무장 단체를 비판한 언론인이 납치의 주 대상이 되었다. 실제로 2021년 9월 초 이라크의 저명한 활동가인 에합 알와즈니(Ehab al-Wazni)가 카르발라에서 살해되는 영상이 공개되며 이라크 무장 세력의 납치 및 살해가 사실이라는 점이 확인되었다. 이 충격이 가시기도 전에 이라크 기자 아흐마드 하산(Ahmed Hassan)이 총상을 입은 사진이 수백만 명의 휴대폰을 통해 빠르게 퍼지며 시민들의 공포심과 민간인 공격에 대한 반발심을 자극했다. 이외에도 사자드 알이라키(Sajjad al-Iraqi), 사파 알사라이(Safaa al-Saray), 히샴 알하쉬미(Hisham al-Hashimi) 같은 저명한 사회 운동가와 언론인이 암살되거나 납치되어 사라졌다. 티슈린 세대들은 불법 정치 폭력에서 시민을 보호하지 못하는 정부에 불신을 키웠다. 이라크인권고등위원회는 2019년 시위가 시작된 이후 반정부 활동가와 언론인에 대한 암살 시도가 81건으로 집계되었다고 밝혔다. 이 중 거의 3분의 1인 최소 34명이 사망했다. 휴먼라이츠워치(HRW)의 선임연구원인 벨키스 윌은 "암살을 자행하는 자들은 정부의 통제를 벗어난 매우 강력한 무장 세력들"이라고 말했다.

이 범죄의 배후에 이라크 민병대가 연루되었다는 사실에 분노한 시민들은 대규모 거리 시위에 나섰다. 시위대는 미국, 이란과 같은 외세 개입에 반대하며 미군 철군과 이란과 연계된 무장 단체 축출을 요구했다.

알카디미 총리는 시위대를 위협한 범죄의 배후를 끝까지 추적해 정의를 세우겠다고 다짐했다. 그렇지만 분산된 권력 배분 구조는 민병대를 다루기 어렵게 만들었다. PMF와 그 지지자들은 어디에나 있다며 푸념한 어떤 이라크 고위 관리의 말처럼 민병대의 후원자들을 정치에서 배제하거나 정부 차원에서 통제하는 것이 불가능하다. 이란의 후원을 받는 민병대 조직을 약화시키려는 시도는 알카디미 총리 임기 초반에 역효과를 냈다. 당시 미군 시설에 대한 로켓 공격으로 기소된 민병대원 14명이 체포되자 민병대원들이 바그다드 그린존을 습격하여 총리 사저까지 위협했다. 이렇듯 시위대는 정부의 통제에서 벗어난 민병대에 위협받고 있다. 불법 행위자들은 처벌받지 않은 채 시민들의 행보를 위협해 왔다. 정의로운 방식을 통한 의미 있는 변화를 추구하려 했던 정당 알베이트 알와타니(Al-Beit al-Watani)의 예비 후보자 후세인 알고라비(Hussein al-Ghorabi) 변호사는 민병대의 암살 위협 때문에 정당 설립과 선거 후보 등록 목전에서 귀향을 택했다.

현 정부의 대응도 민병대가 시위대에 저지른 행태와 별반 다르지 않다. 이라크인권고등위원회 자료에 따르면 2019년 10월 1일과 9일 사이에만 1,055명의 시위 관련자가 체포되었다. 2020년 2월 중순까지 2,800명이 추가로 체포되었으며, 영장 발부 등 합법적 절차는 대부분 생략되었다. 알카디미 총리는 2020년 5월 총리직을 수락하는 자리에서 시위대에 대한 평화로운 석방을 약속했으나, 일부는 여전히 구금 중이다.

티슈린 봉기와 대척점에 있는 정부, 민병대, 이란 세력은 전략적 동맹 없이도 시위에 대해 비슷하게 고압적 입장을 지닌 채 봉기를 약화시키려고 시도해 왔다. 그럼에도 티슈린 시위는 이라크 정치 계급 간 주요 마찰을 표면화시켰다. 그 결과 책임자가 적절히 책임을 지거나 유의미한 정치 변화를 수반하는 정치 퍼포먼스가 가능한 무대를 열었다. 2019년 말 압둘 마흐디 총리는 사태의 책임을 지고 사임했다. 7개월간의 정치 공백을 종결하고 2020년 5월 구성된 알카디미의 신정부는 기존의 18개 선거구를 83개 선거구로 분할해 유권자가 더 많은 후보자에게 투표할 수 있는 획기적인 선거 개혁 조치를 수용했다. 그 후에도 티슈린 세대는 2021년 10월 조기 선거를 시행하도록 정부를 지속적으로 압박했다.

2019년 10월의 티슈린 운동은 이라크 내에서, 특히 이라크 남부 지방에서 이란 개입에 반대하는 중대한 사회·문화 현상을 불러일으키며 이라크의 모든 정치·사회단체가 묵과해서는 안 될 이라크 정치 화두가 되었다. 다른 말로 이라크 시위는 종파적·폭력적 경험에 따른 트라우마로 구조화되었기 때문에 포스트 이슬람주의 정치 운동의 표현이라고 할 수 있다. 사회 정의 구현과 경제적 차별 철폐 요구는 탈 종파적 평등이나 종교의 자유에 대한 요구와 무관하지 않기 때문이다.

또 다른 한편, 이라크는 수년 간 대중적 시위 운동을 경험했지만, 청년 세대를 중심으로 하는 시민사회 조직화는 예측하지 못한 결과였다. 시위는 대부분 정권의 변화를 요구한다는 점에서 기존 시민운동과 다르지 않았지만, 예전 시민사회가 종파주의 정체성에 일부 의존하여 지원을 이끌어 내는 측면이 있었다면 새로운 시민사회는 종교 정체성 기반의 정치를 거부했다. 그들에 대한 지지는 시민들에게 나오며 요구는 시위의 형태로 전달했다. 2015년 이라크 시위는 교육을 받은 30세 미만의 젊은 남성 위주로 시작되었다. 일정 교육을 이수한 중산층 젊은 세대는 정치 엘리트와 일반 시민 간의 '정치적 거리'가 벌어지는 책임을 정치 엘리트에게 묻는다. 정치권의 뿌리 깊은 종파주의와 부정부패를 보고 자란 시위대는 이슬람주의와 종파 정체성에 기반한 정치 구조를 거부하고 자유로운 사고를 수호한다. 이러한 점에서 시위대는 종파적·보수적인 사드리스트의 시위에 참여하는 것을 거부했다. 또한 사드리스트들의 주장이 모든 시민의 요구를 아우르지 못한 점에 비판하며, 시아파 중심의 이슬람 운동을 수용하기보다 '시민적'이고 '민족주의적' 시민운동을 선택했다.

2015년을 기점으로 새로운 시민사회 운동으로 전환이 시작되었다면, 2019년 티슈린 운동은 자신들의 목소리가 허공의 메아리로 흩어지는 경험을 더 이상 좌시하지 않고 직접 정치 참여를 통해 관철하려는 노력으로 이어졌다. 그 결과 새로운 시민 중심의 정당 수십 개가 탄생했다. 새로운 정당들은 고등선거관리위원회 등록 자금을 시민들의 기부로 조달하는 방식을 선택했다. 그러나 등록을 미뤄야 할 만큼 부족한 재정 위기 외에도 수많은 장애물이 시민사회의 운동을 가로막았다. 이라크 정치 문화에서 시민 정당 활동이 익숙하지 않다는 점이 가장 큰 걸림돌이다. 1968년 바으쓰 정당의 집권 이후, 이라크는 경쟁 정당의 정치 활동을 금지하고 일당 체제로 운영되어 왔다. 2003년 미국의 침공 이후 수립된 새로운 정치 체제 내 집권 정당들은 일반적으로 정치 지원을 약속하고 표를 얻는 방식인 후견주의(clientelism)를 채택했다. 정당법(Political Parties and Entities Law, CPA No.97)은 2015년이 되어서야 통과되었지만 여전히 허점투성이라 의회에서 수년 동안 잠재적 수정안을 논의해 왔다. 정당의 업무를 규제하는 법이 없기 때문에 집권한 대다수 이라크 정당이 불법 경로를 통한 자금 조달 관행에 연루되었다. 그리하여 이러한 정당의 지위에 대한 민주적 접근성이 결핍되었고, 정당의 일부 의사 결정 통제권이 특정 인물이나 집권 부족 가문에 독점되어 왔다. 새로운 정당은 이 같은 이라크 정치 문화가 넘어서야 할 장애물임을 잘 알아 조직 내에서 민주적 관행을 따르고, 국민의 표심과 선거 과정을 중요하게 여기며, 선거운동 자금을 조달할 때 청렴성을 추구하려 노력하는 차이점을 보인다.

그러나 신생 정당들의 재정 위기는 활동을 저해할 만큼 중대한 걸림돌로 작용했다. 2015년 정당법에 따르면 선거 후보자들은 선관위에 2,500만 이라크 디나르, 즉 2,000만 원가량을 납부해야 등록이 가능하며, 후보 자격을 유지하려면 선거 운영 본부와 지부를 보유해야 한다. 이는 자금이 부족한 신생 정당들이 충족하기 어려운 조건이다. 알베이트 알와타니는 이런 문제를 해결하기 위해 등록비와 사무실 운용 자금 모금을 위한 시민 기여 프로그램을 시작했다. 그 결과 두 달도 채 되지 않아 목표액 이상을 확보했다. 이라크 남부 디 까르주를 기반으로 정당 활동을 시작한 저명한 활동가 알라 알리카비(Ala al-Rikabi)가 설립한 하라카트 임티다드(Harakat Imtidad) 역시 회원과 후원자들에게서 받은 기부금 덕분에 등록비를 지불하고 바그다드에 본부를 개설했다.

두 신생 정당은 2021년 선거에 참여하며 이라크 정치 문화로 인한 정당 활동의 한계를 실감했다. 알베이트 알와타니의 설립자인 후세인 알가라비(Hussein al-Gharabi)는 공적 자금으로 지부 운영비와 후보 등록비를 충당하는 기성 정당들의 불법 관행을 비난했다. 그리고 정당들이 훼손한 이라크의 당파적 문화를 개혁해야 한다는 주장을 가지고 선거

운동에 나섰다. 그러나 무장 세력의 위협 때문에 후보 등록을 마치지 못했고, 이후 선거 보이콧 운동으로 선회했다. 하라카트 임티다드 사무국의 하이다르 하와스(Haider Hawas)는 선거 문화를 개선하기 위해 페이스북을 통해 시민 참여를 독려하며 표심을 모집했다. 이외에도 파오자코 집회(Fao-Zakho Assembly), 나질 아코스 하끼(Nazil Akhoth Haqqi) 운동 등 일부 정당이 선거 후보를 내세웠다. 이라크고등선거위원회(IHEC)에 따르면 2021년 총선에 공식 등록된 후보자는 총 3,243명으로, 무소속이거나 온건한 정당의 지지를 받아 출마하는 후보자는 200명 남짓이다. 그렇기에 티슈린 운동의 여파로 탄생한 시민운동 세력은 83개 선거구에 골고루 출마하지 못했다. 또한 선거 경험이 부족하여 기성 정치인이나 같은 티슈린 운동 후보들과 같은 지역구의 후보로 나서는 판단 착오로 같은 표심을 두고 경쟁하기도 했다. 이처럼 제한된 선거 상황에도 임티다드는 329석 중 9석을 확보하는 쾌거를 올렸다. 그러나 차기 내각 구성에서 직위를 분배할 의회 다수당을 구성하기 위한 블록 구성 결과에 따라 티슈린 봉기 세대의 정치 행보는 새로운 바람을 이어 갈 수도 있고 구시대의 방식에 묻힐 수도 있다.

정치적·종파적 폭력으로 점철된 이라크의 특수상황은 이라크 대중 시위가 2015년 새로운 시민사회 운동으로서 전환되는 기점을 제공했다. 종교에 의존하는 정치를 거부하는 방향으로 시위의 구심점 이동을 유도했기 때문이다. 이라크 시위자들에게는 여느 특정 종파적 집단에 속하지 않을 종교적 자유를 포함한 개인의 자유가 경제적 평등만큼 필수적인 요구 사항이 되었다. 특히 ISIS 점령 당시 경험한 충격적인 종파 폭력에 더하여 2020년 1월 솔레이마니의 암살 사건으로 현실이 된 이라크의 대리전 가능성은 티슈린 봉기를 통해 시민운동이 현실 정치에 등판하는 밑거름이 되었다. 이라크 정치에서 PMF의 역할을 제한하고 외세 개입을 반대하는 대중적 담론의 부상은 지난 10년간 시민으로서의 정체성을 찾으려 이라크 시민들이 겪은 지난한 과정의 중간 종착지다.

4. 이라크의 봄은 아직 요원한가?

이라크의 군중 시위가 아랍의 봄으로부터 영향을 받았는지 설명하기 위한 다양한 학술적 노력이 있었다. 제이슨 브라운리(Jason Brownlee)와 타렉 마수드(Tarek Masoud), 앤드루 레이놀즈(Andrew Reynolds)는 아랍연맹 21개 회원국 중 6개 정권(튀니지, 이집트, 바레인, 예멘, 리비아, 시리아)만이 아랍의 봄 혁명에 의한 민중 봉기라는 심각한 도전을 경험했다고 주장한다. 이들에 따르면 아랍의 봄으로 불리기 위해서는 다수의 군중이 수일간 비폭력적으로 자신들의 요구 사항을 분출했으며, 다양한 지역으로 시위가 확산되었고, 이집트 타흐리르 광장처럼 시위대가 공공장소를 점유했다는 공통적 특징을 지녀야 한다. 이라크는 이러한 '봉기'의 범주에서 제외되었는데, 아랍의 봄이 미국의 이라크 침략에 반대하는 시위에 영감을 부여하지도 않았고, 이로 인해 이라크 내부에 정치 변화가 있지도 않았기 때문이다. 다시 말해 미국을 위시한 서방 세력의 개입 이후 신생 이라크 국가를 수립한 것은 아랍의 봄 촉발과 연관이 없다고 본 것이다.

이외에도 이라크는 다음과 같은 차이점 때문에 아랍의 봄 혁명의 일부에 포함되지 않는다. 첫째, 주변 열강들이 이라크의 변화를 기꺼워하지 않았다. 버락 오바마 대통령은 2011년 5월의 한 연설에서 중동·북아프리카 지역에 들불처럼 번지던 아랍의 봄 혁명의 중대함을 지적했지만, 이라크 사례는 언급하지 않았다. 당시 아랍의 여러 매체도 이집트, 시리아, 리비아, 예멘 시위에 초점을 맞출 뿐 이라크를 아랍의 봄의 영향권에서 제외했다. 둘째, 알제리, 이집트, 레바논, 모로코 등 아랍 국가의 시민들이 부패한 정부와 집권 체제에 항의했다는 점에 비추어 이라크 시위대의 분노도 넓은 의미에서 아랍의 봄과 맥락을 함께하지만, 독재자 사담 후세인이 아랍의 봄 봉기 이전에 몰락했으며 이라크 시민들이 2003년 이라크 전쟁 이후 줄곧 통치 체제에 격렬하게 반대해 왔다는 점에서 이라크 시위는 아랍의 봄보다 앞선다고 할 수 있다.

한편 이라크의 봉기는 반정부 시위라는 측면에서 다른 아랍 국가의 혁명과 비슷한 맥락으로 이해되지만 시아파 중심의 일당 독재 체제에 대한 반대에 가깝다. 그렇더라도 시민들의 정치 인식은 종파성을 넘어선 것으로 시아파 정권에 대한 반감이 곧 종파주의에 호응한다는 의미는 아니다. 시위의 비판 대상은 국가의 자원을 낭비하며 일 못하는 이라크의 정치 엘리트를 향했다. 막대한 석유 자원을 보유하고 있음에도 정부 관료주의의 무능과 부패로 복지의 질이 떨어지는 상황에 분노하는 것은 당연하다.

또한 이라크 시위는 시민들이 자발적으로 나선 것이 아니라 이란의 후원을 받는 대리 조직이 주도했다는 주장으로 평가 절하되었다. 특히 이란과 미국 및 아랍 걸프 국가들의 역내 경쟁 구도에서 이라크의 폭력 상황에 초점이 맞추어지며 이라크 시위가 친이란 이라크 시아파 민병대에 의해 주도적으로 조직되었다는 잘못된 메시지를 전달하며 폭발적 시위 확산의 본질을 왜곡하는 데 일조했다. 이라크 민병대는 이 시위의 배후에 아랍 걸프 왕정국가들이 있으며, 이들이 수니 세력을 후원하여 이라크 내정 간섭과 종파 분쟁을 조장한다는 아전인수 격의 주장을 펼쳤다. 초기 시위가 중부 및 남부 시아파 도시를 중심으로 일어난 것은 사실이지만 점차 전국적으로 확대되었으며, 시위대의 요구는 지역과 종파 차이를 망라한 시민들의 보편적 열망이었다. 더 나아가 티슈린 운동은 종파주의 분쟁을 조장하는 모든 분열 행위의 중단을 주장했으며, 이라크라는 온전한 조국 내에서 국민들에게 보장되어야 하는 자유와 평등, 주권을 외쳤다. 이렇듯 지난 10년의 이라크 시민 봉기는 의의를 폄훼하고 자신에게 유리한 정치 도구로 활용하려는 악랄한 의도들 가운데에서도 사그라지지 않고 생명력을 유지해 왔다.

이라크 시위의 발현을 아랍의 봄 혁명의 맥락에서 볼 것인지 여부는 중요치 않다. 다만 이라크 시위대의 민주주의를 향한 외침은 점차 시민운동의 형태를 취해 갔다는 점에 주목할 필요가 있다. 이라크의 시민운동은 민주적 절차에 따른 정치 시스템의 정비와 무하사사의 종식을 지향한다. 부패한 관료주의에 신물이 난 티슈린 혁명 세대는 지난 10년의 정치적 좌절에서 벗어나 새롭고 독립적인 주체로 거듭나는 방식으로 직접 민주주의를 실현하려는 시도를 시작했다. 광장의 동원 활동을 통해 정치 의식을 고양하고 요구를 정치화하는 경험을 얻은 티슈린 세대는 기성 정치 엘리트 세력이 지배하는 환경에서 정치 입지를 다지기 위해 도전에 나섰다.

2021년 10월 선거는 이라크 정치 문화 시스템에 진입하여 정당성을 획득할 수 있는 마중물 같은 기회였다. 티슈린 혁명으로 부상한 새로운 목소리는 지난 18년간 그들을 배제한 시스템을 개선하기 위해 다양한 방식으로 선거에 참여했다. 한 축은 미래 거버넌스에서 역할과 영향력을 구축해 나가고자 '선거 참여'에 무게를 두었으며, 다른 한 축은 정치 체제의 합법화를 막기 위해 선거를 '보이콧'하고 사회 운동에 더 큰 비중을 두었다. 이라크의 취약인구 구호와 위기 모니터링을 통해 공공정책을 위한 정보 제공을 목표로 하는 비영리 단체인 에픽(Enabling Peace in Iraq Center, EPIC)의 설문 조사에 따르면 유권자의 65%가 선거에 참여할지 결정을 내리지 않았거나 투표하지 않겠다고 답했다. 그러나 선거 참여를 결정한 유권자 10명 중 7명은 티슈린을 대표하는 후보에게 투표하겠다고 밝혔다. 이렇듯 티슈린 운동이 대중의 강력한 지지를 받음에도 일부 티슈린 활동가는 조기에 선거를 보이콧했다. 보이콧 이면에는 다양한 동기가 있다. 알베이트 알와타니는 민병대의 지속적인 폭력과 위협 때문에 후보 등록에 실패한 후 선거 보이콧 운동으로 전환했다. 선거 보이콧을 주장하는 편에서는 선거라는 민주적 절차가 무장한 비국가 행위자들에게 정치적 합법성을 부여하는 면피의 수단으로 전락하거나, 티슈린 세대가 승리의 가능성이 낮은 상황에서 선거에 동참하는 것 자체를 또 다른 정치 폭력의 일환이라고 본다. 런던 정치경제대학교 교수 토비 닷지(Toby Dodge)는 『가디언』지와의 인터뷰에서 "이런 환경에서 새로운 정부가 출범하더라도 이라크가 직면한 고질적인 정치적·경제적 문제를 해결할 답도 갖지 못하며 정통성도 보유하지 못한다."라며 "만약 국제사회가 2021년 선거를 성공적이라고 본다면, 선거 운동 기간 동안 발생한 폭력 사태 및 기권한 젊은 층을 무시하는 것이다."라고 지적하며 선거 실행 자체를 숭고한 민주적 승리로 보는 시각에 제동을 걸었다. 티슈린과 연계된 시민운동 기반의 정당 활동이 선거 참여와 보이콧이라는 극단적인 행보로 갈렸지만, 2021년 선거는 신생 정당의 의석 확보라는 정치 경험을 주었으며, 이 경험을 바탕으로 일부는 2022년 지방 선거를 준비했다. 또한 투표에는 참여하지 않았지만 마음으로나마 시민운동을 지지하는 시민들도 2021년 선거를 계기로 민주화 절차에 대해 어느 정도 신뢰를 회복하는 계기가 된 점은 인정할 만하다.

그러나 이라크에는 여전히 새로운 폭력 발생을 우려할 수만 가지 이유가 존재한다. 미국이 이라크 전쟁을 통해 남긴 유산은 이라크를 민주주의의 등대로 격상시키는 대신 지속적인 안보 불안정 상황으로 몰아 극렬한 테러 집단인 ISIS가 자생할 만한 최적의 안식처로 전락시켰다는 것뿐이다. 이 과정에서 이라크는 홀로서기 힘든 '약한 국가(fragile state)'가 되었다. 이라크 시민들은 그동안 전쟁, 제재, 점령 외에 다른 경험을 누려 볼 기회를 박탈당해 왔다. 엎친 데 덮친 격으로 코로나19라는 거대한 장벽은 바그다드를 비롯한 이라크 주요 도시에서 지속된 봄을 부르는 시민들의 목소리를 잠재웠으며, 2021년 말 미군의 완전 철수가 결정됨에 따라 ISIS의 귀환이라는 최악의 시나리오가 곳곳에서 예측된다.

10월 총선 후 파편화된 파벌 간 합의 도달 실패로 차기 정부의 구성이 차일피일 미뤄지는 가운데, 차기 정부가 시위 희생자들을 위한 정의를 실현하겠다는 약속을 이행하지 않는다면 대규모 시위가 재개될 가능성이 높다. 새로 선출될 정부와 의회는 시위대의 주요 요구 사항을 반영하는 포괄적인 개혁 계획을 수립해야 하며, 안보 부문 개혁에 우선순위를 두어 시위대와 활동가들에게 과도한 무력을 사용한 책임자를 처벌해야 한다. 또한 보안군이 준군사집단들과 정부 내 포진한 비호세력의 위협에서 시민을 보호할 수 있는 보안 체제 통제력을 되찾아야 한다. 그러지 않으면 대중의 지지에 기반한 투쟁은 계속될 것이다. 지난한 시위를 통해 이라크 시민들은 폭력과 억압에도 다시 일어나는 회복력, 분열된 이기적 이데올로기보다 자유와 주권을 대의로 선택한 단호한 결단력을 보여 주었다. 이라크의 봄을 부르는 민중의 열망은 멈추지 않을 것이다.

제7장 레바논, 모자이크 사회와 통합을 위한 국민의 외침

1. 조용했던 레바논의 2011년

튀니지, 이집트, 시리아… 2011년 뜨거웠던 중동 각국 국민들의 함성은 레바논을 잠시 스쳐 지나갔다. 일반적으로 중동의 아랍의 봄에 대해 논할 때 레바논은 대표 예시로 언급되지 않는다. 그러나 사실 아랍 국가에 불어닥친 아랍의 봄 민주화 시위의 흐름은 레바논에도 닿았다. 2011년 봄 '존엄의 인티파다(Intifada of Dignity)' 또는 '존엄의 봉기(Upspring of Dignity)'라고 불리는 반정부 민중 시위가 일어나 국민 수백 명이 레바논 종파주의에 기반을 둔 현 정부 시스템을 타파하고 세속주의 정권 수립을 요구한 것이다. 하지만 시위가 수차례 지속되었음에도 튀니지나 이집트 같이 국민이 힘을 모아 정권에 반대하는 힘 있는 목소리를 내는 데는 실패했다. 통합과 꾸준함, 뒷심이 없었던 레바논 아랍의 봄 시위는 일어났는지도 모를 만큼 흐지부지 막을 내리고 말았다.

그렇다면 이 시위를 과연 '아랍의 봄' 시위라고 볼 수 있을까? 다양한 측면을 고려할 때 2011년 초 레바논에서 일어난 일련의 민중 시위는 통합된 국민의 목소리를 대변했다고 보기에 부족하다. 그만큼 조용했고 효과가 없었다. 아랍의 봄 시위를 권위적인 정권에 도전하는 민주화 시위라고 단순히 정의한다면 그 안에 2011년 레바논 시위의 예시도 포함될 수 있겠으나, 국민들이 표출하는 분노의 정도, 시위의 강도와 지속성에 있어서 레바논 사례는 사회적 파급력이 컸다고 볼 수 없다. 이 한계는 레바논의 종파주의, 외세 특히 시리아의 정권 개입, 소셜 미디어 활용 부재에서 기인한다.

2011년 레바논에서 아주 약하게 타올랐던 아랍의 봄의 불씨는 완전히 꺼지지 않았다. 약 4년이 지나고 기존 종파주의 체제, 즉 특정 종교 세력에 특정한 정치 지위와 권력을 부여해 국가 발전을 위한 변혁과 쇄신이 이루어지지 않는 부패한 정치 체제를 타파하고 종파와 관련 없는 세속 정권이 들어서야 한다는 목소리가 본격적으로 나오기 시작했다. 베이루트와 인근 외곽 지역이 쓰레기로 뒤덮여 비가 오면 동네 집하장에 가득 쌓아 둔 쓰레기 봉지들이 줄지어 떠내려갔던 2015년, 레바논은 반정부 대중 봉기를 경험했다. 그리고 시위의 양상은 일부나마 2011년 시위를 뛰어넘는 변화를 보여 주었다. 그 후로도 레바논은 크고 작은 사회 위기를 맞이했으며, 그때마다 국민들은 자발적으로 일어나 길거리로 나섰고 '우리는 종파주의 정권의 퇴진을 원한다.'라는 구호하에 민중 봉기를 일으켰다.

2019년에는 레바논, 수단, 알제리, 이라크, 이집트, 이란에서 대규모 민중 시위가 일어났다. 알제리와 수단에서는 대통령이 축출되었고, 레바논에서는 형식적으로나마 국무총리와 내각이 사임하면서 일부 국가에서 국민들의 목소리가 영향력을 보여 주었다. 이 두 번째 거대한 시위의 물결을 두고 학계에서 다양한 의견이 나오기 시작했다. 일부 학자는 이 흐름을 '아랍의 봄 2.0'이라고 명명한다. 일각에서는 반정부 시위에서 '민주화'에 대한 국민들의 인지와 요구가 거의 없었다면서 아랍의 봄 운동의 전체적인 한계점을 지적하기도 한다.

권위주의와 독재 정권이 통치하는 대부분의 주변 아랍 국가에 비해 형식적으로라도 다수 종파의 지도자들이 균형 있게 세력을 나누어 정권을 수립해 비교적 민주적 정치 체제를 가진 레바논에서도 사실 2019년 시위 혹은 그 전 시위들은 '현 종파주의 시스템 타파'와 '세속주의 정권 수립'만을 요구했을 뿐, 구체적인 '민주 정권 수립'이라는 슬로건은 내세우지 않았다. 이는 민주화가 아닌 당장 그들 앞에 놓인 정권의 퇴진만을 요구한다는 의미가 된다.

이집트와 튀니지 같은 주변 국가들의 사례를 접했으면서도 왜 2011년 레바논 시위는 종파주의 정권의 퇴진을 넘어서는 요구를 제기하지 못하고 힘을 잃었을까? 왜 2015년이 지나서야, 2019년이 되어서야 레바논 국민들은 하나의 목소리를 내기 시작했을까?

2. 근절하기 힘든 레바논의 종파주의

1) 레바논의 시작부터 함께한 종파주의

레바논의 종파주의는 1943년 레바논 공화국 형성 이전부터 틀이 점차 형성되었다. 레바논을 구성하는 지역의 역사적 기준은 레바논산(Mount Lebanon)이다. 7세기 무슬림들이 이 지역을 점령하면서 이전까지 레바논 해안 평야 지역에 자리를 잡았던 기독교인들은 무슬림들이 거주하지 않는 레바논산 지역으로 피신하게 된다. 이들은 대부분 마론(Maron)이라는 성자를 따르는 동방 가톨릭계 종파인 마론파였다. 이후 18세기 초에 드루즈인(Druze)들이 레바논산으로 유입해 정착하면서 두 종교의 불편한 동거가 시작된다. 이슬람에서 파생되어 독자적으로 형성된 드루즈와 기독교라는 서로 다른 종교 공동체는 평화롭게 공존하지 못했다.

결국 1840년 시작된 양측 간 갈등이 유혈 사태로 심화되자 당시 중동 지역을 통치했던 오스만제국은 주변 유럽 강대국들의 의견을 반영해 지역 분리 제도를 허용했다. 1842년 레바논산을 북부와 남부 두 지역으로 분리해 북부는 기독교 카이마캄(Kaymakam; 오스만제국 내 행정구역 담당자로, 부주지사), 남부는 드루즈 카이마캄이 다스리는 지역으로 나누었다. 이렇게 형성된 종교별 행정구역 분리는 종파별로 권력을 나누어 가지는 현대 레바논의 종파안배주의(confessionalism) 제도의 시초가 되었다.

그러나 이 제도조차 양측의 갈등을 해소하지 못했고 또다시 외세가 개입한다. 1860년 레바논산 내전이라고 부르는 심각한 유혈 분쟁이 일어나고 그 후 드루즈파에 의한 기독교인 대학살이 일어나자 프랑스는 기독교를, 영국은 드루즈파를 대신해 중재에 나섰다. 그리고 사태 재발 방지를 위해 프랑스, 영국, 오스트리아, 프로이센, 러시아 그리고 오스만제국이 국제중재위원회를 구성해 레바논산을 오스만제국령에서 반자율적 자치 행정구역인 무타사리프 제도(Mutasarrifate)로 형성했다. 이 행정구역을 다스리는 무타사리프는 레바논산과 인근 지역을 구성하는 6개 종파인 기독교 마론파, 드루즈파, 무슬림 수니파, 무슬림 시아파, 그리스 정교회, 멜카이트 가톨릭[1]에서 선출된 각 2명, 총 12명으로 구성된 행정위원회[2]의 지원을 받게 되었다. 이 시스템은 1918년까지 유지되었다.

이렇게 레바논을 구성하는 가장 주요한 지역인 레바논산 지역은 현대 국가 형성 이전부터 종파별로 다수가 거주하는 종파 대표 거주지를 나누어 지방 행정 체제를 구성했다. 그리고 이 체제는 고스란히 레바논이라는 국가 형성에 적용되었다. 1차대전 이후 1920년 체결된 로잔조약에 의거 프랑스가 시리아-레바논 지역을 위임통치하면서 프랑스는 레바논산을 중심으로 국경을 형성해 레바논을 시리아에서 분리한다. 이때 드루즈파와 기독교를 포함한 무슬림 수니파, 무슬림 시아파 그리고 다양한 기독교 종파의 영토가 레바논에 포함되어 다른 아랍 국가들과 달리 레바논은 지역에 포함되는 모든 종교와 종파를 포괄하는 유일한 다종교 국가가 된다.

1943년 레바논 공화국이 선포되고 레바논 정부는 영토 내 가장 다수를 차지하는 무슬림의 수니파와 기독교 중에서도 다수인 마론파 위주로 형성된다. 이 두 종파의 수장들은 국민협약(National Pact)을 맺고 통치 체제 내에서 기독교-무슬림 간 균형을 도모했다. 이때부터 레바논은 기독교 마론파 출신 대통령, 무슬림 수니파 출신 국무총리, 무슬림 시아파 출신 국회의장을 내세운 트로이카(troika) 체제의 정권을 수립한다. 국회 의석수는 1932년 시행한 지역 인구 총조사 결과를 반영해 기독교 54석, 무슬림 45석이라는 비율로 분배했다.

당시 아랍민족주의와 같은 범아랍적 이데올로기나 프랑스와 서구

1 영문으로는 Melkite 혹은 Melchite라고 하며 국문으로는 멜키트 혹은 멜카이트라고 쓴다. 동방 가톨릭교회에 속하며 예수 그리스도의 신성론에 대해 칼게돈 공의회(451년)의 판결을 따르는 계파다. 이슬람이 형성되기 이전 이집트와 시리아에는 기독교가 널리 퍼져 있었고 대부분이 칼게돈 공의회 결의를 거부하고 단성론을 받아들였으나, 이 교파는 그와 반대되는 비잔틴 황제의 신학적 입장을 공유했다. 초반에는 이집트 기독교인들을 지칭하던 명칭이었으나 이후 칼게돈 공의회 판결을 따르는 중동의 모든 기독교인에게 쓰였고 이집트의 알렉산드리아(Alexandria), 이스라엘의 예루살렘, 튀르키예 안디옥(Antioch)의 총대주교청 신자들을 지칭하게 되었다. 레바논에는 베이루트(Beirut)와 티레(Tyre)에 대교구가 있고 그 외 6개 지역에 6개 교구가 있다(Britannica, The Editors of Encyclopaedia. "Melchite", Encyclopedia Britannica, 19 Nov. 2006, https://www.britannica.com/topic/Melchites. Accessed 22 February 2022).

2 위원회 형성 초기에는 종파마다 2인의 위원을 두었고(Traboulsi 2012, 41), 1964년 조직 구조를 수정해 마론파에서 4인, 그리스 정교회에서 2인, 멜카이트 가톨릭에서 1인, 드루즈파에서 3인, 수니파와 시아파에서 각 1인을 선정했다(Salibi, 2004: 109-111).

지향주의와 같은 서로 대립하는 이데올로기들이 각기 다른 종파의 정체성을 자극하면서 레바논의 정치 균형은 아슬아슬하게 유지되었다. 다양한 종교 정체성이 공존하는 이 구도는 1948년 이스라엘-팔레스타인 전쟁을 피해 레바논으로 온 팔레스타인 난민과 1970년대에 요르단에서 건너온 팔레스타인해방기구(Palestinian Liberation Organization, PLO) 게릴라 및 기타 팔레스타인 민병대로 인해 균형이 무너지게 된다. 가장 민감한 사안이던 종파 간 균형(팔레스타인 사람들 대부분은 수니파 무슬림)이 무너진 것이다. 결국 팔레스타인 민병대와 기독교 징파 간의 충돌로 1975년 레바논은 15년간 이어진 길고 긴 내전의 소용돌이 속으로 빠져들었다.

내전은 1989년 사우디아라비아의 타이프(Taif)에서 인근 국가의 중재로 레바논 각 종파 지도자들이 체결한 타이프협정(Taif Accord)을 통해 공식적으로 종식되었다. 기존 정권 트로이카 체제는 변화하지 않았고 지금까지도 지속되고 있다. 대부분의 걸프 국가와 요르단처럼 절대적인 수니파 왕권이 지배하거나 시리아와 바레인처럼 소수 종파가 다수 종파를 지배하지 않고 사회를 구성하는 모든 종파가 정치 권력을 행사할 수 있다는 측면에서 레바논 정치 구조는 민주적으로 보일 수도 있다. 한 예로 타이프협정 이후 내각의 구성은 일정한 비율로 분배되어 장관직, 부처 국장, 군 지휘자, 중앙은행장, 유일한 국립대학교 총장직 같은 정부 주요 직책이 한 종파에 집중되지 않도록 조정된다. 그러나 종파에 의존한 체제가 사회 깊은 곳까지 영향을 미쳐 국민의 삶까지 지배한다면 사회 통합 입장에서의 이야기는 달라진다.

2) 한 몸을 구성하고 있지만, 다른 방향으로 뻗어 있는 머리들

종교의 자유를 가진 우리나라와 달리 중동 대부분의 나라에서는 자기가 태어날 때부터 가지는 종교를 임의로 바꾸거나 떠날 수 없다. 일부 국가에서는 신분증이나 공식 서류에도 기록될 만큼 개인이 속한 종교는 공식적 정체성이다. 종교는 신앙을 넘어 그 사람이 속한 사회를 결정하기 때문이다. 이는 중동의 부족중심주의와도 일맥상통하는데, 공동체를 구성하는 개개인은 국가나 사회를 구성하는 단일 주체가 아닌 그가 속한 가족, 가문, 종파를 통해 정체성을 드러내는 경우가 많다. 예를 들어 어떤 사람의 성과 이름으로 속한 종파와 가문을 파악할뿐더러 때로는 그의 성장과 환경, 교육까지도 예상할 수 있다. 가문의 이름과 고향은 많은 레바논인에게 다양한 신상 정보를 한번에 드러낼 수 있는 또 다른 신분증이다.

종파주의에 기반을 둔 레바논 사회 구조는 결국 만연한 부정부패에 취약한 사회 구조를 형성하며 자연스럽게 후견주의(clientelism)를 낳았다. 레바논의 정당은 모두 같은 종교, 같은 종교의 파벌을 믿는 이들로 구성된다. 종교를 기반으로 한 정치 파벌, 즉 종파는 그에 속하는 국민에게 상당한 영향을 미친다. 비례대표제를 채택한 레바논에서 국회의원들은 자신의 지역구에서 다수표를 받기 위해 같은 종파 지역구민들에게 이익을 약속하기도 하고, 선거철에 직접 현금을 나누어 주기도 하면서 표심을 산다. 한편 국민들은 복잡한 문제가 생겼을 때 같은 종파에 속하는 지역구 지도자를 찾아가 뇌물을 주며 원활한 문제 해결을 부탁하기도 한다. 이런 부정부패는 결국 같은 종파에 속한 국민과 지역구 혹은 전국구 지도자를 단단히 결속시킨다.

이러한 후견주의는 국민이 국가가 아닌 종파의 지도자들에게 충성을 맹세하게 해 각 종파 지도자가 자신을 맹목적으로 따르는 민중을 쉽게 선동할 수 있게 한다. 일부 정치인은 '우리'와 '그들'이라는 개념을 활용해 '그들'에 대한 배척과 두려움을 주입하기도 한다. 그리고 선동을 통해 종파 지배층은 국민의 사상을 지배할 뿐만 아니라 시위 같은 직접 행동을 실행하게 한다. 이를 가장 잘 나타내는 예시가 바로 2005년 레바논의 백향목 혁명(Cedar revolution)이다.

내전 시기부터 시리아는 레바논 보호를 명목으로 레바논에 자국 군대를 파견했으며, 내전 이후에도 평화를 유지한다며 군대를 주둔시키고 국정에도 관여했다. 그리고 2005년 2월 시리아의 레바논 내정 간섭에 반대하는 대표 인물이었던 라피크 하리리(Rafik Hariri) 당시 국무총리가 차량 폭탄 테러로 사망하는 사건이 일어났다. 이 차량 폭탄 테러의 배후로 시리아와 친시리아 성향의 시아파 정당인 헤즈볼라가 암묵적으로 지목되었다. 친시리아 세력의 반대에도 유엔 안전보장이사회 결의 1664호에 의해 2006년 국제재판소 설치가 제안되었고 이듬해인 2007년 유엔 안전보장이사회 결의 1757호를 통해 유엔과 레바논 정부는 하리리 암살 조사를 위한 레바논특별재판소(Special Tribunal for Lebanon) 설치에 협의했다. 국제특별재판소(Special Tribunal for Lebanon)는 2020년 8월 18일 헤즈볼라 조직원 둘을 암살 사건의 범인으로 지목하고 그중 하나인 살림 아야쉬(Salim Ayyash)에게 징역형을 선고했다. 나머지 1명은 이미 2016년 시리아 내전에서 사망했기 때문에 국제특별재판소는 소송을 취하했다.

2005년 하리리 총리 암살 사건을 계기로 내전 이후 계속 레바논에 주둔해 온 시리아 군대의 존재를 더 이상 참을 수 없었던 레바논 국민들은 사건 한 달 후인 3월 14일 베이루트 시내로 나와 처음으로 대규모 민중 시위를 일으켰다. 특정 종파에 치중되지 않고 다양한 정체성을 가진 국민들이 목소리를 하나로 모아 하리리 암살 진상 규명과 시리아군 철수를 외친 이 시위는 평화적일 뿐 아니라 결과적으로 국민이 원하는 바를 달성한 레바논 최초의 성공적인 대중 시위가 되었다. 결국 시리아는 철군을 결정했고 이 시위는 지위가 격상되어 '민중 시위'가 아닌 '혁명'으로 불리고 있다.

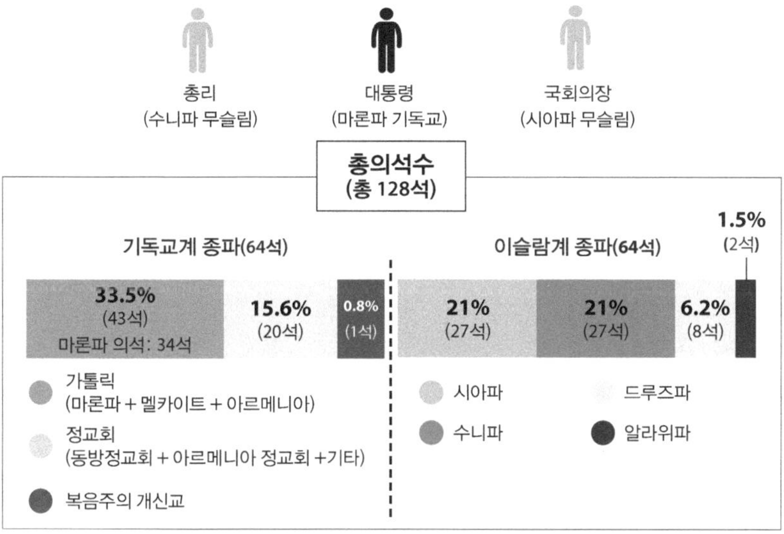

[그림 7-1] 권력안배주의에 따른 레바논의 삼권분립과 의석 배분 시스템
(1989년 타이프협정을 통해 종파에 따른 삼권분립 문서화)

여기까지 보면 백향목 혁명은 외세에 대항하고 국가를 위해 한목소리로 외친 민중 시위의 바람직한 선례라고 할 수 있다. 그러나 이 당시 하리리 총리 폭사 사고의 배후로 의심받던 헤즈볼라는 이와는 반대의 행보를 보였다. 암살 사건 이후 크고 작은 반시리아 시위가 일어나자 시리아 정권과 긴밀한 관계에 있던 헤즈볼라는 지지자 수십만 명을 모아 시리아를 지지하는 시위를 조직했다. 그리고 그 시위에서 헤즈볼라의 당수 하산 나스랄라(Hassan Nasrallah)는 시리아가 아닌 이스라엘과 미국의 레바논 내정 간섭을 비난했다. 백향목 혁명은 성공했지만, 국가 통합을 이루지는 못했음을 알 수 있다.

사실 백향목 혁명은 레바논의 정치 판도를 변화시킨 결정적 사건이었다. 3월 8일 일어난 헤즈볼라 주도의 친시리아 시위는 내전 때부터 지속해서 레바논 내정에 간섭해 온 시리아의 영향력을 완전히 배제하고 레바논인만의 독립 정권 수립을 주장하는 하리리 진영에 대해 강경한 반대 입장을 고수했다. 무슬림, 기독교 등 종교 중심으로 나뉘었던 레바논 정권은 이 시기를 기점으로 정파의 이익에 따라 종교와 상관없이 헤즈볼라가 이끄는 친시리아 성향의 3.8 동맹과 사아드 하리리 총리가 속한 미래운동당(Future Movement)이 이끄는 반시리아 성향의 3.14 동맹으로 양립하게 된다.

한편 레바논이 사회 통합을 할 수 없는 또 다른 문제점은 바로 종파별로 국가 위기 상황 시에 도움을 요청하는 국가들이 서로 다르다는 것이다. 수니파 지도자들은 사우디아라비아와 미국, 시아파는 이란과 시리아, 기독교는 프랑스를 포함한 유럽에 의존하고 있다. 이렇듯 종교, 민족, 인종, 사상 등 국민을 하나로 뭉치는 대표 이데올로기가 없는 상태에서 타국의 의지로 국가가 형성되고 종파주의로 깊이 분열된 레바논 사회의 가장 큰 맹점은 바로 공통된 기치하의 사회 통합이 불가능하다는 점이다.

3. You Stink!: 소셜 미디어 전파로 활발해진 시민운동

1) 2015년 쓰레기산과 유 스팅크 운동

2015년 여름 레바논의 수도 베이루트에는 골목마다 있는 공동 쓰레기 수거장에 파란색, 검은색, 흰색 등 색색의 비닐봉지에 싸인 가정용 쓰레기가 산처럼 쌓였다. 국내외 뉴스는 연일 베이루트 인근 계곡에 강물처럼 긴 흰색 쓰레기 봉지의 물결을 내보냈다. 베이루트와 레바논산 지역의 쓰레기를 매립하던 나으메(Naameh) 매립장에 더 이상 쓰레기를 매립할 수 없게 된 데다 쓰레기 처리 업체와 정부 간 계약이 만료되는

[그림 7-1] 쓰레기 사태 당시 레바논 정치인들을 쓰레기에 비유한 포스터
(출처: https://globalvoices.org/specialcoverage/2015-special-coverage/lebanons-you-stink-protests/)

시점이었기 때문이다. 쓰레기를 옮겨 둘 장소가 없었고 쓰레기 처리 회사 또한 업무를 멈추었다.

나으메 매립장은 개장 초기 쓰레기 약 200만 톤을 약 10년 계획으로 매립할 계획이었으나 이후 대체 매립지 결정을 하지 못한 채 약 18년 동안 1,500만 톤가량의 쓰레기가 매립되었다. 2016년 정부는 대체 매립지를 바닷가 근처 코스타 브라바(Costa Brava) 지역에 임시로 설치했으나, 이 또한 일시적 조치로 최대한 환경 오염을 피하면서도 쓰레기를 처리할 수 있는 장기 정책은 내놓지 못했다. 쓰레기가 동네에 처리되지 않은 채 쌓이자 일부 지역에서는 몰래 산이나 바다에 쓰레기를 버리는 사태까지 벌어져 사회 문제와 함께 심각한 환경 문제도 대두했다.

시민 단체에서는 유럽이나 미국의 사례를 인용해 플라스틱, 종이, 캔류 등 쓰레기를 분리배출하여 쓰레기 양을 줄이고 재활용 산업을 정착, 발전시키고자 노력했고, 협조적인 지자체가 있던 일부 지역에서는 실제로 분리배출 장소를 지정해 두기도 했다. 그러나 이 노력은 지역 시민 단체 수준을 넘어 정부의 체계적인 계획과 행정 처리로 이어지지 않았다. 국민의 생활과 건강에 직접 영향을 미치는 쓰레기 처리에 대해 국가가 어떤 장기적이고 체계적인 대책도 내놓지 못하자 국민들은 점차 거리로 나왔다.

이 쓰레기 사태 발생 초반부터 종파와 상관없이 모인 젊은 활동가들은 '유 스팅크(You Stink)!'라는 구호와 함께 정부에 쓰레기 사태에 대한 책임을 묻는 시위를 조직했다. 소규모로 시작했던 시위는 점차 규모가 커져 한 달 정도가 지난 후에는 수천 명이 결집해 한목소리를 냈으며, 베이루트를 포함한 남부 도시 시돈(Sidon)과 북부 도시 트리폴리(Tripoli) 등에서도 시위가 일어났다. 이 시기 국민들은 아랍의 봄 시기에 들었던 '국민들은 종파주의 정권 타도를 원한다(Ash-sha'b yurīd 'isqāṭ an-niẓām at-tā'ifi).'라는 아랍어 피켓을 함께 들고 참여했다. 10년 전 백향목 혁명과는 달리 경찰은 최루탄과 고무탄으로 무장하여 시위대를 폭력적으로 진압했다. 이 시위에 얼마나 다양한 종파가 참여했는지 알 수 없지만, 적어도 특정 종파만 두드러지게 참가하지 않았다는 점에서 탈종파주의에 대한 레바논 국민의 목소리가 점차 형성되었다고 볼 수 있다.

2) 소셜 미디어의 발달로 가능했던 2015년 시위

2011년 아랍의 봄 시위 때와 달리 2015년에는 어떻게 이런 대규모 시위가 다른 도시까지 퍼질 수 있었을까? 바로 4년간 발전한 인터넷이 주된 동력이라 할 수 있다. '인권으로서의 레바논의 광대역(Broadband as a human right in Lebanon)' 보고서에 따르면 레바논은 중동에서 온라인상의 언론 자유가 비교적 보장된 나라지만, 2011년 당시 세계에서 다섯 번째로 인터넷 속도가 느렸고 3G 서비스가 가능하지 않아 휴대폰으로 인터넷을 사용하지 못할 정도로 사정이 열악했다. 그러나 2014년 말에는 인터넷 개통률이 86%를 기록했고 인구의 절반 정도가 휴대폰 인터넷을 사용할 만큼 사용 환경이 개선되었다.

2015년 쓰레기 사태가 발생했을 때 대표적으로 활동한 '유 스팅크!' 외에도 여러 비종파적 시민단체가 여러 분야에서 두각을 드러냈다. 이들은 트위터나 페이스북 등 소셜 미디어로 홍보와 정보 공유 활동을 벌이며 인터넷 사용이 비교적 자유로운 젊은 세대에게 신속하게 다가갔다. 법률, 환경 문제, 시민사회 형성 등 다양한 목적을 가진 반종파주의 시민 단체들이 이 시기에 폭발적으로 생겨났다. 2016년 이후 시위 양상이 진정세를 보이면서 많은 단체가 자연스럽게 소멸했지만 일부 단체는 활동을 지속하고 있다.

2011년 아랍의 봄 시위는 당시 온라인으로 활발하게 정보가 전파되어 '트위터 혁명(Twitter revolution)'이나 '페이스북 혁명(Facebook revolution)'이라고도 불렸다. 물론 소셜 미디어 사용이 아랍의 봄을 정의하는 주요소는 아니지만 적어도 국내에서 시위 정보를 공유하고, 전 세계가 이집트, 튀니지 혹은 이란에서 어떤 일이 일어나는지 즉각 알게 했다는 점에서 큰 역할을 했다. 같은 맥락에서, 레바논의 경우 2011년 시위와 2015년 시위의 활동성이 확연히 달라진 원인으로 소셜 미디어 사용 유무를 빼놓을 수 없다. 또한 레바논은 국내 인구보다 더 많은 해외 이민자를 보유한 국가이기 때문에, 다양한 소셜 미디어 플랫폼 발달은 국외에 있는 레바논인이 국내의 시위 양상을 정확히 알고 소통할 수 있게 도와주었다. 또한 아랍어를 읽지 못하는 해외 거주 레바논인을 위해 영어나 프랑스어 등 다국어를 사용한 온라인 매체가 발달하는 계기가 되었다.

4. All means All: 종파주의 타파를 원하는 국민의 목소리

1) 산불, 경제 위기, 베이루트 항구 폭발 사고 그리고 뒷짐 진 정부

2015년 레바논은 대통령이 없는 정권의 공백기를 지냈다. 제12대 대통령 미셸 술레이만(Michel Suleiman)의 임기가 끝난 2014년 5월 이후 의회는 1년이 넘는 기간 동안 차기 대통령 선출에 난항을 겪었다. 그리고 2016년 10월 자유애국당(Free Patriotic Party)을 이끌던 미셸 아운(Michel Aoun) 장군이 제13대 대통령으로 당선되었다. 아운 대통령은 내전 당시 레바논군 총사령관으로 레바논 내 시리아군에 맞서 싸운 대표적인 반시리아 인사였다. 내전 마지막 기간, 시리아군 전세에 밀려 프랑스로 망명했던 아운 장군은 2005년 레바논으로 돌아와 자유애국당을 창설했다. 자유애국당은 2005년 백향목 혁명 이후 반시리아 성향을 유지하며 3.14 동맹에 합류했다.

2007년 하리리 총리 폭사 사고 조사를 위한 특별재판소 설치 이후 혐의가 시리아와 헤즈볼라에게로 모아지면서 자유애국당의 정치 기조는 180도 바뀌게 된다. 헤즈볼라의 정치적 고립을 막기 위해 시리아가 3.14 동맹에 속한 기독교 정당인 자유애국당 당수 아운 장군에게 헤즈볼라와 양해 각서를 체결할 것을 요구한 것이다. 아운 장군은 이 제안을 받아들이고 헤즈볼라와 양당 간 양해 각서를 체결하면서 정치 노선을 친시리아 성향으로 완전히 전환했다. 그리고 제13대 대통령으로 당선되면서 친헤즈볼라 정권이 여당 세력을 차지하게 되었다.

2016년 이후 진척된 친헤즈볼라 정권의 세력 확장은 레바논 정치 역사의 새로운 장을 열었다. 이는 전 대통령의 행보와 비교해 봐도 차이가 있다. 레바논 정권이 양극화된 이후 선출된 술레이만 대통령의 경우 표면적으로는 어느 세력에도 속하지 않는 중립적 인물이고 세력 간

[사진 7-2] 베이루트 항구 폭발사고 후의 모습(출처: Wiki Commons)

화해를 위해 지속적으로 노력했기 때문이다. 또한 시리아의 내정 간섭 형태도 시리아군 주둔을 통한 직접 간섭에서 헤즈볼라를 통한 간접 간섭으로 변화되었다. 특히 염두에 두어야 할 점은 내전 이후 정당별 민병대를 없애기로 했던 약속을 지키지 않고 유일하게 민병대를 보유한 헤즈볼라가 현 레바논의 여당의 위치에 있다는 점이다.

2014년에서 2016년까지 약 1년 6개월의 정권 공백기를 겪으면서 쓰레기 대란에 시달린 레바논 국민은 대통령 선출 이후에도 국가의 행정력 부재로 여러 재앙에 마주한다. 2019년 10월 레바논 동남부 산간 지역이자 백향목 보존 지역이 포함된 슈프(Chouf) 지역에 대형 산불이 났을 당시, 오랫동안 방치되고 관리되지 못한 탓에 국내 소방 헬기 사용이 불가능해서 신속한 화재 진압에 실패했다. 레바논 정부는 그리스, 사이프러스 등 인근 국가에 도움을 청했지만 결국 인근 민가를 포함한 약 1,300만 평방미터의 산림이 손상되었다. 이는 국가의 재난 대응 정책의 미비 때문에 신속한 대처가 불가능함을 적나라하게 보여 주는 사건으로 정권에 대한 국민의 신뢰도 하락에 영향을 주었다.

이 시기 레바논은 경제 불황을 겪었으며, 이런 위기 상황은 외화 부족으로 휘발유 공급에 차질을 빚는 등 점차 실질적인 현상으로 나타나고 있었다. 부족한 세수를 충당하기 위해 정부는 일부 항목의 세율을 올리는 대책을 세웠다. 세금 인상 해당 항목은 국민들이 일상생활에서 가장 많이 사용하는 휘발유, 메신저 음성 기반 통화, 담배 등이었다. 정부는 국민의 필요에 귀를 기울이기보다 당장의 국정 운영에 필요한 세금을 충당하는 정책을 구상한 것이다. 내전 이후 기본 사회 기반 체제를 회복하지 못한 탓에 대중 교통 체계가 불안정해 대부분 국민이 자기 차량을 이용해야 하며, 휴대폰의 인터넷 사용료와 통화료 가격이 높아 대개 와이파이(wifi)를 통해 무료 사용이 가능한 왓츠앱(whatsapp) 메시지 및 통화 서비스를 매일 사용하고 있기 때문이다.

한편 국가 내 외화 부족이 국민의 삶에 직접적 영향을 주기 시작했다. 11월부터 은행들은 예금자들이 달러 예금을 일정액 이상 인출할 수 없도록 제한했다. 그 결과 달러 통장을 소유한 예금주들은 개인 자금을 자유롭게 융통하지 못하고 해외에 송금할 수 없어 레바논 유학생들의 대학 등록이 차질을 빚기도 했다. 반대로, 해외의 가족이 송금한 달러로 생활하는 이들도 더는 레바논 은행으로 달러를 송금받지 않으려 하면서 또 다른 사회 문제를 초래하기도 했다.

2018년 기준 교역 규모가 수출 35억 달러, 수입 약 185억 달러로 수출과 수입액 간 상당한 차이를 보이는 레바논은 식품과 가공품 수입 비율이 높은 편이다. 외환 위기가 지속되고 현지 화폐인 리라화의 가치가 점차 하락하면서 2019년 후반기부터 물가가 상승했다. 2020년 8월 베이루트 항구 폭발 사고로 2020년 물가상승률은 84.86%까지 치솟았고 경제성장률은 −21%를 기록했다. 이 수치를 통해 레바논 경제 위기의 심각성이 명확히 드러나기는 했으나, 위기 상황은 이미 30년 전부터 시작되었다고 볼 수 있다. 1990년 내전 종전 이후 국가 재건 사업을 위해 해외로부터 막대한 부채를 끌어오면서도 농업과 제조업 등 국가 생산력 증대에 노력을 하지 않았기 때문이다.

국정 안정을 위한 레바논 정부의 노력과 국민을 보호하려는 의지의 부족은 베이루트 항구 폭발 사고로 전 세계적에 드러나게 된다. 이 사건은 원인에서 결과에 이르기까지 정권 차원의 문제이자 인재라고 밖에 설명할 수 없다. 질산암모늄 약 2,750톤을 싣고 조지아(Georgia)에서 모잠비크(Mozambique)로 향하던 로서스(Rhosus)호가 베이루트 항구에 잠시 정박했다가 금전적 이유로 2014년 이후 방치되었다. 그런데 이 배에 실려 있던 질산암모늄이 인근 항만 창고에 안전 장치 없이 보관되어 있다가 알 수 없는 원인으로 폭발을 일으켰다.

항만 관리자들이 2014년부터 2017년까지 수차례 관련 판사들에게 문제 해결을 요청하는 서신을 보냈으나 별다른 조치가 이루어지지 않은 것이 드러났다. 이 시기는 대통령 선출에 난항을 겪던 정권 공백기와 아운 대통령 임기가 시작된 시기로, 아운 정권은 레바논 교역의 대부분을 담당하는 베이루트항에 폭발 위험 물질을 알고도 방치해 두었다는 책임을 지게 되었으며 국민은 정부를 향한 비난을 멈추지 않았다.

폭발 사고는 레바논에 경제적, 사회적 대혼란을 가져왔다. 2020년 3월 레바논 국가 부채는 국내총생산의 170%를 넘어서는 약 900억 달러에 달했는데, 그중 만기일이 다가오는 12억 달러, 한화로 약 1조 4,000억 원에 달하는 유로본드 채무액에 대해 채무 이행 유예, 즉 모라토리엄을 선언했다. 전문가들은 사실상 채무 불이행 선언, 즉 디폴트에 더 가깝다고 해석했다. 여기에 더해 레바논 교역의 거의 대부분을 차지하는 항구 소실로 수입에 의존하던 생필품과 식품, 의약품 등의 가격이 폭등하며 2021년 9월에는 물가상승률이 약 144%를 기록했다.

또한 파운드화 가치는 점차 하락해 2021년 90% 이상까지 하락하기에 이르렀다.

코로나19 사태 초기에 레바논에서는 신속한 초기 대응으로 확진자 수가 급격하게 증가하지 않았다. 그러나 이 안정세는 베이루트 폭발 사고로 더 이상 지속되지 못했다. 베이루트 항구 근처 코로나 거점 병원을 포함한 병원 다수가 물리적 피해를 입은 데다 약 7,000명의 부상자와 200명이 넘는 사망자가 한번에 발생하면서 코로나 감염 사례도 한 달 사이 약 200%가 넘게 증가해 매일 약 500-600명의 확진자가 발생하면서 보건상 위기 상황에 놓였다.

이 사고는 2014년 당시, 혹은 아운 대통령 취임 이후 정부에서 질산암모늄에 대한 보고를 심각하게 받아들여 즉각 조처를 취했다면 발생하지 않았을 인재다. 그리고 이전 산불 사건이나 항구 폭발 사고 시에 정부에서 가능한 방법을 동원해 최대한 많은 국민의 생명을 신속하게 구하고 피해를 입은 가정들에 차후 대책을 마련했다면 신뢰 하락은 막을 수 있었을지도 모른다. 그러나 프랑스의 에마뉘엘 마크롱(Emmanuel Macron) 대통령이 폭발 사고 현장을 방문하기 전까지 레바논의 위정자들은 항구 현장이나 인근 거주 지역을 방문하여 국민을 위로하는 모습조차 보이지 않았다. 이재민 약 30만 명이 발생했지만, 국가적 차원의 건물 보수나 보조금 지급은 이루어지지 않았다. 사태 수습은 정부가 아닌 시민사회와 적십자사에서 지속하고 있다.

주변 아랍국의 국민들이 집권자에 대한 불신과 인내의 한계를 2011년에 폭발하듯 표현했다면, 레바논의 경우 내전 후 30년간 정권을 놓지 않는 모든 위정자에 대한 인내의 한계를 2019년, 아니 더 전으로 가면 2015년부터 표현했다.

2) 모두는 모두를 의미한다: 신뢰를 잃은 정부를 향한 외침

2011년 아랍의 봄 시위와 2015년 쓰레기 사태 시위에서 국민들은 '국민들은 종파주의 정권의 타도를 원한다.'라는 아랍어 구호를 외쳤다. 다른 아랍 국가에서 일어난 아랍의 봄 시위의 구호인 '국민들은 정권의 타도를 원한다.'에 레바논의 정치적 특성인 종파주의를 더한 것이다. 2019년부터는 여기에 '(위정자들) 모두는 (그들) 모두를 의미한다(kullun ya'ni kullun).'라는 구호가 추가되었다. 이는 레바논 내전 이후 1989년 정권 형성 시기부터 현재까지 정치권에서 물러나지 않는 정치인 대부분을 지칭하는 것이다.

종파별 권력안배주의라는 독특한 정치 체계는 후견주의와 부정부패가 쉽게 정착하도록 했으며, 기존 시스템에 대한 반대 목소리가 높아지면 정치적·금전적 이득을 잃게 될 이들이 많았기 때문에 기존 정권 체제를 향한 반대 목소리가 하나로 크게 뭉쳐지지 못했다. 그렇기에 종파주의 정권을 철폐하고 종파와 관련 없는 기술관료로 구성된 정권 형성을 요구하는 이 구호는 사회적으로 많은 의미를 내포하고 있으며, 민주적으로 성숙한 시민사회 형성 가능성을 보여 준다고 할 수 있다.

일련의 사태로 경제 위기와 국가적 재앙 상황이 빚어졌는데도 민생을 돌보지 않는 정부에 대한 분노는 2019년 세금 인상안 발표 직후 일어난 대규모 반정부 시위에서 잘 나타난다. 세금 인상안이 발표되자 이미 경제 위기를 체감하고 있던 시민들은 세금 인상안 반대에 목소리를 높이는 동시에 정권 퇴진을 요구하는 시위를 실시했다. 아랍의 봄 시위에서 국민이 한날한시 갑자기 광장으로 몰려나온 것처럼, 수천 명이 모인 2019년 10월 17일 시위는 자발적이고 사전 계획 없이 진행되었지만 평화 기조를 유지하면서 정부에 강력한 메시지를 전달하는 데 성공했다. 레바논 국내에서 10월 혁명으로 명명되는 이 시위는 레바논

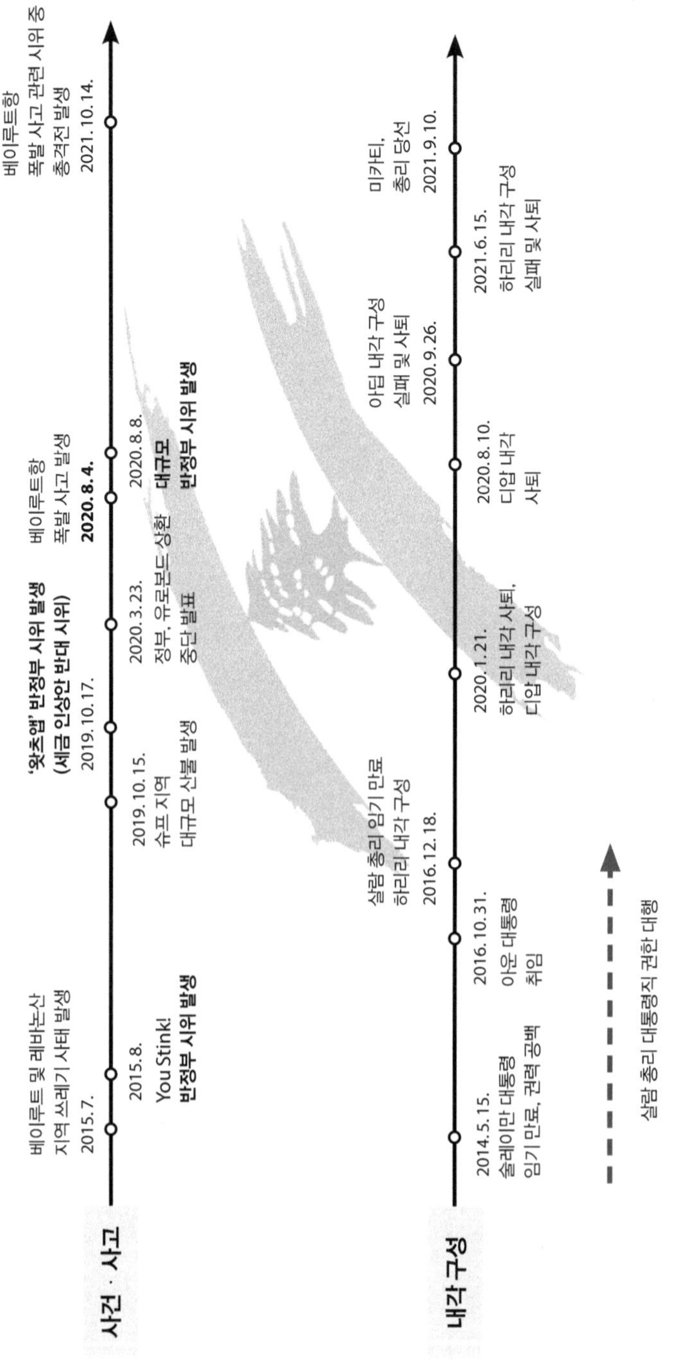

[그림 7-2] 2015년 이후 레바논에서 발생한 일련의 사고와 내각 구성 양상

사회의 겨울이 봄으로 바뀌기를 열망하는 국민의 목소리라고 볼 수 있다. 2019년 10월 시위는 이후 베이루트항 폭발 사고에 대한 분노가 더해져 레바논 반정부 시위의 전환점이 되었다.

국민의 분노는 시위대를 향한 정권의 대응 때문에 더욱 증폭되었다. 시위 기간이 늘어날수록 베이루트 중심부에 위치한 국회와 총리 집무실, 국가 부처 사무실을 보호하는 군경의 대응이 강력해졌다. 최루탄과 고무탄이 날아들었다. 즉석에서 형성된 2019년 10월 시위와 달리 베이루트 항구 폭발 사고로 인해 진행된 2020년 8월 8일 분노의 날 시위에서는 당국이 만반의 준비를 하고 시위대를 맞이했다. 시위대 다수가 최루탄, 고무탄, 산탄, 심지어 실탄을 맞았다. 피해 사진이 실시간으로 국내외로 전송되면서 사람들은 2005년 백향목 혁명에서 시민과 함께 섰던 군경의 사례와 비교하며 정권을 비난했다.

그러나 잊지 말아야 하는 것은 단지 '현재 정권에서 지위를 차지하고 있는 인물'뿐만 아니라 과거나 미래에 정권에 오를 수 있는 기존 정치인들까지 포함한 '정권'을 국민들이 '그들 모두(all of them)'라고 칭한다는 사실이다. 비록 현재 헤즈볼라가 주도하는 친시리아 성향의 정당 연합이 여당을 이루었지만, 그렇다고 해서 야당인 사아드 하리리(Saad Hariri; 폭사 사고를 당한 하리리 총리의 아들)가 이끄는 반시리아 정당 연합이 그들에 비해 부정부패가 덜한 것은 아니며 그들 또한 국가 붕괴에 맞설 가능성을 충분히 보여 주지 않았다는 의미다.

이는 2019년 이후 내각 구성 변화를 보면 이해가 수월하다. 2019년 말 세금 인상 시위 당시 사아드 하리리 총리가 이끌던 내각이 2020년 초 퇴임하고 하산 디압(Hassan Diab)이 이끄는 기술관료 내각이 등장했다. 이 기술관료 내각도 이전 내각과 확연히 다른 국정 운영 양상을 보여 주지 못했고, 베이루트항 폭발 사고에 기인한 대규모 민중 시위로 1년이 채 되지 않은 시점에 사퇴를 선언했다. 이후 2021년 9월까지 레바논은 약 1년간 내각 구성에 난항을 겪었다. 디압 총리가 사퇴한 뒤 외교관 출신인 무스타파 아딥(Mustafa Adib)이 차기 총리에 내정되었으나 내각 조직 과정에서 국내외의 압력을 견디지 못하고 자진 사퇴했으며, 유일하게 헤즈볼라에 대응할 수 있는 정치 권력을 가진 사아드 하리리가 다시 내정자로 임명되었으나 내각 구성 과정에서 아운 대통령과 지속적 의견 대립으로 결국 자진 사퇴했다. 이후 2021년 9월 나지브 미카티(Najib Mikati)가 총리직에 오르고 내각 구성을 완성한다.

내각 구성에서 영향력을 더 가진 장관직 확보를 위한 갈등이 결국 정부의 부재라는 상당히 위험한 국가 위기를 초래했다. 경제 위기와 코로나19 위기, 베이루트항 폭발 사고가 발생한 지 얼마 되지 않은 시점에서 이러한 정권 다툼으로 인한 내각 구성 난항과 국정 마비는 레바논 정권이 국민의 삶에 얼마나 무심한지를 극명하게 드러내는 예시라고 볼 수 있다.

5. 빠져나올 길이 요원해 보이는 레바논

레바논에서의 아랍의 봄은 2011년 민들레씨처럼 레바논에 날아들었으나 2015년 국가 위기 상황에 직면해서야 국민의 분노가 한꺼번에 터져 나오며 거센 반정부 시위가 조직되었다. 2015년 시위부터 '반종파주의' 정권 수립 요구가 적극적으로 제기되었고, 2019년 시위와 2020년 시위는 이집트와 튀니지에서 2011년 발생한 아랍의 봄 시위와 유사한 양상을 보였다. 아랍의 봄이라는 관점에서만 본다면 단순히 2019년 레바논에서 제2의 아랍의 봄이 발발했다고 할 수 있으나 레바논 내부적으로 볼 때 이는 정치·사회적으로 그 이상의 의미를 지닌다.

국가 설립 시기부터 종파에 기반한 정치 사회에서 나고 자란 레바논인들은 내전 이후 만성화된 피로감 때문에 자신의 힘으로 이를 개선하려 노력하지 않았다. 레바논에서는 임금 인상 요구 같은 소규모 시위가 매년 연말마다 발생하기 때문에 시위 자체가 주목을 끌지 않지만, 특정 직업군, 특정 종파의 구성원이 아닌 국민으로서 정치권을 향해 한 목소리를 냈다는 사실 자체가 큰 역사적 의의를 지닌다.

더 나아가 여러 종파와 문화가 혼합되어 있는 레바논과 함께 특정 종파가 대다수를 차지하는 다른 도시에서 시위가 일어난 것도 작지만 큰 변화다. 2005년 백향목 혁명이나 2015년 쓰레기 사태 시위는 베이루트에서 대규모로 일어났다. 그러나 2019-2020년에 일어난 일련의 시위는 다양한 지역에서 발발했다. 레바논 종파주의 특성상 베이루트를 제외한 대부분의 시 단위 도시가 특정 종파를 중심으로 형성되어 있어 지역을 대표하는 종파 지도자를 따르는 경향이 있기 때문에 의미가 있다. 정권 퇴진 목소리가 일부 지역에서 함께 터져 나온 것은 결국 기존 정치 체제 개혁의 필요성을 각 종파에 속한 국민이 절감하고 있음을 의미한다.

하지만 뿌리 깊은 종파주의가 단기간에 뽑힐 것 같지는 않다. 베이루트항 폭발 사고에 대해 정부와 국제사회 차원의 사후 처리 및 책임 소재를 아직도 묻지 못하고 있는 상황이며, 사상자들에 대한 조치도 전혀 이루어지지 않고 있다. 그리고 사건의 책임을 국가 위정자들에게 물으려는 담당 판사 해임을 요구하는 시위가 헤즈볼라와 아말 운동당 지지자들에 의해 2021년 10월 진행되었고, 이 과정에서 시위대에 반대하는 이들과 격렬한 총격전이 법원 앞에서 벌어지기도 했다. 하리리 총리 폭사 사고 이후 일어난 일련의 사건과도 겹쳐 보이는 현상이다. 레바논에 존재하는 종파에 기반한 정치 파벌과 지지자 간의 강력한 유대 관계를 끊어 내고 후견주의를 척결하지 않는 이상 이러한 사태는 끝나지 않을 것이다.

레바논 종파주의 정권과 정권 내 친시리아-반시리아 정파별 역학 관계는 레바논 국민의 통합된 정권 퇴진 요구가 힘을 얻지 못하도록 지속적으로 사회 분열을 촉발했으며, 여전히 민주적 평화 시위를 방해하고 있다. 현 정권이 정치·경제 체제를 개혁해 민생을 제대로 돌보려는 의지를 보이지 않는다면 레바논이 정치적·사회적·경제적으로 실패국가(failed state)로 향해 가는 지금 이 길목에서 빠져나올 방법은 요원해 보인다.

제8장 튀르키예, 무슬림 민주주의의 좌절

1. 강경 세속주의 체제하 온건 이슬람 정의개발당의 부상

현대 튀르키예 정치는 세속주의와 이슬람주의 세력 간의 치열한 갈등 속에 발전해 왔다. 이슬람 세계의 칼리프국이었던 오스만제국은 1차대전에서 패함에 따라 1918년 영국·프랑스·러시아·이탈리아·그리스 연합군의 점령하에 들어갔다. 오스만제국의 장군 무스타파 케말(Mustafa Kemal)은 이스탄불의 술탄 정부가 꼭두각시로 전락하자 제국의 해체를 막기 위한 독립전쟁을 전개했다. 연합군은 케말 장군이 이끄는 독립군에 밀렸고 1923년 로잔조약을 체결해 현재 튀르키예 공화국의 영토인 아나톨리아반도를 중심으로 최종 국경을 인정했다. 이로써 오스만제국은 모든 아랍 영토를 잃고 다민족 이슬람 제국에서 세속주의 튀르키예 민족국가로 새롭게 탄생했다.

오스만제국 해체 후 들어선 튀르키예 공화국은 강경 세속주의자 주도의 권위주의 일당 지배로 출발했다. 건국의 아버지 케말 장군과 군부가 조직한 공화인민당(Cumhuriyet Halk Partisi, CHP) 체제에서 위로부터의 강압적·급진적인 세속화 정책이 전면 진행되었다. 1934년 의회는 케말 대통령에게 '튀르키예인의 아버지'라는 뜻의 아타튀르크(Atatürk)

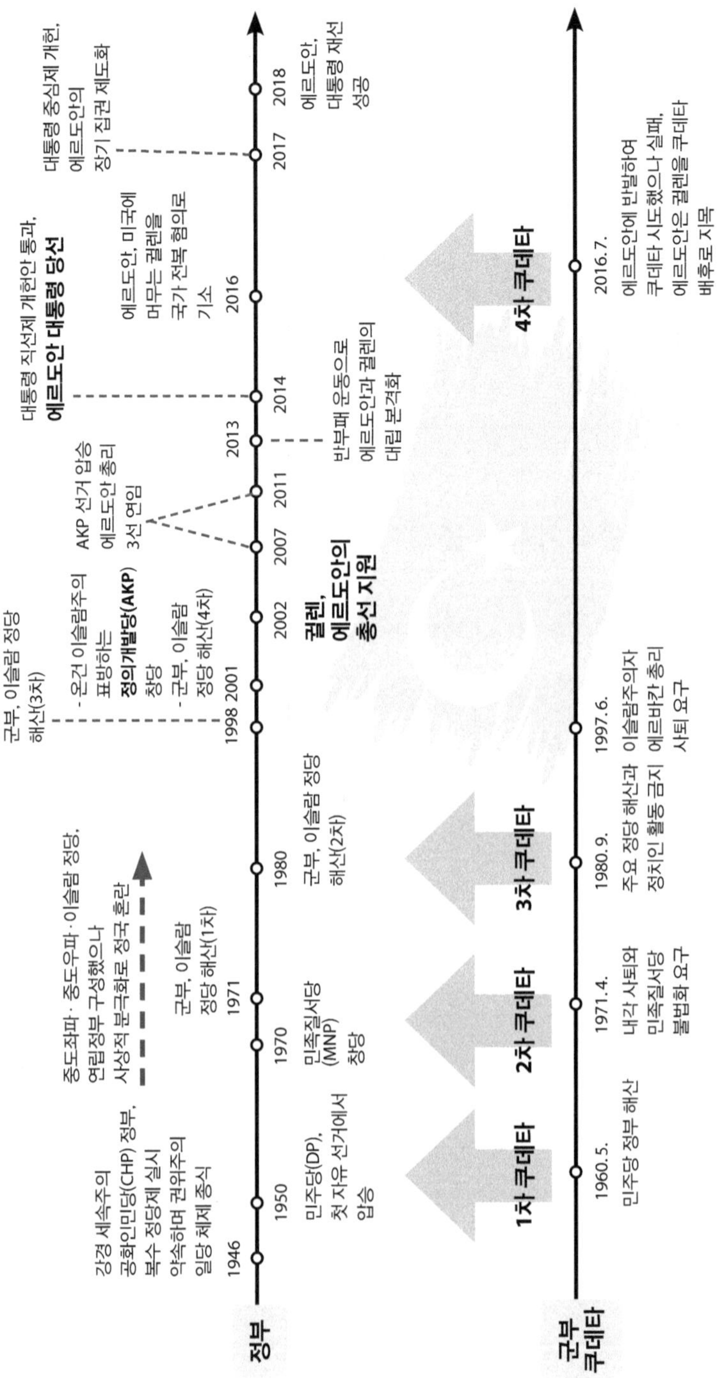

[그림 8-1] 튀르키예 세속주의 군부와 이슬람 정당 간의 대립

칭호를 부여하고 신격화했다. 군부는 튀르키예 민족주의와 강경 세속주의로 대표되는 케말주의를 오스만제국과 이슬람 전통을 대체할 국시로 제도화했고 쿠르드 민족주의와 이슬람주의 세력을 국가 통합의 적으로 여겼다.

오스만제국의 이슬람 전통은 철저히 부정되었지만, 강력한 군부와 중앙 집권 체제의 유산은 새로운 공화국으로 이어졌다. 공화인민당은 이슬람법 샤리아(sharia)와 칼리프제를 폐지했고 세속주의 원칙을 헌법으로 채택했다. 구체제의 상징인 이슬람 관련 조직들은 해체되었고 이슬람 정당 결성이나 정치 목적을 위한 종교 이용이 법으로 금지되었다. 종교와 관련한 조직 결성은 오직 국가의 공식 기관을 통해서만 허용되었다. 소수 서구화된 도시 엘리트인 세속주의자 관료와 군부는 중앙집권화와 민족의 동질화를 강조했다. 국가를 장악한 엘리트의 내부 결속력은 매우 뛰어났다. 반면 지방을 거점으로 한 보수 세력은 소자본가, 농민, 단순 기술자, 영세 수공업자와 소상인, 종교계 종사자 등 다양한 직군을 포함했고 넓게 흩어져 있었다. 케말주의자 일당 독재와 급진적 세속화 정책으로 시작된 중앙과 지방 사이의 커다란 균열은 점차 구조화되었다. 권위주의 국가의 공권력에 기반해 위로부터 행해진 이슬람 통제는 지방 세력의 강한 반대에 부딪혔고 이는 반정부 시위와 민주화 운동으로 이어졌다.

결국 1946년 강경 세속주의 공화인민당 정부가 복수 정당제 시행을 약속하며 권위주의 일당 지배 체제는 끝이 났다. 1950년 첫 자유 선거에서 20여 년간 일당 독재를 유지해 온 공화인민당은 야당인 민주당(Demokrat Parti, DP)에 크게 패했다. 개혁 독재에 반대한 이슬람주의와 자유주의 세력 간의 연합전선 구축이 성공한 것이다. 이슬람 정당은 세속주의자 군부와 관료에 의해 소외되어 온 보수 지방 세력의 이해를 대표한다고 주장해 왔다. 하지만 시장 경제 활성화와 이슬람 완화 정책을 펼친 민주당 정부는 정권을 잡은 지 10년 만인 1960년 포퓰리즘을 퍼뜨린다는 이유로 군부에 의해 해산되었다. 군부는 케말주의 수호를 명분으로 주요 정치인들을 체포했고 일부를 사형했다.

군부의 정치 개입은 이후 10년 주기로 두 차례 더 나타났다. 아래로부터의 조직적인 민주화 운동 없이 위로부터 쉽게 얻어진 정치 자유화는 1960년, 1971년, 1980년 세속주의와 튀르키예 민족주의 사수를 내세우며 개입한 군부로 인해 후퇴했다. 하지만 케말주의자 권위주의 체제 시기 금지되었던 이슬람주의 세력의 조직화가 이루어졌다. 1970년 최초의 이슬람 정당인 민족질서당(Milli Nizam Partisi, MNP)이 창당되었으나 1년 만에 군부에 의해 불법화되었다. 뒤를 이은 민족구세당(Milli Selamet Partisi, MSP)은 선거에서 선전해 1974년과 1977년 두 차례 연립정부에 참여하기도 했다. 1970년대 말 극우 정당인 민족행동당(Milliyetçi Hareket Partisi, MHP)이 이끌고 중도좌파, 중도우파, 이슬람 정당까지 포함한 연립정부는 사상의 분극화로 혼란에 빠진 정국을 수습하지 못했다. 결국 1980년 3차 군부 개입이 이루어졌고 주요 정당의 즉각 해산과 기존 정치인의 3년간 활동 금지 조치가 이어졌다.

1980년대와 1990년대에 걸친 제한적 민주주의 시기에도 세속주의와 이슬람주의의 불안한 공존은 이어졌다. 권위주의 일당 지배 체제, 위로부터의 정치 자유화, 군부의 정치 개입 과정을 오가던 튀르키예는 1983년 불안하나마 제한된 민주주의 시기에 들어섰다. 1990년대에는 강경 세속주의 세력의 과도한 영향력, 우파의 부정부패, 좌파의 무능으로 고질적인 정치 불안정과 경제 침체를 겪었다(장지향, 2019).

한편 이슬람 정당은 1970년 처음 결성된 이래 1971년, 1980년, 1998년, 2001년 군부에 의해 네 차례 해산되었다. 복지당(Refah Partisi, RP)이 해산된 후 결성된 미덕당(Fazilet Partisi, FP)은 튀르키예 이슬람 정당의 30여 년 역사상 처음으로 심각한 당내 분열을 겪었다. 강경 세속주의 국가의 지속적인 탄압에도 흔들림 없이 유지되어 온 조직 결속이 전통 보수파와 신진 개혁파 사이의 첨예한 갈등과 대립으로 무너진 것이다. 개혁파는 종교 색채가 짙은 당 강령과 정책의 전반적 수정과 더불어 지금껏 보수파가 인선을 통해 장악했던 당 지도부를 민주적 절차로 구성할 것을 요구했다. 특히 20년 넘게 이어진 네지메틴 에르바칸(Necmettin Erbakan) 당 대표의 일인 체제, 하부 활동가 조직의 급진성에 대한 개혁의 필요성을 지적했다. 미덕당은 당 역사상 최초로 지도부 선거를 치렀고 보수파가 개혁파를 적은 표차로 간신히 따돌렸다. 당 지도부 선거에서 보수파의 권위와 지도력이 크게 실추된 지 얼마 지나지 않아 미덕당은 군부에 의해 다시 불법화되었다.

2001년 시장경제와 이슬람 자유주의의 결합을 내세운 신진 개혁파는 온건 이슬람주의를 표방하는 정의개발당(Adalet ve Kalkınma Partisi, AKP)을 결성했고 전통 보수파는 에르바칸을 다시 옹립해 행복당(Saadet Partisi, SP)을 창당했다. 강경 세속주의 체제에서 이어 온 단일 이슬람 정당 해체가 처음으로 현실화한 것이다. 1990년대 말부터 미덕당 내부에서 개혁 운동을 벌인 레제프 타이이프 에르도안과 압둘라 귈(Abdullah Gül)은 1980년대 총리를 지낸 투르구트 외잘(Turgut Özal)의 보수적 자유주의를 계승한다고 주장했다. 특히 젊은 온건 이슬람주의자들은 이스탄불 시장(1994-1998)에 당선되었던 카리스마 넘치는 정치인 에르도안에 열광했다. 이들은 이슬람이 큰 정부와 사회주의를 반대한다는 점에서 자유주의와 닮았다고 강조했다. 이스탄불 시장 출신인 에르도안은 시장 재직 시절 효율적이고 깨끗한 시정 운영으로 높은 인기를 누렸다.

정의개발당은 에르도안과 귈의 연합 리더십 아래 전문가를 다수 충원했고 실용적이고 중도적인 노선을 내세워 무슬림 포괄 정당으로 발전했다. 정의개발당은 정당의 구조, 리더십, 태도, 역할, 지지 기반 측면에서 무색무취한 포괄 정당(catch-all party)의 특징을 보였다. 당 지도부는 연합 리더십의 성격을 띠었고 하부구조를 열성 활동가들로 채우지 않았다. 또한, 중도주의를 표방하고 정책 위주의 공약을 제시해 특정 이슬람 관련 집단이 아닌 광범위한 지지 기반 확보를 목표로 했다. 이러한 특징은 대중 정당이라 할 수 있는 과거 복지당과 확연한 차이를 보였다. 또한 정의개발당은 시장화, 민영화, 세계화를 중시했고 법치와 작은 정부, 다원주의 가치를 옹호했으며 튀르키예의 유럽연합 가입을 적극 지지했다. 강경 세속주의를 국시로 삼는 튀르키예에서 이슬람주의자들이 정당을 조직해 정치 활동을 시작한 지 30여 년 만에 이슬람 원리주의와 반서구 입장을 포기하고 실용 중도 노선을 채택한 것이다(장지향, 2019).

결국, 에르도안을 중심으로 결집한 온건 이슬람주의자들은 2002년 11월 선거에서 압승했다. 정의개발당은 34.2% 득표율로 350석을 얻었고 기존 정당 가운데 득표율 10% 이상을 기록한 정당은 19.3%를 얻은 공화인민당뿐이었다. 18개 정당과 무소속 후보가 선거에 참여했으나 정의개발당과 공화인민당만 의석을 얻었고 이슬람 원리주의에 기반한 공약을 답습한 행복당 역시 선거에서 참패해 국회 진출에 실패했다. 1990년대 세속주의 정당들의 이합집산으로 이어 온 연립정부는 경제 위기를 극복하지 못했다. 더욱이 주요 정치인은 예외 없이 부정부패 사건에 연루되었고 유권자들은 분노했다. 이때 새롭게 등장한 정의개발당은 기성 정당들의 무능과 부패를 뿌리 뽑고 유럽연합 회원국을 향한 터전을 다지겠다는 약속으로 대안 정당의 입지를 강화했다. 이들은 연립정부의 잦은 해체와 붕괴로 인한 정국 위기에서 11년 만에 단일 정부를 구성했다.

2. 민주화의 불가측성: 에르도안 총리가 이끈 튀르키예 무슬림 민주주의의 실험

정의개발당의 등장은 튀르키예 공화국의 출범 이래 지속된 세속주의와 이슬람주의 세력 간의 불안한 공존을 끝내며 무슬림 민주주의를 실험하는 계기가 되었다. 이제까지 강경 세속주의 국가 엘리트가 이슬람주의 세력과 쿠르드 분리주의 세력을 탄압하면서 튀르키예 민주주의는 공고화 단계로 넘어가지 못했다. 집권 이후 정의개발당 정부는 공약으로 내세웠던 정치·경제 개혁안들을 성공적으로 추진해 국내외 우려와 불신을 해소했고 민주주의 발전, 경제 성장, 중견국 외교 공고화를 이끌었다. 2003년 국제통화기금(IMF)과 새로운 조약을 체결하고 민영화 활성화를 위한 40억 달러 투자 계획을 밝혀 유럽연합과 유럽 투자자의 걱정을 덜었다. 2004년에는 군부의 정치 개입 금지, 소수 민족 쿠르드어 방송 허용, 78년간 지속했던 사형제의 완전한 폐지, 고문 폐지, 남녀 불평등 개선, 국가안보법원 축소를 실행에 옮기면서 유럽연합 정회원 자격 요건을 갖추었다. 특히 튀르키예 역사상 최초로 민간인 국가안보위원회 의장이 나온 것은 군부의 정치 개입 금지 제도화의 첫걸음이었다.

한편 세속주의자들이 우려했던 이맘 하팁 종교 교육자 양성 학교의 증가, 공립 학교와 정부 기관에서 무슬림 머릿수건 착용 허용 등의 친이슬람 법률 개정은 이뤄지지 않았다. 근대화를 서구화로 동일시하며 급진적 세속화 정책을 펼쳤던 케말주의자 군부는 온건 이슬람 정의개발당 정부의 친세계화, 친유럽연합 정책뿐만 아니라 튀르키예 군부 개혁에 대한 유럽연합의 압박을 거세게 비판했다.

정의개발당의 집권 이후 튀르키예 사회 내 비민주적 요소와 제약은 많이 줄었으나 인구의 20%를 차지하는 쿠르드족을 위한 이익 대표는 여전히 부족했다. 유럽연합은 튀르키예 정부에 회원국의 주요 요건으로서 소수 민족의 권리 신장을 강력히 요구했다. 정의개발당 정부는 과거 세속주의 정당들의 연립정부보다 쿠르드족의 권익에 더욱 우호적인 태도를 보였고 튀르키예 공화국 수립 이래 최초로 쿠르드어 방송을 허용했다.

정의개발당은 2002년에 이어 2007년과 2011년 선거에서도 압승을 거두어 10년 가까이 단일 정부를 이끌었다. 2010년 초반까지 정의개발당 정부는 성공적인 정치 개혁과 뛰어난 경제 정책 수행 능력을 보여 주었다. 정의개발당 정부는 튀르키예의 유럽연합 정회원 자격 획득을 위해 외교적 노력을 아끼지 않았다. 정의개발당 정부는 이슬람과 자유 민주주의의 양립 가능성뿐만 아니라 튀르키예 민주주의의 점진적인 발전 가능성을 보여 준 사례였다. 전 세계의 민주주의 수준을 측정하는 미국의 NGO 프리덤하우스는 2005년 튀르키예의 정치 권리와 시민 자유 지수를 두 단계 상향 조정했다(Freedom House, 2021).

나아가 북대서양조약기구(North Atlantic Treaty Organization, 이하 NATO)와 G20 회원국 튀르키예는 2013년 출범한 중견국 협의체 믹타(MIKTA)의 회원국으로서 국제사회에서 자유시장 경제와 민주주의 도모를 지지했다. 아흐메트 다우토을루(Ahmet Davutoğlu) 외무장관은 '이웃과 문제없이 지내기(Zero Problems with Neighbors)'라는 강령하에 역내 테러리즘 종식을 위한 국제사회 협력을 주장했다. 시리아, 리비아, 예멘 내전과 ISIS의 발호로 생긴 역내 힘의 공백을 틈탄 자국의 입지 강화 시도라는 일부 비판에도 튀르키예의 중견국 외교는 국제사회에서 높은 평가를 받았다.

민주주의 공고화와 중견국 외교로 국제적 평판을 끌어올린 정의개발당 정부는 경제 성장까지 이루었다. 정의개발당의 집권 10여 년간 1인당 국민 소득은 3배 이상 올랐고 2010년에는 44년 만에 최저 인플레이션율이 기록되었다. 에르도안 총리는 이스라엘-팔레스타인 분쟁,

하마스-파타 갈등, 시리아 내전, 이란 핵 협상에서 중재자 역할을 자임했다. 2009년 버락 오바마 미국 대통령은 튀르키예 국회 연설에서 에르도안의 리더십을 치하했다. 튀르키예에서 이슬람과 자유 민주주의 간의 평화로운 공존이 실현되는 듯했다. 2011년 아랍의 봄 발발 직후 브루킹스 연구소가 진행한 아랍권 여론 조사에서 에르도안 튀르키예 총리가 아랍인이 가장 존경하는 지도자로 뽑혔다(Telhami, 2011). 에르도안 총리가 무슬림 민주주의를 이끌어 갈 리더로 등극하는 순간이었다.

에르도안이 정의개발당을 설립해 시장경제와 전통, 자유 민주주의를 강조한 데는 이슬람 자본가의 역할이 컸고 이들 대부분은 이슬람 종단에 속했다. 세계화 과정에서 빠르게 부를 축적한 신흥 이슬람 부르주아지는 효율적인 사업 운영 여건과 이해관계 확보를 위해 온건 이슬람 정치 세력을 옹호했고, 공동체에 기반을 둔 이익 추구라는 계산으로 이슬람주의 세력 가운데 자유주의 성향을 가진 젊은 세대를 지지했다. 이슬람주의 세력의 정치적 과욕과 충동은 시장 경제 활동에 방해가 되기 때문이다.

이슬람 자본가는 국가 크기 축소, 효율적인 법 집행, 다원주의 보장과 같은 자유 민주주의의 핵심 가치를 강조하면서 안정된 투자 여건과 이익을 확보하고자 했다. 자신들의 힘으로 세속주의 국가를 통제할 수 없다는 사실을 잘 알기에 택한 국가와의 공존 전략이었다. 이슬람 자본가들은 이슬람 공동체의 네트워크를 통해 시장과 자유주의에 친화적인 정치인을 후원했고 원리주의자와는 거리를 두었다. 이슬람 금융과 기업인이 다수 속해 있는 종단들도 이슬람 정당이 아닌 중도우파 정당을 지지했다. 일반적으로 이슬람 정당의 지지 세력은 세계화 현상에 적대적인 사회·경제적 하층민이었다. 자본과 동맹을 맺은 자유주의 성향의 신진 온건 이슬람주의 세력은 시장과 전통 가치의 조화를 주창하며 무슬림 포괄 정당을 결성했다(Jang, 2013).

이슬람 자본이란 이슬람 윤리에 따라 운영되는 사업 전반과 관련된 자산이다. 이슬람 금융이 가장 대표적이나 이슬람을 기업 윤리로 삼는 사업체들도 자신의 정체성을 분명히 밝힌다. 이슬람 기업은 직원이 근무 중 기도하러 모스크에 가는 걸 기꺼이 허용하며 이사회와 경영진을 독실한 신자로 구성한다. 또한 이슬람 은행과의 거래를 선호한다. 세속주의자 재계 인사들도 자신의 정체성을 무슬림으로 밝히지만, 이들에게 종교는 지극히 사적인 영역이다. 세속주의가 국시인 나라에서 인구의 98% 이상이 자신을 무슬림으로 여기는 것도 비슷한 맥락이다. 이슬람 은행은 이슬람법규위원회를 자체적으로 운영해 사업 적절성 여부를 관리한다. 이슬람에선 고리대금과 이자를 금지하지만, 투자나 화폐의 시간적 가치에 대한 고려는 일반 경제이론과 같다. 이슬람 은행은 이자 대신 지분 투자 개념인 무다라바(mudaraba)와 무샤라카(musharaka)의 장기 대출을 통해 투자자와 사용자 간 손익을 배분하고 있다. 일반 자본과 마찬가지로 이슬람 자본도 이윤 추구를 위해 투명한 시장과 신뢰도 높고 작은 정부를 선호한다.

튀르키예의 이슬람 자본가는 국가의 후원을 독점해 온 세속주의 자본가 세력과 달리 국가의 지속적인 감시 대상이었다. 경제 자유화 정책을 내세운 외잘 정부 덕분에 이슬람 은행과 기업은 규제에서 벗어날 수 있었다. 이슬람 은행은 1985년 외잘 정부 시절 특별금융기관(Özel Finans Kurumları)이라는 이름으로 처음 도입되었다. 이슬람 기업 역시 1970년대 국가 주도의 수입 대체 산업화 과정에서 배제되어 어쩔 수 없이 수출 관련 제조업과 서비스 분야에 집중했다가 외잘 정부 시기 활성화되었다. 1990년대 초 세계화가 시작되면서 튀르키예 이슬람 자본가는 무슬림 세계의 국제 시장으로 진출했고 유동성이 높은 자본을 축적할 수 있었다. 이들 신흥 이슬람 부르주아지는 이윤 추구에 방해가 되는 정치 불안정을 바라지 않았다. 강경 세속주의자 군부가 이슬람 정당을 네 차례 해산시키고 탄압할 때마다 이들에게 미치는 파장도 컸다.

세계화 과정이 심화하자 수출 관련 제조업과 서비스 분야에 특화된 이슬람 기업이 호황을 맞았고 국제 자본을 중개할 수 있는 이슬람 은행은 시장 점유율과 지점망을 꾸준히 늘려 나갔다. 외잘의 경제 자유화 개혁은 대도시의 산업 자본가가 장악한 수입 대체 구조에 지방 중소 자본가 주도의 수출 지향 시스템을 유입했다. 외잘은 구조 조정 반대 세력을 견제하기 위해서도 이슬람 은행과 기업을 활성화했다.

튀르키예의 이슬람 종단은 세속주의 국가 이데올로기화 작업이 한창이던 1925년 공식적으로 해체되었고 이후 철저히 개인 영역에서 지하 점조직 형태로 활동했다. 원래 종단은 이슬람의 유연한 해석에 기반해 종교를 사적 활동으로 규정하기 때문에 이슬람 원리주의 정치 조직과는 갈등을 빚었다. 튀르키예의 3대 이슬람 수니파 종단은 낙쉬벤디(Nakshibendi), 누르(Nur), 펫훌라흐(Fethullah)다. 가장 규모가 큰 낙쉬벤디 종단에는 외잘 가문이 회원으로 속해 있었다. 외잘의 동생인 코르쿠트 외잘(Korkut Özal)은 사우디아라비아를 비롯한 걸프 산유 왕정의 자금을 튀르키예로 끌어오는 데 주도적인 역할을 했으며 알바라카 이슬람 은행의 대주주였다. 펫훌라흐 종단은 1980년대 중반 이즈미르의 이맘 펫훌라흐 귈렌(Fethullah Gülen)에 의해 시작되었고 귈렌 운동이란 이름으로도 알려져 있다. 펫훌라흐 종단은 미디어 사업에 크게 성공해 유명해졌고 1996년 아시아 은행을 세워 빠르게 성장했다. 낙쉬벤디, 누르 종단과 구별되는 펫훌라흐 종단의 특징은 튀르키예 민족주의와 세속주의를 지지한다는 점이다. 이들은 가장 대표적인 온건 종단임을 주장하며 강경 세속주의 국가 엘리트의 이슬람 세력 탄압도 비판하지 않았다. 특히 귈렌은 친미주의자이자 시장 경제 지지자로서 사우디아라비아와 이란의 체제에 매우 비판적이며 외잘과 중도우파 정치인들을 지지했다(Jang, 2013).

3. 아랍의 봄의 아이러니: 에르도안 대통령의 권력 사유화와 일인 체제 강화

정의개발당 정부의 성공 덕분에 무슬림 민주주의의 연착이 이뤄진 듯했다. 하지만 이슬람과 자유 민주주의의 공존 가능성을 보여 준 에르도안 총리는 집권 10년 차를 넘기면서 일인 체제를 공고히 하는 권위주의 리더로 추락했다. 점차 개인 권력에 집착한 에르도안 총리는 개인 지배 체제 강화 과정에서 갈등을 빚은 정의개발당의 온건파를 축출했다. 2014년 3선 연임으로 총리 출마 길이 막히자 대통령 직선제 개헌안을 통과시켜 당선되었다. 이후 친인척 비리가 쏟아졌고 언론 탄압이 이어졌다. 2016년 에르도안을 겨냥한 쿠데타가 실패한 후엔 공안 정치가 몰아쳤다. 정의개발당 정부가 이끈 민주주의 발전, 경제 성장, 중견국 외교 리더십 공고화는 무너졌고 권위주의로의 퇴행이 이어졌다. 특히 정의개발당의 부상을 도운 이슬람 자본과 종단, 온건 이슬람 정치인에 대한 대대적 숙청이 이뤄지면서 이슬람 공동체 분열이 가속화되었다. 2018년 재선에 성공해 장기 집권의 기반도 마련한 에르도안 대통령은 20여 년째 권좌를 지키며 21세기 술탄이라 불린다(Cagaptay, 2017).

2013년 정부개발당 정부가 이스탄불 탁심 광장의 게지 공원 재개발 정책에 항의하는 평화 시위대를 강경 진압하면서 민주주의의 후퇴는 확연해졌다. 에르도안 총리는 과잉 진압에 반대하는 정의개발당의 온건파와도 충돌했고 이들 중 이슬람 은행과 기업, 종단 관련 사람들이 대거 포함되었다. 2014년 에르도안 총리는 3회 연임으로 더는 총리직을 맡을 수 없게 되자 역사상 최초로 대통령 직선제를 도입했다. 대선 후보로 나선 그는 51.7%를 얻어 대통령에 당선되었으나 민심은 동요했다. 2015년 6월 총선에서 집권 여당 정의개발당은 처음으로 단일 정부 구성에 실패했고 쿠르드계 인민민주당이 제4당으로 약진했다. 이후

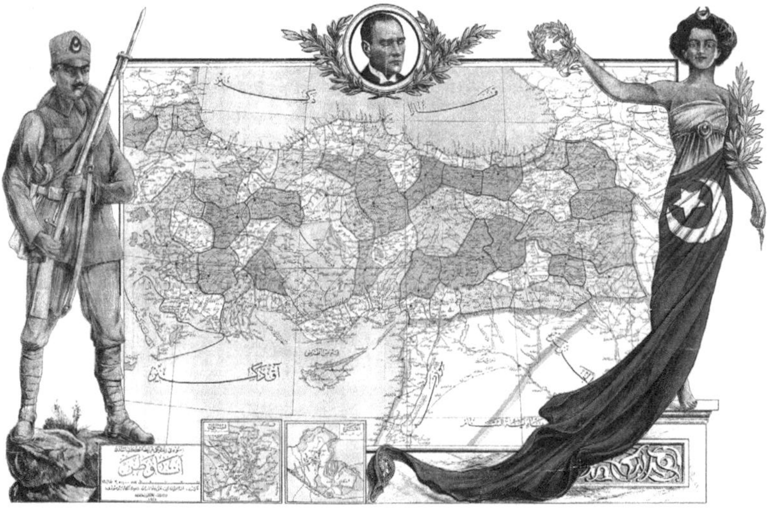

[사진 8-1] 오스만어로 쓰인 1927년 튀르키예 공화국 지도
(출처: https://en.wikipedia.org/wiki/Atat%C3%BCrk%27s_reforms#/media/File:Anavatan_1927.jpg)

에르도안 대통령은 튀르키예 민족주의를 앞세워 극우 민족주의 민족운동당과 연합을 맺었다. 이로써 무슬림 민주주의 구호 아래 시행했던 쿠르드 소수 민족 보호 제도는 사실상 폐기되었다.

이후 에르도안 대통령은 개인 권력 강화를 본격화했고 이슬람 은행, 기업, 종단과 유대 관계를 이어 온 당내 온건파 정치인에 대한 숙청이 시작되었다. 정의개발당의 공동 설립자이자 실용 온건주의자로 명망 높던 귈은 에르도안이 대통령으로 선출된 후 정계에서 은퇴했다. 경제학자 출신인 귈은 외교장관, 총리, 대통령을 역임하면서 에르도안의 독단적 행보에 반대 의사를 자주 표명해 왔다. 중견국 외교를 주도하며 국민의 신망을 받던 정치학자 출신의 다우토을루 역시 에르도안 대통령과 갈등 끝에 2016년 갑자기 총리직을 사퇴했다. 다우토을루는 귈과 마찬가지로 친정의개발당, 반에르도안 태도를 보인다. 법무장관과 부

총리를 역임한 제밀 치첵(Cemil Çiçek)도 당내에서 밀려난 대표적인 온건파로 2015년 국회 대변인을 끝으로 은퇴했다. 치첵은 에르도안 대통령의 독단 행동을 겨냥한 듯 삼권분립, 견제와 균형 시스템의 중요성을 강조해 왔다.

이슬람 공동체 분열의 대표적인 예는 에르도안과 재미 이슬람 학자 귈렌의 갈등이다. 과거 온건 이슬람주의 구호 아래 함께 뜻을 모았던 귈렌이 에르도안의 권력 사유화를 비판하자 펫훌라흐 종단 관련 사람들은 대대적인 숙청 대상이 되었다. 2001년 이스탄불 시장 출신 에르도안이 정의개발당을 창당해 시장 경제와 전통 가치의 조화를 견지하자 귈렌은 이를 적극 지지했다. 귈렌은 1970년대 말 자신의 이름을 딴 펫훌라흐 종단을 세워 이슬람 교육 확산을 목표로 귈렌 운동을 이끌어 왔다. 펫훌라흐 종단은 지방의 중소 규모 사업가와 상공인 계층을 주된 신도 층으로 삼고 있다. 귈렌의 교육 기관을 거친 인재들은 검·경찰과 언론 분야에 진출해 귈렌 네트워크를 형성해 왔다. 2000년대 후반까지도 에르도안과 귈렌은 세속주의 세력에 맞서는 동지였다. 하지만 2010년대에 들어와 권력에 집착하는 에르도안을 귈렌이 비판하자 갈등이 불거졌다. 2013년부터 펫훌라흐 종단 소유의 언론사는 에르도안 측근의 뇌물 수수 비리와 가족 및 친인척의 정치 자금 횡령 스캔들을 집중 보도했고 에르도안은 귈렌 추종 집단의 음모라고 반박했다. 이후 대통령이 된 에르도안은 귈렌과 가까운 검찰, 경찰, 군 간부들을 해임하거나 구속했으며 펫훌라흐 종단이 운영하는 언론사, 기업체, 학교, 연구소들을 폐쇄했다. 2016년 1월에는 귈렌을 국가 전복 혐의로 기소했고 펫훌라흐 종단 회원들이 대주주로 있는 아시아 은행을 테러 자금 조달 죄로 수사했다.

에르도안 대통령의 일인 지배 체제가 공고화되던 중 2016년 7월 군부 쿠데타가 일어났다. 쿠데타는 군부 내 소수 세력인 친이슬람 성향의 장교들이 주도한 것으로 알려졌다. 물론 일부 세속주의자 군인들도 쿠데타에 동조했으나 주도 집단은 펫훌라흐 종단과 귈렌 운동 소속 장교들이었다. 이슬람주의 세력을 약화하려는 세속주의 군부의 정치 개입이라는 1960년대 이후의 쿠데타 등식이 적용되지 않은 새로운 형태였다. 쿠데타 가담자들은 에르도안 대통령의 부정부패와 권력 사유화로 인해 사회 불만이 최고조에 이르렀다고 판단했다. 나머지 군부와 시민 다수도 쿠데타를 전폭적으로 지지하리라 기대한 것이다.

그러나 에르도안의 권위주의 정권을 전복하려던 장교들은 주변 동료의 의중과 성숙한 민의를 제대로 읽지 못했다. 이들은 온건 이슬람 정의개발당 정부하에서 세속주의 군부의 조직력이 급격히 약해졌다는 사실 또한 제대로 계산하지 않았다. 2002년 권력을 장악한 정의개발당 정부는 군부의 정치 개입 금지라는 개혁 기치 아래 과대 성장한 군부를 길들이기 시작했다. 결국 쿠데타는 6시간 만에 실패로 끝났다. 쿠데타군이 이스탄불의 보스포루스 다리와 공항, 앙카라의 국영 방송사와 국회의사당을 장악한 지 2시간도 되지 않아 진압군이 출동해 상황을 끝냈다. 쿠데타 시도를 지켜보던 시민들 역시 거리로 나와 탱크에 맞서며 군부의 정치 개입에 반대 목소리를 더했다. 물론 이들 민주 시민이 에르도안 대통령의 일인 체제 강화를 지지하지는 않았으나 이들에게 민주주의 제도를 정면으로 부정하는 쿠데타는 확실한 레드라인으로 작동했다. 다만 시민들은 이후 몰아칠 혹독한 폭압 정치에 대해서는 예측하지 못했다(Genç 2019).

2016년 대통령을 겨냥한 쿠데타가 실패한 후 전국적으로 고강도 폭압 정치가 시작되었다. 현직 군인 1만 7,000명 숙청, 공직자 14만 명 해임, 지식인과 언론인 5만 명 투옥이 대대적으로 이뤄졌다. 2017년 에르도안 대통령은 대통령중심제 개헌 국민 투표를 통해 장기 집권을 제도화했고 1년 후 재선에 성공했다. 대통령 일인 체제와 선거 권위주의

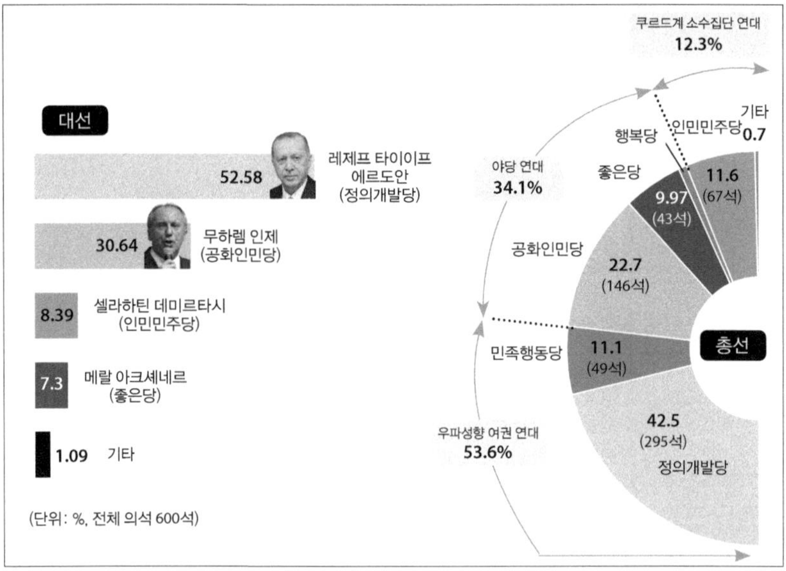

[그림 8-2] 2018년 튀르키예 대선·총선 결과

가 어느 때보다 공고해졌다. 에르도안 대통령은 강권 통치를 심화했고 국내 정치 위기 돌파를 위해 포퓰리스트 대외 정책을 적극 활용했다. 권위주의적 의사 결정과 친인척 비리를 비판한 당내 온건파를 숙청했으며 언론인과 시민 단체를 탄압했다. 나아가 펫훌라흐 종단을 테러 조직으로 지정했고 미국 정부에 귈렌의 즉각 소환을 요청했다.

2018년 대선에서 52%의 득표로 재선에 성공한 후 에르도안 대통령은 전횡적 권력 행사를 공고했다. 에르도안 대통령은 2017년 개헌을 통해 제왕적 대통령의 철권 통치 체제를 제도화했고 의회 해산권을 행사하며 고위 법관 임면권도 갖게 되었다. 대선과 함께 치러진 총선에서도 정의개발당은 승리했다. 2015년 총선과 비교했을 때 이스탄불에서 9%, 앙카라에서 14%가량의 표를 잃은 결과지만, 정국 운영에는 문제가 없었다. 정의개발당 내 합리적 온건파는 대부분 축출되었고 세속주의 야권 세력의 조직 역량은 여전히 열악하므로 에르도안 대통령을 견제할 세력은 없기 때문이다. 일인 지배에 대한 제도적 제어 장치도 작동하지 않는 상황에서 대통령은 무소불위의 전권을 누릴 수 있었다.

더불어 에르도안 대통령의 편협한 선거주의 사고는 심화했다. 에르도안 대통령은 일인 지배 강화를 놓고 선거에서 자신을 선택한 국민의 뜻이라 강변했다. 민주주의 체제에서 과반수로 당선된 대통령의 합법적이고 정당한 권리라는 것이다. 물론 대의 민주주의에서 다수결 원칙에 따른 선거 결과 승복은 기본 약속이다. 하지만 과반수 득표로 당선되었으니 권력의 정당성을 확보했다는 주장은 대의제에서 가장 경계해야 할 오류다. 민주주의란 당선자를 선택하지 않은 소수의 의견도 보호하고 합의점을 찾아가는 과정이기 때문이다. 에르도안 대통령은 선거주의의 오류에 빠지지 않는 것이 민주주의를 지키는 길이란 사실을 놓쳤다.

한때 무슬림 민주주의를 표방했던 튀르키예는 현재 '자유롭지 않은 국가'로 추락했고 민주주의 추락은 국가 신용 등급 강등으로 이어졌다. 프리덤하우스에 따르면 2015년 튀르키예 민주주의 지수는 전 해보다 5포인트 하락했고, 2017년도 지수는 2015년도보다 17포인트 내려갔다. 2021년도 프리덤하우스 지수는 7년 전보다 30포인트 떨어져 최저치를 기록했고 이제 대표적 장기 독재 국가인 알제리의 민주주의 지수보다 낮다. 2021년도 튀르키예의 프리덤하우스 민주주의 지수는 32인 반면 알제리는 34, 쿠웨이트는 36, 요르단과 모로코는 37을 기록하고 있다. 국경없는기자회는 튀르키예의 언론 자유가 180개국 중 154번째라고 발표했다. 콩고, 파키스탄보다 낮은 순위다(Freedom House, 2021).

권위주의로의 심각한 회귀 현상은 경제에도 타격을 줬다. 2013년부터는 경제 성장률 하락과 실업률 상승이 두드러졌다. 불안한 국내 정세와 더불어 민주주의 후퇴가 두드러지자 국가 신용 등급이 추락했고 리라화 가치도 떨어졌다. 2019년 이후 중앙은행장이 세 번 바뀌면서 중앙은행 독립성의 심각한 훼손이라는 문제가 제기되었다. 2020년 국제신용평가사 무디스는 G20 회원국인 튀르키예를 르완다, 탄자니아와 같은 국가가 속한 투자 '주의' 등급 그룹으로 강등했다. 지난 2년간 튀르키예 리라화 가치는 45% 떨어졌고 인플레이션율은 70% 선에서 잡히지 않았다.

튀르키예의 대외 정책도 민주주의 퇴행으로 인해 크게 변했다. 포퓰리스트 대통령은 튀르키예 민족주의, 신오스만주의, 유라시아주의를 앞세운 공격적인 팽창주의 정책을 선포했다. 오스만제국의 영광을 재현하겠다며 역내 패권 추구를 공세적으로 역설했고 유럽이 아닌 유라시아 진출을 표방해 러시아, 중국과 빠르게 밀착했다.

튀르키예는 NATO 회원국 가운데 두 번째로 큰 규모의 군대, NATO군과 미군이 이용하는 공군·해군 기지, NATO의 탄도미사일 방어 레이더 시스템과 미국의 핵무기 50여 기, 미군 2,000여 명을 보유한 나라다. 그런 튀르키예가 2019년 7월 러시아제 최신 지대공미사일 시스템 S-400 장비를 자국 공군 기지로 인도받았다. 튀르키예가 S-400 도입을 강행하자 미국은 튀르키예의 F-35 전투기 프로그램 참여를 중지시켰고 유럽연합과 NATO 회원국도 대튀르키예 무기 금수와 제재를 경고했으나 튀르키예는 눈 하나 깜빡하지 않았다. 게다가 자국의 민주주의 후퇴와 인권 탄압을 비판하는 서구와 빠르게 멀어지며 NATO 회원국과 갈등을 빚고 있다. 특히 에르도안 대통령이 2016년 쿠데타의 배후로 지목한 재미 이슬람 학자 귈렌을 미국이 증거 부족으로 소환하지 않고, 유럽연합이 튀르키예의 권위주의 역행을 비판하며 회원국 가입에 차가운 반응을 보이면서 관계는 급속도로 악화하고 있다. 에르도안 대통령은 자국의 인권과 민주주의 후퇴를 둘러싼 국제사회의 문제

[사진 8-2] 이슬람주의자 에르도안 대통령이 세속주의자 국부 아타튀르크 사진 앞에 있는 모습

제기에 내정 간섭이라며 공격적으로 대응하고 있다.

튀르키예 대외 정책이 국제 규범에서 빠르게 멀어져 가자 중견국 외교를 강조하던 다우토을루 총리는 에르도안 대통령과 갈등 끝에 2016년 사퇴했다. 최근 튀르키예 팽창주의 행보의 촉발 요소는 2019년 3월 지방선거의 패배였다. 당시 지방 선거는 대통령 중심제 전환 후 첫 선거로서 에르도안 장기 집권에 대한 신임 투표나 마찬가지였으나 집권당은 앙카라, 이스탄불, 이즈미르 3대 도시에서 패했다. 특히 25년 만에 최대 도시 이스탄불을 잃었다. 이에 에르도안 대통령은 10월 쿠르드계 시리아인을 접경지대에서 몰아낸 후 자국 내 시리아 난민을 이주시키는 일거양득 효과의 군사 작전을 감행했다. 튀르키예는 시리아 내전 발발 후 유럽의 막대한 지원금을 약속받고 난민을 대거 받아들였으나, 경제 악화로 난민에 대한 여론이 날로 나빠지고 있었다. 이때 미국이 시리아 철군을 발표하자 에르도안 대통령은 정국 위기 돌파를 위한 기습 작전을 강행했다.

아사드 세습 독재 정권에 저항하는 쿠르드계 시리아 반군이 국제사회의 지지를 받고 입지를 굳혀 가자 튀르키예는 국내 쿠르드 소수민족에 탄압 수위를 한층 높이며 시리아 반군 전체에 대한 지지를 철회했다. 그러면서 친아사드 전선의 러시아, 이란과 급속히 가까워졌다. ISIS 격퇴전과 시리아 내전이 끝나면서 아사드 정권을 지원했던 이란과 러시아가 비자유주의 역내 질서를 주도하자 튀르키예는 이에 적극적으로 동참하고 있다. 중국이 신장웨이우얼 자치 지역 투르크계 무슬림의 분리 독립 움직임을 통제하려는 방안으로 튀르키예에 협력을 요청하자 국제사회에서 따돌림을 당하던 에르도안 대통령은 대테러 정책의 명목하에 적극적으로 응하고 있다.

최근 NATO와 G20 회원국인 튀르키예가 국제 규범을 일탈하며 보인 행보 중 하나는 유럽연합을 상대로 한 난민 비즈니스다. 시리아와 국경을 접한 튀르키예에는 난민 360만여 명이 정착해 있고 이들의 최종 희망지는 유럽이다. 2016년 3월 유럽연합과 튀르키예가 브뤼셀 특별정상회담에서 발표한 합의안에 따르면 유럽연합은 튀르키예에 2018년까지 시리아 난민 수용 시설 운영에 드는 비용의 몫으로 60억 유로를 지급하기로 했다. 유럽연합은 6월부터 튀르키예 국민의 유럽연합 국가 입국 시 비자 면제 혜택과 튀르키예의 유럽연합 가입 협상의 빠른 추진을 약속했다.

파격 합의안에 유럽연합 회원국 일부가 반발했다. 특히 키프로스는 튀르키예가 그리스계 남키프로스를 국가로 인정하지 않고 공항과 항만을 개방하지 않는 한 유럽연합 가입을 강력히 반대한다고 밝혔다. 프랑스는 앞으로 유럽연합이 튀르키예의 인권과 민주주의 상황을 문제 삼지 못할 수 있다며 우려를 표명했다. 유엔 역시 난민의 인권 침해 소지를 지적했다. 이에 유럽연합은 튀르키예의 가입 협상 시기를 구체적으로 명시하지 않는 것으로 절충점을 찾았다. 유럽연합이 튀르키예에 제공한 시리아 난민 처우 개선 지원금이 시리아 국경 지대 감시를 위한 군사비로 쓰였다는 폭로가 이어졌다. 튀르키예 정부는 지원금을 전용해 쿠르드계 시리아 자치 지역을 압박하는 군사적 용도로도 사용했다.

NATO 회원국 튀르키예는 2017년 말 시리아에서 ISIS 패퇴가 선언된 후부터 국경을 넘어 쿠르드 자치지역을 공격했다. 2018년에는 시리아 북서부의 쿠르드 도시 아프린을 기습 공격해 쿠르드계 시리아 민병대 인민수비대와 교전을 벌였고 이때 민간인 수백 명이 사망하기도 했다. 특히 2019년 10월 미국이 시리아 병력 철수를 발표하자마자 튀르키예군이 인민수비대를 바로 공격했다. 인민수비대는 ISIS 격퇴전에 적극 참여해 단일 참여 조직 중 가장 많은 희생자를 냈으나 안전지대 밖으로 쫓겨났고 자치권을 포기했다. 시리아 내전에서는 아사드 독재 정권에 맞선 반군 연합 시리아 민주군의 주축이기도 했다. 그러나 튀르키예는 인민수비대를 자국 내 분리주의 테러 조직 쿠르드노동자당의 분파로 보고 있다. 에르도안 대통령은 쿠르드계 시리아인을 쫓아내고 안전지대를 설치한 후 자국 내 정착한 시리아 난민 가운데 100만 명을 이주시키겠다고 밝혔다. 이어 튀르키예는 내전 중인 리비아의 이슬람주의 정부와 그리스의 배타적 경제 수역을 침범하는 동지중해협정을 일방적으로 체결했고, 2020년 리비아의 이슬람주의 정부에 군사 지원을 본격화했다.

4. 튀르키예 무슬림 민주주의의 좌절: 선거 권위주의 체제 공고화와 중동 지정학의 변동

20세기 후반 제3의 민주화 물결 이후 보편적 정치 체제로 주목받던 민주주의가 세계적인 위기를 겪고 있다. 이들 국가에서는 인종차별주의, 폐쇄적 민족주의, 자국우선주의가 퍼졌고 표현의 자유, 법치, 정부의 기능이 훼손되었다. 전 세계적으로 민주주의가 약화하자 민주주의와 권위주의 사이의 회색지대에 머물던 튀르키예의 선거 권위주의 체제는 확실한 권위주의로 빠르게 퇴행했다. 권위주의 국가의 지도자는 선진 민주주의 국가에서 퍼지고 있는 국수주의와 반세계주의를 환영했다. 권위주의 체제를 향한 비판이 약해졌기 때문이다. 특히 미국의 대외 정책은 대통령 지지 세력 결집에 이용되었고 개인의 정치적 편익에 흔들렸다. 이러한 추세 속에 비민주주의 국가는 좀 더 열악한 권위주의 체제로 퇴보하기 시작했다.

아랍의 봄 민주화 혁명 역시 10주년을 향해 가고 있지만, 혁명의 근원지 튀니지를 제외하고는 모두 민주화에 실패했다. 이집트는 군부 권위주의로 돌아갔고 시리아, 리비아, 예멘은 장기 내전을 겪고 있다. 전조 현상 없이 갑자기 일어난 독재 정권 붕괴는 민주주의 안착으로 쉽게 연결되지 않았다. 민주화 이행에는 전문 직업 의식을 보유한 군부와 현실 정치 속 협상 경험이 있는 야권의 존재가 중요했다. 새로운 민주 정부 구성원은 오랜 반체제 생활로 국정 운영 역량이 부족했고 혁명에 참여한 시민은 기대와 현실의 틈 사이에서 조급한 불만을 표출해 왔다. 그러나 민주주의의 열린 시스템은 단기 경제 부흥에는 취약하나 장기적으로 발전의 선순환을 끌어낼 것이다. 한편 10년 전 아랍의 봄 민주화 운동을 억압했던 아랍에미리트와 사우디아라비아는 2010년도 중반 이래 청년층을 겨냥한 파격적 개혁 개방을 시행해 왔는데 이는 간접적으로나마 아랍의 봄 혁명이 가져온 긍정적 결과다(장지향, 2020).

아랍의 봄 민주화 혁명 발발 당시 혁명을 이끈 아랍의 젊은 세대가 희망으로 여겼던 튀르키예의 무슬림 민주주의 모델은 실패했다. 튀르키예는 다른 무슬림 국가들과 비교해 더욱 개방적인 구조를 갖추고 있어서 권위주의 국가로부터 독립성을 확보한 이슬람 자본가가 존재했고 이슬람주의 세력의 탈급진화가 가능했다. 그러나 온건 이슬람주의자가 권력 기반을 다진 후 과도하고 무질서한 정치 욕심을 부릴 때를 대비한 구조적, 제도적 제어 장치는 마련되어 있지 않았다. 부르주아지가 정치인의 과욕과 충동을 다스리며 촉진한 근대 민주주의는 많은 약점을 가지고 있었다. 근대 민주주의가 시작된 후 자본의 긍정적 역할은 더 찾기 힘들어졌으며, 19세기 유럽과 20세기 개도국 사례가 보여 주듯이 자본가는 노동자를 착취하며 민주주의의 반대 세력으로 자리 잡았고 사익 추구를 위해 이익집단을 이용한 정치 개입으로 공익을 해치기도 했다(Jang, 2013).

현재 세계적 민주주의 위기는 자유주의, 다자주의, 세계주의 약화와 국제질서 혼란으로 이어지고 있다. 튀르키예 권위주의 회귀 배경에는 미국의 쇠락, 러시아의 부상, 유럽의 관망으로 요약되는 지정학적 지각 변동이 자리 잡고 있다. 특히 도널드 트럼프 전 미국 대통령의 자국우선주의, 지급능력 중시 동맹관, 신고립주의는 미국의 입지와 신뢰도 약화, 러시아의 틈새 진출, 미 동맹국의 일탈을 부추겼다. 트럼프도 돈이 많이 든다며 반ISIS 국제연합전선에서 핵심 지상군으로 싸운 쿠르드계 시리아 반군 지원을 중단하고 철군을 결정했다. 뒤이은 튀르키예의 쿠르드 공격 감행은 미국발 변화에 따른 혼란을 극적으로 보여줬다. 튀르키예는 중동을 떠나는 미국 대신 러시아에 기댔다. 동맹 관계를 거래 행위로 여기는 트럼프 덕분에 에르도안 대통령은 더 쉽게 결정을 내렸다. 더 나아가 에르도안 대통령은 유럽연합의 막대한 지원금을 받은 후 시리아 난민의 유럽행을 더는 막지 않겠다며 추가 지원금을 유럽연합에 요구했다. 일인 체제를 강화하던 에르도안 대통령에게 난민 관리를 맡긴 책임론마저 유럽연합을 향했지만, 유럽은 한목소리를 내지 못하고 있다. 프랑스는 그리스·키프로스와 동지중해 영유권 분쟁을 벌이는 튀르키예를 향해 강경한 반대 목소리를 내고 튀르키예가 참여하는 NATO 지중해 작전 불참을 선언했지만, 독일은 유럽 내 반이민 여론을 의식해 날 선 비판을 자제하고 있다.

2016년 실패한 튀르키예 쿠데타 이후 안정을 선호하는 시민들이 에르도안 대통령의 강력한 리더십을 바라며 여전히 그를 지지하고 있다는 평가는 권위주의 체제하의 왜곡된 여론에 기반하고 있다. 최근 튀르키예처럼 강도 높은 언론 탄압이 만연한 곳에서 시민들은 정치 견해와 진짜 속마음을 숨기게 마련이다. 독재자를 향한 높은 지지도는 언론의 자유와 정치 권리 수준이 열악한 사회에서 쉽게 볼 수 있는 '공적 거짓말'이며 전형적인 여론 왜곡 현상이다.

현재 튀르키예에서는 온건 이슬람주의를 표방하던 정치인이 또다시 고삐 풀린 정치 욕망을 드러내며 시민들을 선동하고 있고 이를 제어하고 다스릴 이슬람 자본가는 모든 영향력을 빼앗겼다. 하지만 튀르키예 시민사회는 민주주의 위협에 대한 분명한 레드라인을 갖고 있다. 2016년 쿠데타의 실패는 에르도안 대통령의 일인 체제 공고화에 반대한 시민들까지 거리에 나와 군부의 정치 개입에 맞섰기 때문에 가능했다. 시민들은 대통령의 권력 사유화에도 강하게 반대하고 있다. 2000년대 초반 민주 시민들이 강압적이고 부패한 세속주의자 기득권 세력에 맞선 온건 이슬람 정치 세력을 전폭적으로 지지했듯이 에르도안 대통령의 정치적 탐욕이 레드라인을 넘을 경우 시민사회의 저항은 매우 거셀 것이다.

제9장 이란, 미완의 혁명과 시민 불복종 운동

1. 이란, 30년 만의 뜨거운 함성 그 이후

1979년 '자유, 독립, 이슬람 공화국'을 외치며 거리로 쏟아져 나온 이란 사람들이 꿈꾸었던 이상적인 이슬람 국가란 하나의 '움마(Ummah; 이슬람 공동체)'였다. 권위적인 부계 사회 중심의 이슬람권에서 처음으로 '아래로부터의 혁명'을 스스로 이룩한 이란 사회에서 자유와 민주주의에 대한 갈망은 입헌혁명이 일어났던 1905년, 20세기 초부터 시작되었다. 하지만 유토피아를 꿈꿨던 이슬람 공화국의 도덕적 이상들은 사람들이 그토록 갈망했던 자유와 민주주의를 안겨 주는 대신, 목을 죄는 수단으로 변모했다. 높은 기대만큼이나 깊이 실망한 세속적 성향의 개혁파 이란인들은 혁명을 '최대의 실수'라 말하며, 자조적인 내러티브들을 쏟아 내고 있다.

이슬람 혁명의 성공 이후 40년 이상 지난 오늘, 초기의 혁명적 이상은 개혁파 이란인들에게 의미 없는 기표로 존재한다. 한편으로 이란은 미국의 중동 패권주의에 대항할 수 있는 유일한 국가로, 이란 사회에는 강력한 정치적 레토릭과 슬로건이 여전히 건재한다. 또한 보수적인 성직자 집단을 중심으로 군부 세력과 버저르(전통 시장) 상인층 등 정권을 지지하는 보수 및 전통 세력도 두텁다. 이러한 사회 맥락에서 지난 2009년의 녹색운동(The Green Movement)이라 불리는 민주화 시위를 어떻게 해석해야 할까? 또한 10여 년이 지난 지금, 녹색운동은 이란 사회에 어떤 의미로 각인되고 있을까?

"알라후 아크바르(신은 위대하다)!"

"마르그 바르 딕테토르(독재자에게 죽음을)!"

2009년 6월, 제10대 이란 이슬람 공화국 대통령 선거 결과가 발표된 13일 밤부터 이란 전역은 사람들의 구호로 가득 찼다. 30년 전 이슬람 혁명을 성공으로 이끈 방식으로 사람들은 또다시 거실과 옥상, 마당에서 신을 향해 부르짖었다. 이렇게 녹색운동은 이슬람 혁명 30주년을 맞은 2009년(이란력 1388년)에 다시금 이란 현대사를 써 내려갔다. 지난 30년 동안 꾹꾹 눌러 왔던, 아니 눌려 왔던 정권에 대한 불만과 분노가 대통령 선거를 계기로 폭발한 것이다. 30년 전 팔레비 왕정을 무너뜨리고 이슬람 혁명을 외쳤던 이들로 가득 찼던 메이두네 엥겔랍(혁명 광장)은 다시 지배 정권에 저항하는 사람들로 가득 찼다.

1979년 이슬람 공화국 수립 이후, 이란에서 국가에 대한 시민의 저항은 일상적이고 소극적인 형태로서의 저항에만 머물러 왔다. 하지만 녹색운동은 이슬람 공화국 수립 이후 최초의 대규모 반정부 시위였고, 유혈사태까지 이른 '적극적 저항'이었다. 또한 이란 사회의 사적 공간에서만 공유했던 고질적인 갈등 요소들을 공적 영역으로 끌어내었다는 점에서 정치적·사회적 의의가 있다. 그렇다면 무엇이 국가라는 도덕 체계 속에서 모습을 숨기고 있었던 사람들을 거리로 쏟아져 나오게 했을까?

이란 시민들은 대통령 선거 결과에 불복하고 부정 선거를 규탄하며 거리로 나왔지만, 그들의 분노는 단지 부정 선거에 대한 의심에서 비롯된 것만이 아니었다. 지난 30년간 꿈과 희망이 철저히 짓밟힌 분노와 울분이었다. 하지만 분노 앞에 주어진 것은 전방위적 탄압과 죽음이었다. 수많은 젊은이의 죽음은 이란 녹색운동의 심각성을 국제사회에 알리는 계기가 되었고, 이란에서 변화와 저항의 목소리는 더욱더 커졌다. 비록 녹색운동은 미완의 실패로 끝났지만, 시민사회의 발전과 민주주의를 향한 열망을 확인했다는 점에서 결코 실패라 할 수 없다. 이란 녹색운동은 이슬람 혁명 30년에 대한 평가가 팽팽하게 대립한 이란의 정치 현실을 보여 준 사건이라 할 수 있다. 13주년을 맞은 2022년까지 녹색운동은 이란 내 시민사회 운동과 평화, 민주화를 이끈 역사적 전환점 역할을 하고 있다.

이 장에서는 이란 녹색운동과 그 후 10여 년의 의미를 정치적·사회적으로 되짚어 본다. 특히 이란의 사회 불평등과 양극화 현상에 초점을 맞추어 민중 봉기 과정을 살펴봄으로써 '혁명가 없는 혁명'이 어떻게 우연히 일어났는지 신자유주의 맥락에서 살펴볼 것이다. 1980년대 이후 신자유주의 정책으로 인해 심해진 불평등과 높은 실업률 그리고 양극화가 고착되는 과정, 혁명 이후에도 여전한 경제 불평등 현상을 설명할 것이다. 또한 중동에서 민주화 운동의 불씨를 댕겼던 이란의 녹색운동 13주년을 맞아 녹색운동의 의미와 혁명 이후 사회적·경제적·정치적 변화를 짚어 보고자 한다.

2. 녹색운동 전개와 이슬람 혁명의 변곡점으로서의 항거

1980년에 시작해 1988년에 끝난 이란-이라크 전쟁 이후부터 이란 이슬람 공화국은 건국 초기 평등주의에서 경제 자유화로 이동했다. 1989

년 악바르 하셰미 라프산자니(Akbar Hashemi Rafsanjani) 대통령 취임 이후 첫 경제 자율화 어젠다들이 등장했다. 뒤이어 1997년 모하마드 하타미(Mohammad Khatami) 대통령은 자율적·민주적 개혁을 약속하며 대통령에 당선되었다. 하타미 정권은 이슬람 공화국 내 정치 권력 투쟁의 본격 진화 단계로 여겨졌다. 사회적·정치적 변화의 주체인 젊은이와 여성이 시민사회의 구성원으로 등장하면서 민주주의에 대한 논쟁이 전면적으로 시작되었다. 하타미 정권이 사회적·정치적·경제적으로 이란을 변화시켰고, 이란의 민주 논쟁과 민주주의 담론의 포문을 열었다는 것에는 의심의 여지가 없다. 하지만 하타미 정권이 이전 정권처럼 퇴보할 가능성을 막을 견고하고 영속적인 제도를 시행하는 데에는 실패하였기 때문에, 안타깝게도 하타미 정권 이후 이란 사회는 그 어느 때보다 양극화되고, 소외되고, 냉소적인 분위기가 되었다는 평을 받는다. 하타미 정권은 보수 강경파의 견제로 정치 개혁 어젠다를 강력하게 실현하지 못해 최대 지지자였던 중산층에게 외면당했다. 하타미 대통령의 시도로 이란이 더 이상 국제적으로 고립되지 않고 국제사회와 평화로운 대화를 나누게 되었지만, 중하층 계급이 체감할 수 있는 발전을 이룩하지는 못했다는 의견이 대부분이었다.

2005년 대통령 선거는 이런 정치 냉소주의와 경제 불만족 분위기에서 시작되었다. 그 결과 신원리주의자로 분류되는 마무드 아마디네자드(Mahmoud Ahmadinejad)가 예측을 뒤엎고 승리를 거두었다. 의외의 선택 배경에는 빈곤과 경제 불평등에 대한 유권자들의 불만이 있었다. '가난한 사람들을 위한 부의 재분배'는 신원리주의자들이 가장 강하게 내세우는 경제 정책이다. 신원리주의자 대선 후보인 아마디네자드는 강건한 이슬람 사회를 위한 평등주의를 강조하고 빈곤 타파와 부정부패와의 전쟁을 선거 구호로 내세우면서 제9대 대통령으로 당선되었다. 그는 저소득층에게 현금으로 보조금을 지급하고 지방에 생필품을

[사진 9-1] 아마디네자드와 무사비 후보를 지지하는 현수막(2009년)

배분하는 정책을 추진했다. 아마디네자드는 '석유 값을 민중의 저녁 식탁에'라는 공약을 내세웠으며, 아마디네자드 정부는 국가의 보조금 정책을 전면 개혁한다는 새로운 경제 정책을 발표했다. 하지만 그의 재임 동안에도 고질적인 경제 문제는 해결되지 않았다. 이에 아마디네자드 정부는 보수적이고 종교적인 저소득층들의 지지를 받았지만, 경제 정책은 이란인들의 높은 기대에 미치지 못했다. 또한 그의 강압 통치 방식은 전 지구적 민주주의와 인권 의식의 영향으로 변혁을 원하는 개혁 성향을 지닌 중·상류층에게 큰 고통으로 다가왔다. 아마디네자드 1차 재임 동안 독립적으로 활동하던 시민 단체들이 문을 닫았고, 활동가, 지식인, 언론인, 여성 운동가는 투옥되었으며, 정부에 반하는 대학교수와 학생들의 목소리는 지워졌다(Bayat, 2017: 77). 아마디네자드는 '반제국주의 운동'(Bayat, 2017: 4)이라는 미명으로 사람들을 통제하고 억압했다. 이는 그동안 정치에 무관심했던, 세속적이며 종교 색이 없던 사람

[사진 9-2] 녹색운동 시위대의 야권 후보 지지자들 (2009년)

들의 마음을 자극했다.

이슬람 혁명 30주년이 되는 해, 아마디네자드 대통령은 연임을 목표로 2009년 6월 제10대 대통령 선거에 출마했다. 당시 도시 중산층들은 개혁파 후보인 미르호세인 무사비(Mir-Hossein Mousavi) 후보를 지지하며 그의 상징색인 '녹색'을 선거 운동에 자발적으로 사용했다. 선거 열기는 어느 때보다 뜨거웠으며, 통제된 이란 사회가 맞는지 의심될 정도로 사람들이 자신의 정치 견해를 피력했다. 이란인들은 정치에 무관심했던 4년 전을 뼈아프게 생각하며 서로에게 적극적으로 투표에 참여할 것을 독려했다. 이 과정에서 무사비 지지자들은 무사비 선거 캠페인의 상징 색인 녹색 옷과 끈으로 지지 의견을 적극 드러냈다. 녹색 의복과 손목 끈은 어떤 선전 도구보다 가시적 효과가 있었고, 연대를 확인하는 수단이 되었다. 그들은 이 느슨한 연대를 확인했고, 무사비를 지지하는 데 확신을 가지게 되었다(Fischer, 2010). 그리고 천 조각에 지나지 않는 초록색 끈은 '마법의 녹색 팔찌(This Magic Green Bracelet)'라 불렸다(Alavi, 2010: 209-215). 선거 직전 테헤란을 비롯한 대도시는 마치 축제의 장 같았다. 젊은이들은 사진과 포스터를 들고 구호를 외쳤고, 테헤란 북부의 타즈리쉬 광장부터 남부 지역까지 20km 가까이 되는 발리아스르 대로에서 수천 명이 인간 띠를 만들었으며, 선거 전 주말 도심 곳곳은 지지자들의 기대로 절정에 다다랐다.

하지만 변화를 꿈꾸며 희망의 노래를 불렀던 이란인들은 아마디네자드 대통령의 재선 성공이라는 믿을 수 없는 결과와 마주하게 되었다. 아마디네자드는 득표율 62.46%를 기록하면서 33.87%를 기록한 무사비를 압도적으로 따돌렸다. 진보 개혁 성향으로 무사비 후보나 메디 카루비(Mehdi Karroubi) 후보를 지지했던 이들은 큰 충격에 빠질 수밖에 없었다. 선거 결과가 발표된 날 오후부터 수도인 테헤란을 비롯해 쉬러즈, 이스파한, 타브리즈, 마샤드 등 대도시를 중심으로 많은 인파가 선거 무효와 부정 선거를 외치며 거리로 나왔다. 선거 전 축제 분위기였던 발리아스르 거리는 성난 군중으로 가득 찼고, 거리의 쓰레기통은 불더미에 휩싸였으며, 상가와 버스 정류장 유리들은 파손되었다. '알라후 아크바르(신은 위대하다)', '마르그 바르 딕테토르(독재자에게 죽음을)'란 구호가 온 도시를 뒤덮었다. 사람들의 트위터와 페이스북 프로필은 "Where is my vote?"로 바뀌었다. 참여 관찰 내내 만난 많은 사람이 자신은 분명 '무사비'로 적었는데 그 표가 '아마디네자드' 표로 둔갑했다며 흥분했다. 거리에 나온 군중은 단순히 부정 선거 의혹 때문에 분노한 것이 아니었다. 이 치열한 논쟁의 뿌리는 바로 이슬람 공화국의 역사 속에 깊숙이 자리 잡고 있었고, 사람들의 함성은 이슬람 공화국 정의와 방향성에 대한 질문으로 핵심이 옮겨졌다. 이는 곧 이슬람 공화국의 권위가 위기에 직면했음을 알리는 신호탄이었다.

이에 시민 불복종 형태의 녹색운동(Jonbeshe-Sabz)이 시작되었다.

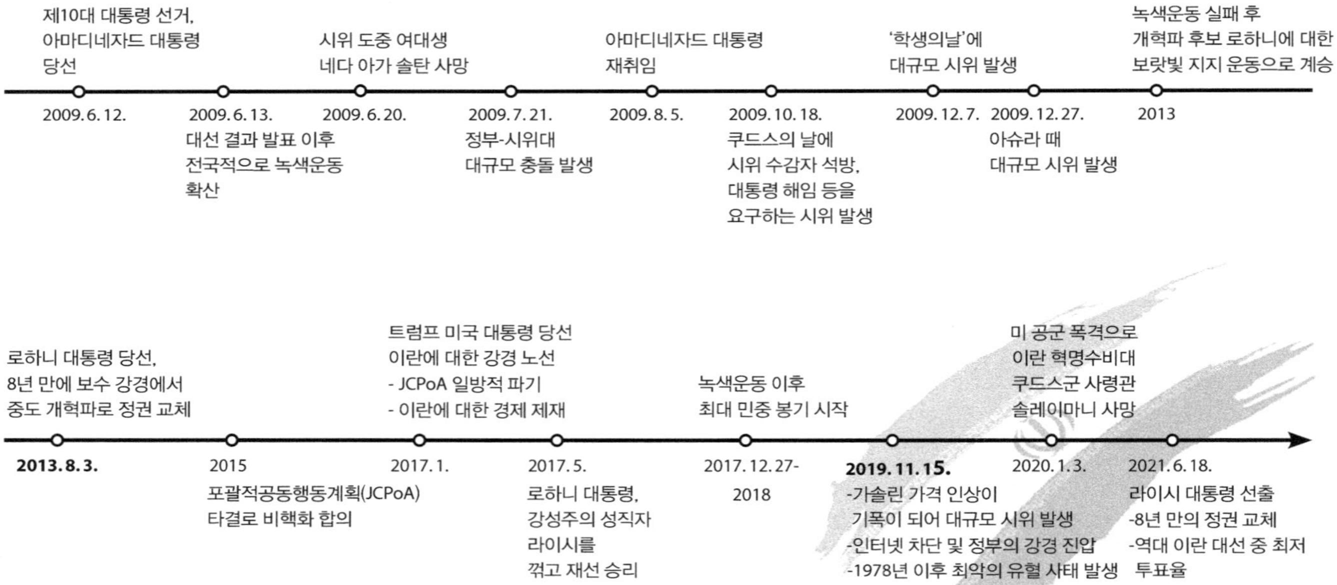

[그림 9-1] 2009년 이란 녹색운동 타임라인

*쿠드스의 날(Quds Day): 라마단의 마지막 금요일에 개최되는 연례행사로 1979년 이슬람 공화국이 팔레스타인을 지지하고 시온주의와 이스라엘을 반대하기 위해 시작됨

*아슈라(Ashura): 이슬람 시아파에서 이슬람 종교의 창시자인 무함마드의 손자인 후세인 이븐 알리의 죽음을 애도하기 위해 시작한 종교 의식

파르디스 마다비(Pardis Mahdavi, 2013) 교수는 녹색운동을 시민 불복종 투쟁이라 규정하며, 특히 이란 젊은이들이 자신의 몸과 아비투스(계급적 문화 취향), 행동으로 이슬람 정권이 구성한 도덕성이라는 거대한 구조를 전복시키려는 시도로 설명했다. 대통령 선거 전 녹색 티셔츠와 히잡으로 거리와 광장을 녹색으로 만들었던 이란력 1360년대생들은 선거 이후 또다시 민중 봉기를 주도하는 주인공이 되었다.[1] 비폭력 시위에 참가한 26세 여성 네다 아가 솔탄(Neda Agha-Soltan)이 사복 경찰의 총탄에 맞아 죽어 가는 모습을 전 세계가 목도하면서 녹색운동의 심각성이 알려졌고, 동시에 이 젊은 여성의 죽음은 이란 민중들의 용기와 주체성을 보여 주는 전형이 되었다(Alavi, 2010: 256). 시위가 시작된 2009년 6월 10일 이후 첫 6주 동안 테헤란에서만 2,500명이 체포되었고, 150명 넘게 투옥되었으며, 공식 사망자는 30여 명이었지만, 실제 사망자 수는 이를 훨씬 상회할 것으로 예상되었다. 높은 청년 인구 비율, 신자유주의의 거센 여파와 함께 온 대량 청년 실업 사태가 이란 녹색운동의 실질적 근원이었으며, 평화 시위에 참여했던 젊은이들의 죽음과 실종은 이란 사람들에게 충격을 안겼다.

하지만 이슬람 정부는 남녀노소가 참가한 대규모 침묵시위 같은 국민의 평화로운 목소리 역시 용납하지 않았다. 결국 정부의 무력 진압과 구속으로 녹색운동은 혁명으로 이어지지 못했다. 유달승(2012: 12-15)은 이 배경으로 녹색운동의 내부 문제 몇 가지를 지적한다. 개혁 진영의 지도자인 무사비는 대규모 시위나 파업을 요구하지 않았고, 이슬

1 이슬람력으로 올해(2022년)는 1401년이다. 즉 1360년대생은 서기력 1981년대생 이후 출생한 세대를 뜻한다. 한국에서 80년대생, 90년대생으로 호명하는 것과 비슷하게 이란에서는 60년대생(서기력 80년대생), 70년대생(서기력 90년대생) 등으로 표현한다.

람 공화국이라는 제도 안에서 반정부 집회가 진행되기를 바랐다.

또한 1979년 이슬람 혁명을 가능하게 했던 노동자 계급과 상인이 결집하지 못하면서 녹색운동은 급속히 힘을 잃었다. 이후 녹색운동의 중심에 있었던 무사비와 카루비는 2011년부터 지금까지 가택 연금 중이다. 선거 운동 기간 내내 기존 후보자 부인과 전혀 다른 행보를 펼쳐 여성과 청년의 눈길을 끌었던, 변혁의 또 다른 상징인 무사비의 부인 자라 라나바드 역시 가택 연금된 적이 있다.

이란은 혁명수비대(Islamic Revolutionary Guard Corps)라는 강한 군사 조직을 보유하고 있어 이집트, 튀니지 등의 국가보다 시민운동이 반체제 운동을 추진하기 더욱 힘든 구조를 가지고 있다. 이란 정권은 강력한 이데올로기 근원을 가지고 있기 때문에 벤 알리 정권이나 무바라크 정권보다 더욱 체계적이고 무자비하다고 평가된다(Jahanbegloo, 2011: 128). 그럼에도 아마디네자드가 펼친 강압적인 이슬람 강화 정책과 핵 문제로 국제적으로 고립된 이란의 현실로 인해 특히 중상류층 젊은이와 여성의 불만이 커졌고, 이들은 이란 정부에 저항하는 시민 불복종 주체가 되었다.

녹색운동은 단순히 부정선거 의혹에 대한 분노가 아니라, 궁극적으로 이슬람 공화국의 방향과 미래 자체의 위기에 대한 분노의 표출로 이해해야 한다. 또한 녹색운동 지지자를 세속적인 중산층 이상의 지식인층, 특히 젊은이들로 국한해 이 운동을 계급 분열로 분석하는 것도 경계해야 한다. 녹색운동은 다양한 결을 지니며, 역동적이고 복합적 사회 의미망을 지닌 유례없는 사건이다. 지젝은 이란의 시위를 이슬람 강경파 대 친서구 자유주의 개혁파의 대립으로 단순화하는 것에 문제를 제기하면서, 녹색운동에서 보인 이란 시민의 외침이 "1979년 이슬람 혁명의 반복"이라고 규정했다. 슬라보예 지젝은 "수천 명이 완벽한 침묵 속에 벌인 심상치 않은 행진처럼, 국민 단결에 대한 확실한 입증, 모두를 아우르는 연대, 창의적인 자기 조직화의 즉흥 행위, 자발성과 규율의 독특한 조합 등 이슬람 혁명에 실망한 지지자들이 벌인 진정한 대중 궐기"임을 강조했다(지젝, 2012: 114).

녹색운동은 10년이 지난 지금도 이란 시민사회 운동의 전환점 역할을 하고 있다. 비록 혁명으로 발전하지는 못했지만, 이슬람 혁명 이후 30년 사이 최대 규모의 민주화 운동이라는 점에 의미가 있다. 또한 이 역사적 사건은 특히 개혁주의 민중에게 이슬람 공화국의 변화가 절실하다는 점을 더욱 각인했다. 지젝의 말을 빌리면, 이슬람 혁명 초기에 이란 사회에서 보였던 "정치·사회적 창조성의 놀라운 폭발과 학생과 시민 사이의 논쟁"은 이슬람 정권 30년 동안 서서히 사라지고 있었고, 녹색운동은 이슬람 혁명에서 "억압된 것으로의 회귀"다(지젝, 2012: 110).

부정 선거 규탄 시위는 이슬람 공화국의 합법성을 위협하는 주요 요인이 될 수 있다. 특히 최고 지도자의 권위가 심각하게 훼손되었다. 최고 지도자는 현재 이슬람 공화국 체제의 상징이자 이슬람 법학자 통치론을 구체적으로 실현한 지위다. 하지만 부정 선거 규탄 시위를 통해 최고 지도자는 이슬람 체제의 헌법적인 중재자 역할에서 절대 권위 지도자로 변했다. 이란 녹색운동은 지금까지도 이란 사회에서 민중이 목소리를 내는 열망의 동력이며, 이는 시아 이슬람의 저항 의식이자 이슬람 혁명으로 이어지는 역사적 발현이라 할 수 있다. 하지만 미국 트럼프 대통령 당선 이후 몇 년 사이에 정치 문제가 아닌 경제 이슈에 기대어 저항과 봉기의 초점이 옮겨졌다.

3. 지속되는 '위태로운 삶'

1) 개혁에 대한 희망, 내부 정치의 분열

녹색운동은 다른 아랍 국가들처럼 혁명으로 이어지지는 못했지만, 이후 2013년 대선에서 개혁파 후보 하산 로하니(Hassan Rouhani)에 대한 보랏빛 지지 운동으로 계승되었다. 로하니 후보 진영의 상징 색이었던 보라색은 억압과 차별에 맞서는 저항과 자유, 평등을 의미했다. 2013년 로하니 대통령의 당선은 8년 만에 보수 강경파에서 중도 개혁파로의 정권 교체라는 의미를 지녔다. 또한 주요 국가 기관을 점령했던 강경 보수주의자들의 종말과 파벌 간 힘 균형에서의 전환점을 의미했다(Hurst, 2016: 553). "이란의 녹색운동은 분명 역사적 전환점이 될 거예요."라는 한 정보 제공자의 진술처럼 개혁파 대통령 로하니의 당선은 녹색운동 이후 개혁과 변화를 갈망해 온 이란 국민의 목소리를 대변하는 것이었다. 녹색운동은 이란 내 정치 투쟁과 정치 파벌주의의 결과물로 보이지만, 신자유주의 경제 체제 도입 이후의 심화된 경제 위기가 이란인들에게는 직면한 현실이자 더욱 중요한 배경이 되었다(Jahanbegloo, 2011).

이 같은 녹색운동의 의미를 계승한 로하니 대통령은 2015년에 핵 합의를 끌어냈고, 포괄적공동행동계획(the Joint Comprehensive Plan of Action, 이하 JCPoA) 타결에서 정치권력과 자기 리더십의 합법성을 공고히 하려는 최고 지도자 알리 호세인 하메네이의 지지 역시 결정적 동력이 되었다(Hurst, 2016: 554). 로하니 대통령은 핵 협상 성공과 핵 협의의 순조로운 해결에 대한 기대에 힘입어 2017년 5월 강성주의 성직자 에브라힘 라이시(Ebrahim Raisi)를 꺾고 과반수를 넘기며 무난히 재선에 성공했다. 하지만 예상치 못한 미국 대통령 도널드 트럼프의 출현은 2

년간의 달콤한 꿈을 악몽으로 변모시켰다.

핵 합의 문제뿐 아니라 이란의 변혁을 가져올 것이라 기대했던 로하니 대통령의 사회 개혁, 즉 사회적·정치적 자유와 인권 문제 역시 시민들의 기대치에는 미치지 못했다. 정치 권리(Political Right)와 시민 자유(Civil Liberty) 지수를 합산한 프리덤하우스의 세계 자유 지수(World Freedom Index)에서 아마디네자드 대통령 재임 기간과 로하니 대통령 재임 기간 모두 지수 6을 기록하며 '자유롭지 않은 국가'로 분류되었다.[2] 또한 2018년 여성의 히잡 강제 착용에 대한 저항 운동을 변호하던 변호사 나스린 소투데(Nasrin Sotoudeh)의 구금에서 드러나듯이, 변화와 변혁을 기대했던 시민들의 불신과 특히 경제 위기에 따른 불만으로 로하니 정부 역시 개혁파, 보수파, 국민 모두에게 외면받았다. 중산층 붕괴 현상과 빈곤층 증가로 2017년 말부터 2018년 지방을 중심으로 경제난 시위가 일어났고, 이란 내 빈곤층의 좌절과 분노의 목소리가 커지고 있다. 2017년 12월 27일에 시작된 민중 봉기는 녹색운동 이후 최대 규모였지만, 앞선 운동과는 여러 면에서 다른 성격을 띠고 있었다. 마샤드에서 일어난 대규모 집회는 테헤란 대학가로 번졌고, 악화일로인 경제난 때문에 시위가 시작되었지만 사우디아라비아의 대척점에서 지정학적 우위를 선점하기 위해 시리아, 예멘에 돈을 쏟아붓는 정부에 대한 저항도 이어졌다. '팔레스타인은 잊어라! 가자도 레바논도 아닌, 이란인 나의 삶을 위하여'라는 구호가 울려 퍼졌다.

트럼프 정부는 이란의 혁명수비대를 테러 집단으로 규정하고 이란 정권 자체를 전복시키려 했다. 하지만 미국의 전방위적 압박으로 중도 개혁파인 로하니 정권은 결국 국내에서 신임을 잃었고, 오히려 이

2 https://freedomhouse.org/report/freedom-world/2019/iran

란 내 보수파를 집결시키는 결과를 가져왔다. 또한 코로나19로 인한 미증유 상황에 큰 타격을 입은 이란 사회는 라이시 대통령을 선출하면서 정권 심판에 나섰다. 이에 지금 이란 사회는 내부 불만, 외교적 고립과 압력, 개혁파 진영을 끊임없이 압박하는 전통 보수파의 견제에 이르기까지 어느 때보다 팽팽한 대립에 휩싸여 있다. 안타깝지만 이란은 녹색운동을 통한 변화의 동력을 사회 양극화와 불평등 속에서 상당 부분 잃은 듯하다. 트럼프 정부가 주장하는 이란 사회의 자유와 구조적, 체제적인 변화는 결국 미국 정부가 이란을 옥죄고 숨통을 막음으로써 더욱 나쁜 결과를 가져왔다. 녹색운동이 실패한 이유는 이란 내부의 문제보다 국제 공동체의 적극적인 이란 지지가 제 역할을 하지 못했기 때문이라는 해석을 상기해 볼 때, 오늘날 이란 상황을 분석하려면 전 지구적 지정학을 더욱 고려해야 한다.

2) 심각한 경제난, 10년 후 다시 거리로 나온 희생자들

정치적 이견보다도, 평범한 이란 사람조차 '할 수만 있다면 누구든지 떠난다.'라는 유행어가 보여 주듯 2011년부터 악화된 경제 상황은 점점 사람들을 절망에 빠뜨렸다. 2015년 극적으로 핵 협상이 타결되면서 이란은 세계의 관심을 한 몸에 받았다. 유럽과 한·중·일을 비롯한 아시아 정상이 방문하는 등 지대한 경제 효과를 낼 수 있으리라는 전망이 쏟아졌다. 로하니가 2017년 재선을 준비하는 동안 핵 협상 타결과 경제 제재 해제가 정권의 최대 성과로 홍보되면서, 로하니 대통령은 2017년 5월 대선에서 연임에 성공했다. 보수 강경파에 대한 견제와 내부 권력 투쟁에서 개혁파들이 힘을 얻는 듯했다. 로하니의 새로운 외교정책 방향에 이란을 향한 국제적 제재 압력을 완화시키는 것이었다. 특히 로하니 대통령은 경제 재건을 우선순위에 두었다.

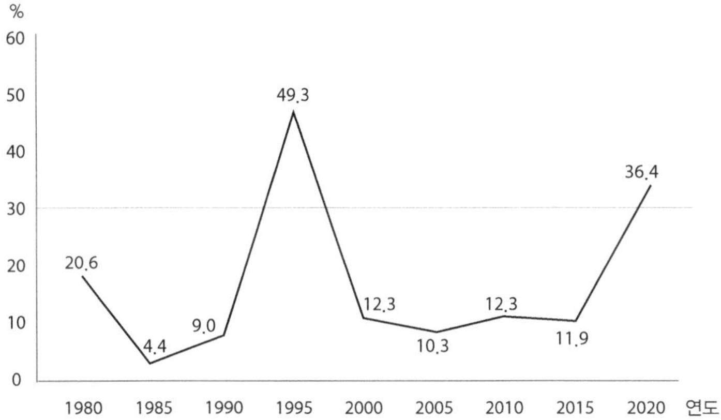

[그림 9-2] 1986-2020년 이란 인플레이션율

(출처: IMF 자료를 바탕으로 작성)

하지만 트럼프 대통령 취임 이후 일방적인 JCPoA 파기로 이란 정세와 경제는 급격한 혼란 속으로 빠져들었다. 이란은 또다시 고립 상태에 놓이게 되었다. 2009년 이란 대도시를 중심으로 주로 청년, 개혁파, 중산층 세력이 "독재자에게 죽음을!"을 외쳤다면, 2017년 이후 지방의 거리에서는 트럭 운전사, 설탕 공장 근로자, 수해로 피해를 입은 사람, 교사 등이 저마다 목소리를 높였다(Saffari, 2018). 경제 취약층과 지방 거주민일수록 경제 양극화 현상과 위기에 취약한 상태였기 때문이다. 2009년에 거리로 쏟아져 나온 사람들이 도시의 중산층 이상 고학력자, 젊은 계층을 주축으로 자유와 민주화를 외쳤다면, 2017-2019년 거리에서는 신자유주의 역풍에 가장 취약한 지방의 소수 종족, 저임금 노동자가 주축이 되어 나섰다.

한편 경제 위기는 더욱 심각한 사회 위기를 가져왔다. 특히 JCPoA에 대한 일방적인 파기 선언으로 환율 시장이 급격히 흔들렸다. 2018년 8월 기준 1년 사이 이란 리알(Rial)은 172% 가치 하락했고, 환율은

1달러당 10만 리알 가량 올랐다. 리알 가치 하락에 따른 수입품 가격 상승으로 심각한 인플레이션에 닥쳐왔다. 이란 핵 개발로 인한 국제적 경제 제재 이후 최악의 경제 위기를 맞이했음을 보여 주는 단적인 수치다. 이란 국민은 일상적으로 애플리케이션을 통해 매일 환율을 확인했으며, 금화 가치 상승과 하락은 빠질 수 없는 화두였다. 이는 이란 사회가 직면한 신자유주의의 무서운 결과가 일상을 지배하고 있다는 하나의 증거다.

2019년에 환율은 1달러당 리알 기준 최저 2만 2,800리알에서, 최고 19만 리알까지 기록했다. 2022년 2월에는 4만 2,250리알로 다소 안정세에 접어들었지만, 리알 약화 현상은 이란인의 생활을 바꾸어 놓았다. "당장 다음 달 생활비와 지출을 가늠할 수가 없다."라는 진술이 쏟아질 정도로 인플레이션이 심각하며, 경제 상황 악화로 실업률 및 물가 상승 때문에 시중 환율이 급등해 2019년에는 경제 고통 지수가 최근 10년 중 최고점을 기록했다. 이메일과 소셜 미디어 메신저를 통해 면담한 정보 제공자들의 말대로, 일주일 사이에 우유 및 생필품 가격이 급등할 만큼 이란 국민은 급격한 인플레이션을 절실히 체감했다.

특히 주목할 점은 심각한 청년 실업률이다. 이란의 청년 실업률은 평균 실업률의 2배, 30% 가까이 상회했다. 이는 2000년대부터 계속되어 온 현상이지만, 앞에서 살펴본 것처럼 급격한 인플레이션과 결합한 청년 실업 문제는 사회의 안전성을 흔들고 있었다. 2019년 5월 테헤란대학교에서 벌어진 시위에서 학생들은 "대학생이 죽어 간다, 우리는 이런 모욕을 참지 않을 것이다."라고 부르짖었다. 대학생들의 시위는 라마단 기간 내 엄격해진 히잡 규정 문제로 시작했지만, 학생들은 실업 문제와 언론 자유를 외치며 캠퍼스 내 대규모 집회를 감행했다. 2009년 녹색운동의 주역이었던 젊은 세대처럼, 13년이 지난 2022년에도 실업과 자유의 문제는 현재 젊은 세대가 당면한 과제다. 특히 고학력 실업자들의 비율은 유능한 미래 인재들을 절망에 빠뜨리는 근본 원인이다.

현대 이란은 이슬람 혁명 이래 최대의 경제적·외교적 위기에 처해 있다. "이념보다 빵이 먼저다."라는 이란 사람들의 푸념처럼 현재 경제 위기는 곧 이란 정치 개혁파에 대한 위협이며, 이슬람 혁명 40주년의 의미를 퇴색시켰다. 외부적으로 이란은 지난 40년간 미국, 유럽, 유엔 등의 제재를 받아 왔다. 이란 내 사회 양극화 현상과 사회 불평등 현상은 심화하고 있으며, 전체 인구의 무려 3분의 1 이상이 절대 빈곤층으로 떨어질 위험이 있다는 어두운 전망이 나오고 있다. 녹색운동의 정치적·문화적 의미가 이란이 시민사회와 민주주의를 향해 한 걸음 더 나아갈 기폭제로 작용했다는 것에는 의심할 여지가 없다. 하지만 경제 문제에 따른 심각한 사회 위기는 바로 현재, 이슬람 혁명 이후 최악의 유혈 사태로 번지고 있다.

2019년 11월 15일, 휴일인 금요일 밤에 갑작스럽게 가솔린 가격 인상 소식이 발표되었다. 50-200% 이상의 유가 인상 소식은 2017년부터 미국의 전방위적 경제 제재로 인한 경제난 때문에 목까지 차 있던 사람들의 분노에 방아쇠를 당겼다. 전국 각지에서 사람들이 거리로 뛰쳐나왔다. "가솔린은 더욱 비싸지고, 가난한 이들은 더욱 가난해진다."라는 슬로건을 외치며 시민들은 차로 주요 도로들을 점령하여 항의 표시를 했다. 2017-2018년의 시위 참가자 4만 2,000명의 2배 이상인 8만 7,000명이 시위에 참여했다. 분노한 시위대는 은행과 주유소에 불을 지르는 등 시위 양상은 점차 과열되었고, 정부도 더욱 강경하게 대응했다. 정부는 이란 전역에 '인터넷 차단'이라는 초강수를 두면서 단시간에 국민의 아우성을 잠재우고자 무력을 행사했다. 일주일의 암흑 기간 이후 밖으로 알려진 동영상 속 현실은 믿기 힘들 정도로 끔찍했다. 이란의 보안군들은 잔인하게 시민들을 향해 총을 겨누고 있었다. 무장하지 않은, 청소년을 비롯한 수많은 청년이 죽었다. 특히 쿠르드인이 많이 거주하는 케르만샤와 쉬라즈 지방에서는 더 격렬한 시위가 있었고, 많은 죽음이 절규 속에서 목격되었다. 2019년 11월 시위는 일주일도 안 되어 200명이 넘는 사망자와 수천 명의 부상자가 발생한 충격적인 사건이었다. 2019년 12월 3일 국제 앰네스티의 보고에 의하면 사망자는 최소 208명이었고 대부분 이란 보안군의 총에 사살되었다고 한다.

사람들을 더욱 큰 절망감과 배신감에 빠뜨린 것은 시위에 대한 강경 진압으로 이란을 다시 암흑으로 만든 주체가 바로 10년 전에 많은 국민이 지지했던 중도 개혁파 로하니 정부라는 사실이었다. 녹색 개혁 의지를 보라색 변혁으로 이끌었던 로하니 정부가 보인 강경하고 잔인한 탄압에 사람들은 크나큰 분노를 느꼈다. 2009년 녹색운동처럼, 2019년 거리와 광장에서의 외침, 젊은이들의 죽음은 이란 사회에 큰 생채기를 하나 더 남기고 말았다.

4. 1400년의 시작, 새로운 보수 정권의 탄생

2021년 3월 21일 노루즈(Noruz)의 시작으로, 이란은 이란력 1400년 파르바르딘(Farvardin; 1월)달 1일을 맞이했다. 이란 이슬람 공화국의 시간은 한국이나 미국과는 다르게 흘러간다. 이란에서는 지금도 서기력 대신 이란력을 쓰며, 파르바르딘달을 시작으로 에스판드(Esfand)달로 12개월이 마무리된다. 평범한 여느 때였다면 이란은 새해를 성대하고 풍요롭게 맞이하며 축하했을 것이다. 하지만 이란은 새해 벽두부터 코로나19로 최대 파동을 겪었다. 연이은 악재 속에서 이란 개혁주의 국민들은 제13대 대통령 선거 보이콧을 선언했고, 낮은 투표율로 대통령 선거 자체가 무산되기를 원했다.

이 같은 분위기 속에서 2009년, 2013년, 2017년 선거를 달궜던 양 진영 사이의 뜨거운 열기는 전혀 볼 수 없었다. 심지어 대통령 선거 후보가 정해진 이후부터 라이시 대통령 선출이 유력시되어 왔다. 2021년 5월 25일 대통령 후보 7명이 확정되자마자 국영 방송국에서 라이시와만 차기 정부의 정책 노선에 대해 인터뷰할 정도로, 긴장감 없는 선거가 치러졌다.

그렇다면 왜 이란에서 라이시가 제13대 대통령으로 선출되었을까? 먼저 로하니 정부에 대한 높은 실망감이 가장 큰 이유였다. 이미 2020년 국회의원 선거 때도 개혁파들은 선거 불참을 선언하고, 보수 강경 지지파들은 집결 형태를 보이면서 2021년 대선의 향방이 보수 강경파 후보 쪽으로 기울어졌다고 전망되었다. 2009년 녹색운동의 상흔 이후, 개혁파 후보인 로하니 대통령이 당선되고 재선 이후 극적으로 JCPoA가 타결되는 등 수년간 국제적으로 고립되었던 이란에 희망이 보이는 듯했다. 하지만 트럼프 행정부 등장과 뒤이은 JCPoA 파기 그리고 중동 국가에서 처음으로 직면한 코로나19 여파에 이르기까지 이란 사회는 로하니 재임 시기에 큰 위기를 연달아 맞이했다. 또한 생활고와 연료비 인상으로 2017-2019년에 걸쳐 일어났던 민생 관련 반정부 시위를 로하니 행정부가 강경하게 진압한 사건들, 연이어 여성 활동가와 언론인에 대한 탄압 및 투옥 사례 역시 개혁파로 분류되는 로하니 정부를 출범시켰던 개혁파 지지자들에게 상처와 실망감을 안겼다.

한편 로하니 정부에 실망했지만 최고 지도자 하메네이의 측근인 강경 보수파에 표를 줄 수 없었던 개혁파 국민들은 2020년 국회의원 선거 보이콧을 시작으로 2021년 대선 전에는 낮은 선거율을 통해 선거를 무효로 하자는 전략을 세웠다. 실제로 개혁파 국민이나 해외 교포들이 적극적으로 활용하는 인스타그램과 텔레그램 등 소셜 미디어에서 대대적인 선거 보이콧 해시태그 운동이 벌어졌다. 2021년 6월 18일 대통령 선거일 당일에는 영국과 독일, 미국 등지에서 이슬람 공화국 체제에 반대하는 재외 이란 디아스포라들이 해외 거주민 투표에 나선 다른 이란 교포들에게 야유를 보내거나 이슬람 정권에 반대하는 시위를 벌이기도 했다.

이란 제13대 대선의 화두는 단연 이란의 경제 회복 가능성이었다. 대선에 나선 모든 대통령 후보가 JCPoA 재합의 필요성에 동의했고, 대선 토론에서도 가장 중요했던 주제는 심각한 이란 경제를 회복할 수 있는지 여부였다. 한편 2016년 JCPoA 타결을 이끌었던 로하니 전 정부의 성원들이 교체될 예정이므로, 누가 어떻게 미국 및 다른 국가들을 협상 테이블로 끌어들일지가 차기 정부의 큰 고민일 것이다. 이란 대선 전 토론회에서 보인 것처럼 이란 내 강경 보수파와 개혁파 모두 JCPoA 복귀를 강력하게 원했다. 그동안 핵 협상에 여러 어려움이 있었지만, 미국 바이든 행정부의 출연과 함께 2022년 초만 하더라도 핵 합의 복원 협상이 초읽기에 들어섰다고 전망했다. 하지만 2022년 9월 마흐사 아미니라는 여성의 죽음으로 시작된 이른바 '히잡 시위'로 인해 이란 사회는 다시금 혼란 속으로 빠졌다. 이에 핵 협상은 당분간 풀기 힘든 숙제로 남게 되었다.

5. 이란의 내일은 어디로 갈 것인가?

1979년 이슬람 혁명 이후 40년 넘게 견고하게 유지되었던 이란 이슬람 공화국은 안팎으로 심각한 위기 상황에 처해 있다. 2017년 말부터 지금까지 리알 가치 하락과 경제난으로 전통 이슬람 정부의 지지 세력인 시장 상인과 노동자 계층, 교사에 이르기까지 여러 사람이 연이은 파업에 돌입하고 있다. 특히 '젊은 이란'을 이루는 청년 세대의 심각한 실업률과 인권 문제 등은 이란의 평화와 민주화를 가로막는 가장 큰 걸림돌로 보인다. "시리아는 잊어라! '우리'부터 생각해!", "가자도, 레바논도 아닌 우릴 위해 희생하리라!"라는 새로운 정치 구호들처럼 대외적 오해와 달리 이란 시민들은 중동의 패권을 장악하고 '이스라엘에 맞서 무슬림 형제들을 구하겠다.'라는 포부를 더 이상 갖지 않는다. 더욱이 2019년 11월에 유가 인상이 촉발한 경제난으로 최악의 유혈 사태를 부른 대규모 시위 때문에 향후 이란 정세를 예측하기 쉽지 않다. 작금의 이란 상황은 국내 문제라기보다 미국, 사우디아라비아, 이스라엘과의 관계, 이란을 경계하며 저항의 대상으로 여기는 레바논, 이라크 등 각국의 봉기와 맞물려 복잡하게 얽혀 있다. 그렇기에 엉킨 실타래를 푸는 인고의 시간이 필요하다.

"우리는 처음부터 코로나에 그대로 노출되었다."라는 한 테헤란 시민의 자조 섞인 언설처럼 이란 국민에게 코로나19 여파는 깊은 상흔을 남길 것으로 보인다. 미국에서 수입해야 할 의약품과 백신 공급이 제때 되지 않고, 최근 몇 년 동안 계속된 홍수, 가뭄, 지진 등 자연재해와 환경 위기에 동반된 어려움까지 이란은 어느 때보다 혹독한 시절을 맞이하고 있다. 무엇보다 자명해지는 사실은 악재들이 겹치면서 이란 정부와 고통받는 국민 사이의 신뢰가 깨지고 있다는 점이다.

인터넷을 차단하고 무력으로 시민들을 제압한다고 해서 이슬람 정권이 원하는 안정을 얻을 수 없는 것은 분명하다. 2019년 11월 시위에서 이슬람 정권이 보인 잔혹한 탄압에 대한 반발은 상상하는 것보다 더 큰 결과로 돌아올 수 있다. 2020년 1월 3일에 미 공군 폭격으로 이란 혁명수비대 쿠드스군 사령관 가셈 솔레이마니가 사망한 뒤 일촉즉발의 위기를 맞은 대미 관계는 이란의 불안정한 사회 정세를 극명히 보여 준다. 2020년 새해 벽두에 발생한 이 사건으로 미국은 더욱 강도 높은 경제 제재를 선포했고, 이란의 미래는 일 단위로 예측하기 어려운 상황이었다. 또한 이란력으로 1400년인 2021년에 출범한 보수파 라이시 정권이 이란에 어떤 미래를 가져올지 아직은 짐작하기 힘들다.

그럼에도 2009년 녹색운동은 2022년 오늘의 이란 시민들이 거리로 나가 목소리를 높일 수 있는 원동력이 되었다. 녹색운동은 어느 날 '우연히' 발생한 사건이 아니라, 다양한 정치적·역사적 맥락이 얽힌 일련의 과정이었다. '녹색'이라는 공통된 색으로 표출했지만 반정부 세력의 목소리는 '무지개색'이라고 표현될 정도로 다양하며 때로는 상충하기도 했다. 2009년 이란 녹색운동의 가장 큰 성과는 민주화에 대한 열망, 단결된 함성의 중요성에 대한 시민들의 자각이다.

제3부

아랍의 봄은 다시 찾아올 것인가?

제10장 아랍의 봄과 지하디 살라피

1. 아랍의 봄과 이슬람

2010년 12월 튀니지의 소도시 시디 부지드에서 노점상 청년 무함마드 부아지지는 노점 등록을 하지 않았다는 이유로 여성 경관에게 저울을 빼앗기고 뺨을 맞았다. 저울을 되찾으러 해당 관공서에 찾아갔지만 뜻을 이루지 못하자 분신했고, 결국 2011년 1월 세상을 떠났다. 부아지지 사망 후 분노한 국민이 들고 일어나면서 튀니지 대통령 자인 엘아비딘 벤 알리의 24년 독재가 막을 내렸다. 시위는 국경을 넘어 이집트, 예멘, 시리아 등 아랍 전역으로 불꽃처럼 번졌다. 한 청년에게 일어난 개인적 사건에서 부패 권력을 재확인한 중동 지역 주민은 권위주의 정권 타도를 외쳤다. 아랍의 봄은 이렇게 시작되었다. 아랍의 봄이라고 하지만 비아랍권인 이란에도 열풍이 번졌다.

아랍의 봄으로 장기 독재 정권이 치명상을 입었다. 튀니지에 이어 이집트의 호스니 무바라크(30년), 예멘의 알리 압둘라 살레흐(22년), 리비아의 무아마르 알카다피(42년) 독재정권이 무너졌다. 그러나 예멘과 리비아는 순조로운 정권 교체가 이루어지지 못한 채 시리아와 함께 어두운 내전의 터널에서 빠져나오지 못하고 있다. 걸프 지역 아랍 왕정국과 이란 등 기존 권력을 유지하는 나라 역시 국민의 거센 변화 요구에 일방통행식 관례를 조금씩 수정한 타협책을 내놓으며 격동하는 민심에 대처했다.

10년이 지난 시점에서 돌아보면 튀니지만 유일하게 정권을 바꾸었을 뿐, 아랍의 봄은 미완의 혁명 또는 봉기로 남았다. 특히 종교 측면에서 이슬람주의 정치 실패, 극단주의 테러 등 역내 주류 신앙인 이슬람교를 평화와 상반되는 가치로 오용하는 부조리한 모습까지 보였다.

이슬람 사학자 마셜 호지슨(Marshal G. S. Hodgson)은 국제적 감각과 평등감을 효과적으로 표현하였기에 17세기까지 이슬람 사회가 세계에서 가장 널리 퍼져 비이슬람 사회에도 영향력을 발휘하였다고 평가하였다. 17세기 이후 오늘날까지도 이슬람 사회의 문화적 영향이 미치는 곳은 여전히 변함없이 넓다. 그러나 서구의 과학기술이 불러온 세계적 변화를 따라잡지 못하면서 이슬람 사회는 과거와 달리 변화한 '국제적 감각'을 익히지 못하고 '평등'도 구현하지 못하며 뒤처졌다.

7세기 아랍 사회 개혁의 신호탄을 쏘아 올린 무함마드는 이슬람 신앙 운동으로 약자를 포용하는 사회를 이루었지만, 적어도 근대에 들어와 이슬람 신앙 전통은 소수 지배 엘리트가 효과적으로 국민을 통제하는 수단으로 전락했고, 무슬림 사회는 권위주의의 포로가 되었다. 어쩌면 아랍의 봄은 1차대전 이후 독립 민족국가가 성립된 이래 과거와 달리 국제적 감각도, 평등도, 구태의연한 전통을 벗어나려는 움직임도 잃어버린 중동 지역의 현실적 한계를 부수려고 한 민중 운동의 산물로 평가할 수 있을 것이다.

그러나 아랍의 봄을 이슬람 운동이나 이슬람의 재해석, 종교적 동기에서 일어난 사건으로 보기는 어렵다. 오히려 이슬람을 정치적 대의로 내세운 이슬람주의자(Islamist)들은 아랍의 봄 진행 과정에서 깊은 내상을 입었다. 이집트의 무슬림형제단, 튀니지의 엔나흐다 등 이슬람주의(Islamism) 정치 운동은 대중의 지지를 받지 못했고, 지하디 살라피(Jihadi Salafi; 폭력적 극단주의자)가 자행한 잔혹한 테러는 무슬림뿐 아니라 전 세계인의 마음에 공포만 새겼다.

이 글은 이슬람주의를 주제어로 삼아, 지하디 살라피의 발흥을 아랍의 봄이 불러온 이슬람 전통 내 가장 큰 변화로 꼽아 설명하고자 한다. 아랍의 봄 바람을 타고 지하디 살라피는 현실에 뛰어들어 싸웠다. 실로 아랍의 봄은 지하디 살라피의 봄이었다고 해도 결코 지나친 말이 아니다.

2. 이슬람주의와 살라피

1) 이슬람주의

근본주의라는 말은 현대 과학기술 발전에 맞춰 성서를 해석하는 자유주의에 반발하여 '성서 무오설, 그리스도의 신성, 죄인을 위한 십자가상 죽음, 부활과 승천, 심판을 위한 재림, 사탄과 비그리스도인 멸망, 믿는 이의 부활과 천상에서 하나님과 영생'이라는 교리가 절대 불변의 근본임을 내세운 20세기 초 미국 개신교인의 믿음을 가리킨다. 이들 개신교인은 스스로 근본을 지키는 근본주의자라고 불렀다.

2011년 9월 11일 알카에다의 미국 테러 사건 이래 언론 매체에서는 이슬람 근본주의라는 표현이 빠지지 않고 등장했다. 그런데 20세기 초 미국 개신교 현상에서 태동한 근본주의라는 말을 역사적·문화적 맥락 차이를 무시하고 이슬람에 그대로 갖다 붙여도 되는지, 또 근본주의가 보수주의 내지 정통주의와 어떻게 다른지 논란이 적지 않다. 이슬람 연구자들은 대체로 근본주의라는 말 대신 이슬람주의라는 말을 더 선호하는 편이다. 물론 이 말 역시 "그러면 도대체 어떤 무슬림이 이슬람주의자가 아닌가?"라는 반문을 불러일으킨다. 또 이슬람 극단주의(Islamic Radicalism; Islamic Extremism)라는 말로 사상이나 행동의 과격함을 재기도 하고, 이슬람을 정치 도구로 사용한다는 뜻으로 정치 이슬람(Political Islam)이라는 용어를 쓰기도 한다. 이 글에서는 편의상 이슬람주의라는 용어로 이슬람 근본주의를 대변하고자 한다. 20세기 초 미국 개신교인들이 불변의 신앙을 근본으로 보았다면, 이슬람주의로 불리는 이슬람의 근본주의는 '이슬람법이 적용되는 공동체 건설'을 지향하는 일련의 사상과 운동을 뜻한다.

신앙의 순수한 원형을 찾으려는 노력은 모든 종교에서 볼 수 있는 보편 현상이다. 이슬람에서는 역사 속에서 낀 때를 벗겨 원래의 순수한 신앙을 되찾으려는 노력을 '이슬라흐(Islah)'와 '타즈디드(Tajdid)'라고 한다. 쿠란의 용어인 이슬라흐는 '개혁'이라는 뜻인데, 신이 예언자를 보내 신앙의 길에서 벗어난 사람들의 잘못을 바로잡아 바른길로 인도하는 것을 가리킨다. 타즈디드는 '쇄신'을 뜻한다. 예언자 언행록, 즉 하디스에서 무함마드는 100년마다 무슬림 공동체에 신이 무잣디드(쇄신자)를 보내 무슬림의 믿음을 새롭게 한다고 말했다. 이처럼 개혁과 쇄신은 시간의 흐름에 따라 쌓인 비이슬람적 믿음이나 관습을 벗겨 내는 것을 가리킨다.

이슬람 역사에서 개혁 운동 양상은 19세기를 기점으로 나뉜다. 19세기 이전에는 주로 내부 정화 운동 형태를 띠었고, 19세기 이후는 유럽의 침탈에 맞서 이슬람 전통을 재정비하는 운동으로 발전했다. 유럽 열강의 압도적 힘에 눌려 퇴락하는 무슬림 세계를 바라보며 부조리한 현실을 타파하려는 움직임이 싹튼 것이다.

현대 이슬람주의 운동에 영향을 끼친 18-19세기 개혁가는 무함마드 이븐 압둘 와합(Muhammad ibn Abd al-Wahhab)과 자말룻딘 알아프가니(Jamal al-Din al-Afghani)이다. 와하비(Wahhabi) 운동 창시자인 이븐 압둘 와합은 수피와 시아가 순수한 이슬람을 더럽혔다 여기고, 예언자 무함마드의 무덤도 파괴하려 할 정도로 우상숭배를 철저히 배격하는 타우히드(Tawhid; 유일신 신앙)를 강조하며 이슬람 개혁 운동을 이끈 인물이다. 반면 아프가니는 서구에 비해 퇴락한 무슬림 세계가 '총체적 삶의 양식'으로 성과 속 전부를 포괄하는 이슬람에서 다시 정체성을 찾아야 한다고 주장했다.

아랍의 봄에 활기를 찾은 이슬람주의를 보면, 이븐 압둘 와합의 엄격한 유일신론은 살라피 운동에, 알아프가니의 근대 이슬람 개혁운동은 무함마드 압두(Muhammad Abduh), 라시드 리다(Rashid Rida)를 거쳐 무슬림형제단에 각각 영향을 끼쳤다. 이집트 무바라크 30년 독재가 무너지고 2011년에 실시한 총선에서 무슬림형제단은 득표율 38%에 235석으로 제1당, 살라피 정당은 득표율 28%에 123석으로 제2당을 차지했고, 2012년 대통령 선거에서 무슬림형제단의 후보 무함마드 무르시(Muhammad Mursi)가 당선되었다. 그렇다면 아랍의 봄 현실 정치에서 부각된 무슬림형제단과 살라피는 서로 어떻게 다를까?

무슬림형제단은 1928년 이집트 수에즈 운하 인근 이스마일리아에서 한발리 학파 법학자의 아들로 아랍어 교사였던 22세 청년 하산 알반나(Hasaan al-Banna)가 동지 6명과 함께 이슬람에 목숨 바치겠다고 맹세하며 시작한 이슬람주의 조직이다. 이슬람 신앙을 정치 자산으로 삼아 무슬림형제단은 알아프가니의 범이슬람주의를 계승하여 이슬람으로 하나가 되는 세상을 꿈꾸었다. 1922년 명목상으로만 독립했을 뿐, 정치적·경제적으로 영국의 통제를 받던 이집트 왕정을 타파하여 이슬람법이 지배하는 범이슬람 정치 공동체 건설을 목표로 삼았다.

1952년 쿠데타로 왕정을 무너뜨린 자유장교단과 협력했지만, 군부는 세속주의·사회주의·범아랍민족주의를, 무슬림형제단은 범이슬

[사진 10-1] 무슬림형제단 지지 손동작 라비아[1]
(출처: https://www.noonpost.com/content/6180)

람주의를 지향하여 서로 다른 길을 걸었다. 1954년 무슬림형제단은 자유장교단 지도자 가말 압델 나세르 암살 실패 후 군부의 강력한 탄압을 받다가 나세르 후임 사다트 대통령 때 폭력 노선을 포기하고 군부

1 손가락 4개를 펴는 것은 쿠데타로 축출당한 모르시와 무슬림형제단을 지지하는 표시다. 2013년 7월 3일 모르시가 대통령 자리에서 강제로 끌려 내려온 후 지지자들이 라비아 알아다위야(Rabia al-Adawiyya) 모스크 지역에서 항의 시위를 벌였다. 이때 경찰의 발포로 1,000여 명의 사망자가 발생했다. 네 손가락을 편 것은 시위 장소인 라비아 알아다위야의 이름에서 라비아가 아랍어로 네 번째라는 뜻이고, 모르시가 나세르부터 네 번째 대통령이기 때문이다. 이집트 초대 대통령은 무함마드 나깁이지만 국민 투표로 선출되지 않았다. 따라서 선거로 뽑힌 나세르부터 계산하면 모르시는 네 번째 대통령이다. 쿠데타 지지자들이 승리의 브이 자로 두 손가락을 펴는 것에 맞서 모르시 지지 시위대는 네 손가락을 폈다.

와 밀월 관계를 맺었다. 그러나 1979년 이집트가 이스라엘과 평화협정을 체결하자, 무슬림형제단에서 파생한 극렬 노선이 10월 전쟁 승전 기념식장에서 사다트 대통령을 사살하면서 다시 기나긴 겨우살이에 들어갔다. 무슬림형제단은 이슬람법이 시행되는 범무슬림 공동체 건설 대신 정치 참여로 이집트를 변화시킨다는 현실적 목표로 시야를 좁혔다. 그러나 정부의 승인을 받지 못한 불법 조직이었기에 정당을 구성할 수 없었다. 이에 1984년 의회 선거부터 다른 당과 연합하여 개인 자격으로 출마했고, 정치 참여 시도는 성공적인 결과를 거두었다. 그러자 무바라크 정부는 우려의 눈길을 거두지 못하고 감시와 탄압을 지속했다.

아랍의 봄은 무슬림형제단에 해방의 봄이었다. 권위주의 해체 분위기 속에서 무슬림형제단의 자유정의당은 "이슬람이 해법이다."라는 구호를 내걸고 2011년 11월부터 2012년 1월까지 열린 의회 선거에서 의석 47%를 차지하여 제1당이 되었고, 2012년 5월 대통령 선거에서는 모르시가 당선되었다. 그러나 군사최고평의회는 무슬림형제단의 의회 선거 승리를 무효화했고, 세속주의자들은 모르시 대통령이 새로운 헌법에 무슬림형제단이 꿈꾸는 이슬람주의 세계관을 반영하려 한다는 의구심을 떨치지 못했다. 설상가상 1997년 관광객 수십 명을 살해한 테러 단체의 수장을 룩소르 주지사로 임명하려는 강수를 두면서 모르시 대통령은 여론의 십자포화를 맞았다. 결국 2013년 7월 3일 국방장관 압델 파타흐 엘시시가 주도한 쿠데타가 성공하면서 무슬림형제단의 짧은 봄은 끝났다.

무슬림형제단에 이어 2011년 의회 선거에서 전체 의석 중 25%를 차지한 살라피는 무슬림형제단과 이슬람 유전자가 다르다. 무슬림형제단은 자신들도 살라피라고 주장한다. 무슬림형제단과 살라피는 예언자 무함마드를 따른다는 점에서 같지만, 무슬림형제단은 현대 세계에 맞춰 무슬림의 삶을 다시 해석해 조정하기에 예언자 전승을 무엇보다 우선하는 살라피와 다르다.

2) 살라피

'살라피'라는 말은 살라프, 즉 신앙의 선조를 따르는 사람을 뜻한다. 살라프는 더 구체적으로 '살라프 알살리흐(Salaf al-Salih)'로, 경건하고 바른 신앙의 선조를 말한다. 전승에 따르면 예언자 무함마드는 최고의 공동체를 "나의 세대 사람들, 나의 세대 다음 사람들, 나의 세대 다음 사람들을 따르는 사람들"이라고 했다. 무함마드와 동시대에 산 사람들은 무함마드의 동료로 사하바(Sahaba), 사하바를 따르는 사람들은 타비운(Tabi'un), 타비운을 따르는 사람들은 타비우 알타비인(Tabi'u al-Tabi'in)이다. 무함마드 세대부터 모두 3세대가 경건하고 바른 신앙의 선조인 셈이다. 세 번째 세대는 한발리 법학파의 원조인 아흐마드 이븐 한발(Ahmad ibn Hanbal)까지다.

살라피는 예언자 전승을 가장 중요하게 여기는 사람들이다. 이슬람 신앙 전통에서는 무엇을 먹고, 마시고, 입고, 어떻게 행동할 것인가 등 세세한 일상을 법학자들이 법으로 규정하고 설명한다. 오늘날까지 존속하는 수니 법학파로는 하나피, 말리키, 샤피이, 한발리가 있는데, 이들은 쿠란(신의 말씀), 순나(예언자 무함마드 전승), 유추, 합의(학자들의 공통적인 의견)를 원칙으로 삼아 신의 법을 발견하고 설명한다. 그러나 살라피는 유추나 합의를 이성 작용의 산물로 인정하지 않고 오로지 쿠란과 순나만으로 신앙인의 삶을 재구성한다. 그런데 쿠란에 일상에 적용할 수 있는 법적 내용은 10%에 불과하다. 반면 순나는 수염 기르기, 옷, 양치질, 심지어 화장실 사용법까지 예언자의 삶을 상세하게 전한다. 살라피는 순나를 있는 그대로 실현하려고 노력한다. 이슬람 사학자 마이클 쿡(Michael Cook)은 강물에 빗대어 전통주의자들은 시원지에서 흘러나오는 물을 그대로 받아들이고, 근본주의자는 더 깨끗한 물을 찾아 시원지로 가려 한다고 설명했는데, 살라피는 바로 강의 시원지로 가려는 사람들이다.

살라피는 무슬림형제단과 달리 현대 세계와 타협하지 않는다. 이슬람 초기 3세대의 삶을 따라 살며 영광스러운 과거를 재현하려 한다. 이들의 눈에 초기 3세대 이후는 순수한 이슬람에서 벗어난 시기다. 2014년 6월 29일 시리아와 이라크 일부를 차지하고 칼리파 국가를 선언한 ISIS도 바로 살라피 사상의 세례를 받은 조직이다. 살라피는 이처럼 초기 무슬림 공동체에 이슬람의 영광이 있다고 본다. 무슬림이 따라야 할 오래된 새 길은 미래가 아니라 바로 과거에 있다.

아랍의 봄은 움츠렸던 살라피에게 활동 공간을 널리 열어 주었지만 전 세계가 살라피의 움직임을 공포로 바라볼 수밖에 없는 상황이 되었다. 그런데 살라피 모두의 정치적 견해가 같지는 않다. 현실 사회에 참여하지 않고 권력에 순응하면서 경건한 삶을 유지하려는 정적 살라피(Quietist Salafi)가 있는가 하면, 적극적으로 정치에 참여하려는 정치적 살라피(Political Salafi)도 있다. 적극적 현실 참여를 주장하는 살라피도 방법론에서 서로 차이를 보인다. 온건한 살라피와 달리 지하디 살라피(Jihadi Salafi)는 폭력을 사용해 뜻을 이루려 한다. 무슬림형제단의 사상은 현대 정치사상의 틀 안에 놓고 분석할 수 있을 만큼 정치적이다. 그러나 살라피는 무슬림형제단보다 종교적 성향이 훨씬 강하다.

정적인 살라피는 말 그대로 세상이 어찌 되든 예언자의 순나를 충실히 따라 신앙 생활을 하는 살라피를 말한다. 대표 인물은 무함마드 나시룻딘 알알바니(Muhammad Nasir al-Din al-Albani)다. 알알바니는 순나의 대가로 순나에 없으면 인정하지 않은 것으로 유명하다. 사우디아라비아의 메디나대학교에서 가르칠 때는 순나에 여성 얼굴을 가리라는 말이 없다는 것을 근거로 사우디아라비아가 여성에게 니깝 착용을 강제하는 것을 반대했다. 또 "최고의 정치는 정치를 삼키는 것"이라고 하면서 정치 참여를 멀리했다. 정결하게 이슬람 신앙 행위를 실천하는 것이 영토 반환 투쟁보다 더 우선이라면서 팔레스타인 무슬림들에게 이슬람을 제대로 실천할 수 없는 요르단강 서안과 가자지구를 포기하라고 권하기도 했다.

알알바니와 같은 정적 살라피와 달리 정치적 살라피는 말 그대로 정치에 관여하는 살라피다. 그러나 어떻게 정치에 참여할 것인가를 두고 정치적 살라피는 두 파로 나뉜다. 사우디아라비아의 '사흐와(Sahwa) 운동', 요르단의 '경전과 순나 사회(Jam'iyyat al-Kitab wa al-Sunna)'처럼 정치적 발언은 하지만 직접 정치에 참여하지 않는 살라피가 있는가 하면, 쿠웨이트의 '공동체당(Hizb al-Umma)', 이집트의 '누르당(Hizb al-Nur)'처럼 정치에 직접 뛰어든 살라피도 있다.

정치 참여 측면에서 보면 정적 살라피는 정치 참여를 거부하고, 정치적 살라피는 정치 활동을 하되 직접 투신하느냐 하지 않느냐로 갈린다. 그런데 정치적 살라피 차원을 넘어 지하드, 즉 무력 투쟁으로 살라피 사회를 건설하려는 사람들이 있는데, 이들을 지하디(Jihadi) 살라피라고 한다. 지하드를 해서라도 경건하고 바른 신앙의 선조들이 따랐던 순수한 이슬람을 구현하려 한다. 오사마 빈 라덴의 알카에다가 바로 지하디 살라피의 대명사다. 또 아랍의 봄 민주화 시위가 권위주의 40년 아사드 가문의 독재정권을 끌어내리지 못하고 시리아가 내전으로 치달아 전쟁에 휘말리자 직접 무기를 들고 참전하여 칼리파 국가 건설을 선언한 ISIS도 지하디 살라피다.

사실 살라피는 모두 지하드에 찬성한다. 그런데 특별히 지하디 살라피를 따로 구분하는 이유는 다른 살라피와 달리 비무슬림뿐 아니라 자신들의 기준에 비추어 보았을 때 제대로 이슬람을 따르지 않는 무슬림도 지하드 대상자로 여겨 공격하기 때문이다. 이처럼 무슬림 신앙을 검증하는 것을 타크피르(Takfir)라고 한다.[2] 살라피는 14세기 살라피 사상 형성에 이바지한 이븐 타이미야(Ibn Taymiyyah), 현대 무슬림형제단의 사상가로 나세르 정권이 교수형에 처한 사이드 꾸뜹(Sa'id Qutb)의 영향을 받아 타크피르를 소화했다.

3. 지하디 살라피의 봄

1) 이슬람국가 건설

2003년 미국의 이라크 침공으로 사담 후세인 정권이 무너진 후 권력에서 소외된 수니파가 아랍의 봄 이후 극성을 부린 ISIS 든든한 자원이 되었다. ISIS의 기원은 요르단의 아부 무스아브 알자르까위(Abu Mus'ab al-Zarqawi)로 거슬러 올라간다. 부랑아로 살던 알자르까위는 감옥에서 살라피 아부 무함마드 알마끄디시(Abu Muhammad al-Maqdisi)에게 우상에 불과한 인간이 만든 법을 강요하는 통치자는 무슬림이 아니라 배교자이기 때문에 제거해도 된다고 배웠다. 감옥에서 알자르까위를 살라피로 만든 알마끄디시는 사우디아라비아의 왕정을 배교자, 즉 비무슬림 왕정으로 보았다. 그러나 알마끄디시는 정작 지하디 살라피로 나서지 않고 정적 살라피로 남은 반면, 알자르까위는 지하디 살라피가 되어 직접 행동에 나섰다.

2 이븐 타이미야는 누군가가 무슬림이라고 주장하더라도 이븐 타이미야 자신이 생각하는 무슬림의 기준에서 어긋나면 무슬림이 아니라고 했다. 이처럼 누군가를 무슬림이 아니라고 하는 것을 타크피르라고 한다.

알자르까위는 2003년 알카에다 지도부에 편지를 보내 이라크 미군에 가장 효과적으로 대처하려면 이라크 시아파와 내전을 벌여야 한다고 하면서 2004년 3월 시아파 모스크에 자살 폭탄 공격을 감행, 180명의 목숨을 앗았다. 알카에다는 시아파를 공격하지 않았지만 알자르까위는 시아파가 이단이므로 처형해도 좋다는 생각을 견지했다. 이는 14세기 이븐 타이미야와 18세기 이븐 압둘 와합의 반(反)시아관과 일치한다. 2006년 미군 공격에 알자르까위는 목숨을 잃었지만 알자르까위가 만든 지하드 조직은 계속 존속했고, 2011년 시리아 내전을 틈타 2013년 4월 시리아 라까(al-Raqqah)를 수도로 삼아 이라크와 레반트 이슬람국가(Islamic State in Iraq and Levant)를 세웠다. 그 뒤 2014년 6월 29일에는 ISIS로 이름을 바꾸고 칼리파제 국가를 선언했다.

ISIS는 아랍의 봄으로 뜻하지 않게 열린 공간을 놓치지 않고 파고들어 자신들의 공동체를 세우고 비무슬림 외국인 참수, 요르단 조종사 화형, 파리 테러 등 무차별 살상을 자행했다. ISIS의 지하드 전술은 아부 바크르 나지(Abu Bakr Naji)의 저서로 알려진 『야만의 경영: 움마가 거쳐야 할 가장 중요한 단계(*Idarat al-Tawahhush: Akhtar marhalah satamurru biha al-ummah*)』(2004)에 영향을 크게 받았다. 이 책에서 나지는 이슬람국가 건설 3단계를 다음과 같이 제시했다. 첫 번째 단계는 신경전과 소모전으로 적을 무찌르고 영토를 장악한다. 두 번째 단계는 무함마드가 메카에서 메디나로 이주하여 메디나를 다스린 것처럼 행정력을 확립하여 다스린다. 이를 야만의 경영이라고 하는데, 혼란과 혼돈보다 더 심각한 야만적 상태를 경영한다는 뜻이다. 세 번째 단계는 공권력을 확립해 야만을 성공적으로 다스려 국가를 건립한다.

나지의 3단계를 응용하여 ISIS는 기관지 『다비끄(*Dabiq*)』 1호에서 이슬람국가 건설 5단계를 제시했다. 1단계는 하즈라(Hijrah)다. 622년 메카의 박해를 피해 메디나로 이주한 무함마드와 초기 무슬림처럼 지

[표 10-1] 아부 바르크 나지와 ISIS의 국가 건설 단계 비교

아부 바르크 나지	ISIS
1. 신경전과 소모전	1. 히즈라 2. 자마아(공동체 건설) 3. 따구트 와해
2. 야만의 경영	4. 탐킨
3. 국가 수립	5. 칼리파 국가

하디 살라피는 불신자들의 땅에서 벗어난다. 2단계는 히즈라로 모인 지하디 살라피가 공동체를 형성한다. 3단계는 무함마드가 가져온 순수한 유일신교의 원형인 '밀라트 이브라힘(Millat Ibrahim)', 즉 아브라함의 종교를 따르지 않는 따구트(Taghut)를 공격한다. 따구트는 쿠란에서 우상, 사탄, 점쟁이 등 유일신 신앙에서 벗어난 자를 가리키는데, 지하디 살라피 세계에서는 무슬림 세계의 권력자를 뜻한다. 4단계는 탐킨(Tamkin)으로 이슬람국가를 세우기 위해 영토를 확보한다. 알마끄디시는 먼 곳의 불신자보다 가까운 곳의 배교자를 먼저 공격해야 한다고 보았다. 알카에다처럼 먼 곳의 적을 치고 빠지는 공격은 효과를 보기 어렵기에 가까운 배교자들을 공격해 직접 영토를 확보해야 한다는 것이다. ISIS는 이를 충실히 따라 알카에다와 달리 가까운 곳의 적을 공격하여 영토를 확보했다. 끝으로 5단계는 확보한 영토에서 공격을 지속하여 세력을 확장하고 칼리파 국가를 건립하는 것이다. 이러한 5단계의 끝이 바로 ISIS가 시리아 라까를 수도로 삼아 선포한 시리아와 이라크 통합 칼리파 국가다.

2) 테러

수니 세계에서 시아를 이단시하는 것은 비교적 오랜 전통이다. 수니는 시아를 이슬람 신앙을 거부하는 자(Rafidi)로 불러왔다. 살라피에 강력한 영향을 끼친 이븐 타이미야는 시아를 잘못된 믿음의 근원으로 보고 무슬림으로 인정하지 않았다. 이븐 타이미야의 영향을 받은 이븐 압둘와합 역시 반시아 감정이 강력했고, 그의 추종자들은 1801년 4월 카르발라에서 3,000명에 달하는 시아파 주민을 학살했다.

1979년 이란혁명 이래 수니 세계는 시아의 발흥에 불편한 기색을 감추지 않았다. 특히 이란의 이웃 사우디아라비아는 주변 지역에 이란이 혁명을 수출하려 한다며 잔뜩 경계했다. 특히 수니 무슬림은 세상 종말 직전에 이맘 마흐디가 온다는 시아파의 믿음, 12이맘을 지극히 존경하는 태도, 혁명 지도자 아야톨라 루홀라 호메이니를 열광적으로 추종하는 모습을 이해하기 어려웠다. 1981년 대순례에서 이란 순례자들은 "신은 가장 위대하시고(아크바르), 호메이니는 지도자(라흐바르)", "신은 한 분(와히드)이시고, 호메이니는 지도자(까이드)"라고 외쳤는데 이를 당시 사우디아라비아에서는 라흐바르를 아크바르로, 까이드를 와히드로 잘못 듣고 "신은 가장 위대하시고, 호메이니는 가장 위대하시다." 그리고 "신은 한 분이시고, 호메이니는 한 분"으로 오해하기도 했다.

아랍의 봄 이후 ISIS는 타크피르를 광범위하게 활용하면서 반시아 감정을 극단적인 폭력으로 표출했다. 『야만의 경영』의 저자 나지는 시아를 신앙의 거부자라고 했지만, 물리적으로 공격해야 한다고 주장하지는 않았다. 알마끄디시도 2005년 7월 알자지라 방송 인터뷰에서 시아파 살해를 용인하지 않았다.

"평범한 시아를 전쟁터의 미국인과 동일시하는 것은 금지해야 한다. 이라크 수니 형제들이 여러모로 정당하다고 할지라도, 모스크를 폭파하는 것은 정당화할 수 없다. (…) 시아 무슬림의 피를 흘리는 것은 잘못된 일이기에, 지하드 용사들이 관여하지 않는 것이 좋다. 나는 특별히 이 문제에 표현을 삼가 왔다. 모스크를 폭파하는 것은 점령자들이 고대해 온 종파 분쟁이기 때문이다."

"시아 무슬림, 시아 무슬림 살해, 시아 무슬림의 피를 흘리는 것과 같은 문제는 이란-이라크 전쟁 때 정권의 종교 지도자들이 내린 파트와(이슬람법적 견해)에 따른 결과다. 당시 전쟁을 정당화하려는 목적을 띠고 있었다. 걸프 지역 모든 정권이 사담을 지지했고, 파트와는 시아를 비무슬림이라고 매도했다. 우리는 시아를 비무슬림이라고 비난하는 파트와를 발행하지 않았다."

그러나 ISIS는 달랐다. 알자르까위는 시아파 무슬림에 관한 의견 차이로 알마끄디시와 반목할 정도로 반시아 감정이 강했다. 오사마 빈 라덴을 처음 만난 자리에서도 알자르까위는 서슴지 않고 반시아파 증오감을 드러내 오사마 빈 라덴이 불편한 기색을 감추지 못했다. 오사마 빈 라덴 어머니가 시아파 무슬림이기 때문이었다.

알자르까위의 반시아 감정을 이어받은 ISIS는 종말론과 결부하여 시아를 증오한다. ISIS에 따르면, 7세기에 간사한 유대인 압둘라 이븐 사바 알힘야리(Abd Allah ibn Saba al-Himyari)가 이슬람을 망치려고 시아 사상을 만들었고, 정통 칼리파 우스만을 죽였다. 또 현세 종말의 징표로 오는 적그리스도 닷잘(Dajjal)이 바로 오늘날 시아파가 기다리는 12번째 이맘 마흐디로, 이란 이스파한 출신 유대인 7천 명이 이맘 마흐디를 따르고 토라를 존숭하고 히브리어를 사용하며, 꾸라이시 부족을 비롯하여 아랍인을 죽인다고 주장한다. ISIS가 보기에 시아파는 단 한순

ISIS '국가 선포' 2년간 일어난 테러

*2014년 6월 29일
ISIS 국가 수립 선포 이래 2년간 집계

전 세계 29개국
143차례 테러

총 2,043명 살해
(이라크, 시리아 제외)

영국

2017. 5. 23. 멘체스터
미국 팝가수 아리아나 그란데
공연장 폭탄 테러 (22명 사망)

2017. 3. 22. 런던
웨스트민스터 다리 차량 돌진,
흉기 테러(4명 사망)

2017. 6. 3. 런던
런던 브릿지 차량 공격
(8명 사망)

독일

2016. 12. 19. 베를린
크리스마스 시장 돌진 테러
(12명 사망)

2016. 7. 18. 뷔르츠부르크
아프가니스탄 출신 난민,
도끼 만행(5명 부상)

2015. 7. 22. 뮌헨
이란계 독일인, 쇼핑몰 총기 난사
(9명 사망, 20명 부상)

2015. 7. 24. 로이틀링겐
시리아 난민, 도심 흉기 난동
(1명 사망, 15명 부상)

2015. 7. 24. 안스바흐
시리아 난민 시청자,
음악 축제 현장 자폭
(1명 사망, 15명 부상)

덴마크

2015. 2. 14. 코펜하겐
총격 테러(2명 사망)

스웨덴

2017. 4. 3. 스톡홀롬
지하철 자폭 테러(15명 사망)

러시아

2017. 4. 3. 상트페테르부르크
지하철 자폭 테러(15명 사망)

미국

2015. 12. 2. 로스앤젤레스
발달장애인 복지 시설에
부부 총기 난사 (14명 사망)

2016. 6. 12. 플로리다
올랜도 펄스 나이트클럽에서
총격과 인질극
(50명 사망, 530여 명 부상)

벨기에

2016. 3. 22. 브뤼셀
국제공항, 지하철에서
동시다발 자폭 테러
(12명 사망, 300여 명 부상)

프랑스

2015. 1. 7. 파리
「샤를리에브도」 사무실 총기
난사(12명 사망)

2015. 11. 13. 파리
도심 동시다발 폭탄 테러
(130명 사망, 350명 부상)

2016. 7. 14. 니스
튀니지계 프랑스인 트럭 테러
(84명 사망, 20여 명 부상)

튀르키예

2017. 1. 1. 이스탄불
클럽 '레이나' 총기 난사
(39명 사망)

2017. 6. 28. 이스탄불
공항 자살 폭탄, 공항 총격 테러
(45명 사망, 147명 부상)

2016. 3. 13. 앙카라
자동차 자살 폭탄 테러
(34명 사망, 125명 부상)

2015. 7. 20. 수루츠
튀르키예 남부 수루츠에서 자폭 테러(30여 명 사망)

2015. 10. 10. 앙카라
앙카라역 광장에서 대규모 자살 폭탄 테러 (102여 명 사망)

2016. 1. 12. 이스탄불
술탄아흐메트 광장에서 폭탄 테러(10여 명 사망)

태국

2015. 8. 18. 방콕
태국 방콕의 관광 명소
에라완 사원 근처 폭탄 테러
(20여 명 사망, 125명 부상)

방글라데시

2016. 7. 1. 다카
외국인 공관 밀집 지역 음식점
무장괴한 인질극
(외국인 20여 명 살해)

이라크

2016. 7. 3. 바그다드
바그다드 상업 지구에서
자살 폭탄 테러
(115여 명 사망, 187명 부상)

이집트

2015. 10. 31.
러시아 민항 여객기가 이집트의
휴양지 샤름 엘 셰이크를 이륙해
러시아 상트페테르부르크로
향하던 중, 시나이반도에 추락
(승객 217명, 승무원 7명 등
탑승자 224명 전원 사망)

필리핀

2017. 5. 23.
ISIS 추종 세력과의 교전
(교전 중 40여 명 사망)

인도네시아

2017. 5. 24. 자카르타
연쇄 자살 폭탄 테러(3명 사망)

2016. 1. 13. 자카르타
스타벅스 자폭 테러
시가 총격전(8명 사망)

[그림 10-1] 2015년 이후 ISIS의 주요 테러 일지

간도 무슬림이었던 적이 없는 존재이기에 배교자로 부르는 것조차 부당하다. 종말에 벌어질 전쟁에서 그리스도인, 유대인과 함께 죽여야 할 적이다. 종말 전쟁 이전 지금이라도 시아의 더러운 목을 가혹하게 잘라야 한다고 강조한다.

지하디 살라피의 대두로 고통을 겪은 사람은 시아파만이 아니다. 중동 전역에 퍼져 있는 기독교인 또한 공포에 떨어야 했다. 가장 타격이 큰 곳은 이라크다. 기독교인은 고대 메소포타미아 문명의 산실인 이라크에서 오랫동안 살아 왔다. 최대 150만 명에 달하던 기독교인은 2003년 미국의 이라크 침공과 2011년 아랍의 봄 이후 거주 지역이 ISIS의 활동 무대가 되면서 강제 이주와 테러로 현재 약 25만 명으로 줄었다. 이집트의 기독교인 또한 살라피의 공격에서 자유롭지 못하다. 교회가 불타고 교인들이 테러를 당했다. 시시 정부 들어 다소 안정을 찾았지만, 살라피 사상을 지닌 무슬림들의 눈매가 온화해진 것은 아니다. 쿠르드 지역에 거주하며 신앙 생활을 이어 온 야지디(Yazidi) 또한 ISIS에게 처참하게 당했다. 지금도 여전히 안전하지 않다. ISIS가 나간 뒤에도 악마 숭배자로 불리며 주변 지역 무슬림에게 정신적 학대를 받고 있기 때문이다.

아랍의 봄 이후 지하디 살라피의 번성은 유럽에도 깊은 파장을 일으켰다. 내전 발생에 따른 무슬림 이주민들의 유입과 더불어 테러 위협도 증가했다. 가장 최근인 2020년 유럽에 가해진 연쇄 테러는 중동 무슬림의 종교적 세계관에서 유럽이 결코 자유로울 수 없다는 사실을 재확인했다.

프랑스의 콜레주 브와돈(Collège Bois-d'Aulne)에서 역사, 시민사회, 지리를 가르치던 교사 사무엘 파티는 의무 교육 과제인 표현의 자유 수업 시간에 2015년 프랑스 주간지 『샤를리에브도(*Charlie Hebdo*)』 테러 이래 해마다 해오던 대로 2012년 이슬람의 예언자 무함마드를 조롱했

[사진 10-2] 테러를 당한「샤를리에브도」 지지 선언에 동참하는 파리 시민들
(출처: Wiki Commons, https://commons.wikimedia.org/wiki/File:Je_suis_Charlie,_Paris_11_January_2015_(3).jpg)

다고 국제적 논란에 휩싸였던 『샤를리에브도』 만평을 교재로 사용해 학생들과 토론 수업을 진행했다. 그런데 당시 수업에 결석했던 한 여학생이 아버지에게 만평 수업 이야기를 전했고, 이후 여학생의 아버지(모로코 출신 이민자)는 파티를 괴롭히며, 파티의 신상을 담은 동영상을 페이스북과 유튜브에 올렸다. 극단주의자로 프랑스 경찰 당국이 주목하고 있는 팡텡(Pantin) 대모스크의 이맘 압델하킴 세프리위(Abdelhakim Sefrioui)도 이를 공유했다. 그러나 경찰이 손쓰기도 전에 결국 10월 16일 체첸 지역 출신이자 6살 때 난민으로 프랑스에 온 18세 청년 압둘라크 아부예도비치 안조로프(Abdoullakh Abouyedovich Anzorov)가 수업을 마치고 나오던 파티를 학교 근처에서 참수했다.

10월 29일에는 프랑스 남부 휴양도시 니스의 성모승천 대성당(Basilique Notre-Dame de l'Assomption)에서 아침 미사 전인 8시 30분경 여성 3명과 남성 1명이 목숨을 잃었다. 60세 여성은 거의 참수된 상태로, 55세 여성은 목을 칼에 찔려 각각 성당 안에서 죽은 상태로 발견되었다. 다른 피해자 1명은 남성이고, 44세 여성은 칼에 찔린 후 인근 카페로 피했으나 죽었다. 범인은 21세 청년 브라힘 아위사위(Brahim Aouissaoui)였다. 튀니지 무슬림인 아위사위는 한 달 전인 9월 난민 신청을 하러 이탈리아로 입국했다가 추방될 것이라는 말을 듣고 프랑스 니스로 온 지 불과 하루 만에 참극을 저질렀다.

11월 2일 밤 10시에는 오스트리아 수도 빈에서 테러가 발생했다. 오스트리아에서 태어난 알바니아계 20세 청년 쿠즈팀 페줄라이(Kujtim Fejzullai)가 4명의 목숨을 빼앗고 경찰의 총에 사살당한 것이다. 범인은 2019년 ISIS에 가담하려다 적발되어 22개월 형을 선고받고 8개월 복역한 뒤 보석으로 풀려난 상태였다.

유럽에서 집중적으로 테러가 일어났지만 비무슬림을 공존의 대상으로 보지 않는 한 세계 어디서든 지하디 살라피의 공세는 끊이지 않을 것이다. 안타깝게도 아랍의 봄은 고대하던 탈권위주의를 꽃피우지 못하고 살라피가 활동할 수 있는 공간만 넓힌 셈이다.

3) 반향

ISIS와 같은 지하디 살라피는 자신들과 견해가 다른 사람을 참수하고 여성을 강간하는 등 정상인이라면 도저히 할 수 없는 짓을 자행했다. 이에 이슬람의 이름으로 벌어지는 잔인무도한 만행을 더는 두고 볼 수는 없다고 결론 내린 전 세계 무슬림 지도층 지식인 126명이 2014년 9월 19일 ISIS의 괴수 아부 바르크 알바그다디에게 공개 서한을 보냈다. 무려 A4 용지 15장에 이르는 이 편지는 이슬람 경전 쿠란과 전통적 해석에 근거하여 ISIS의 행위가 왜 이슬람적이지 않은지 구구절절 날카롭게 지적한다. 24개 항 요약문을 보면 ISIS가 이슬람을 자기들 입맛에 맞게 얼마나 마음대로 재단했는지 쉽게 알 수 있다.

1. 이슬람법 해석은 자격이 되는 법학자가 해야 하고, 이를 바탕으로 법 해석문을 내놓아야 하며, 쿠란과 예언자의 전승을 고려하지 않고 자의적으로 쿠란을 해석해서는 안 된다.
2. 아랍어를 모르면서 판결을 내려서는 안 된다.
3. 이슬람법을 단순화하고 이슬람 학문의 전통을 무시해서는 안 된다.
4. 모든 무슬림이 반드시 알아야 할 근본적인 것 외에는 학자들이 의견을 달리할 수 있다.
5. 현실을 무시한 법적 판단을 내려서는 안 된다.
6. 이슬람은 무고한 사람을 살해하는 것을 금한다.
7. 특사, 대사, 외교관, 언론인, 구호단체 요원을 죽여서는 안 된다.
8. 이슬람에서 지하드는 방어 전쟁으로, 바른 동기, 목적, 행동 원칙 없이는 허락되지 않는다.
9. 이슬람은 스스로 불신자라고 선언하기 전까지는 무슬림이 아니라고 공포하는 것을 금한다.
10. 이슬람은 기독교인이나 '경전의 백성'을 어떤 식으로든 해하거나 학대하는 것을 금한다.[3]
11. 야지디(Yazidi)는 경전의 백성으로 보아야 한다.[4]
12. 노예제는 모두의 동의하에 폐지된 것으로 재도입을 금지한다.[5]
13. 이슬람은 강제 개종을 금한다.
14. 이슬람은 여성의 권리를 부정하는 것을 금한다.

3 여기서 '경전의 백성'이란 신의 계시를 받은 책을 가진 종교인을 말한다. 쿠란에서는 구체적으로 유다인, 그리스도인, 조로아스터교인, 사비아인 등 4종교인을 지칭하나 지난 1,400여 년에 걸친 유구한 역사 속에서 이 용어를 이들 외의 종교인에게도 적용했다.

4 ISIS는 야지디를 우상숭배자로 여겨 잔인하게 죽였다.

5 ISIS는 비무슬림을 노예로 사고팔며 부린다.

15. 이슬람은 아이의 권리를 부정하는 것을 금한다.
16. 이슬람은 정의와 자비의 원칙을 엄수하지 않은 채 시행되는 후두드(hudud) 처벌을 금한다.[6]
17. 이슬람은 고문을 금한다.
18. 이슬람은 사체 훼손을 금한다.
19. 이슬람은 사악한 행동을 하나님께 돌리는 것을 금한다.
20. 이슬람은 여러 예언자 및 예언자 동료의 무덤과 성묘를 파괴하는 것을 금한다.
21. 통치자가 명백하게 불신을 표방하고 사람들이 예배하지 못하도록 하지 않는 한 이슬람은 무장 봉기를 금한다.
22. 이슬람은 모든 무슬림의 동의 없이 칼리파 국가 설립을 선언하는 것을 금한다.[7]
23. 이슬람은 국가에 충성하는 것을 허용한다.[8]
24. 예언자 무함마드 사후 이슬람은 이주를 요구하지 않는다.[9]

24개 항에 걸친 공개서한 요약문을 보면 신실한 무슬림으로 자처하는 지하디 살라피가 얼마나 전근대적이고 현실과 동떨어진 행동을 하는지, 이를 바라보는 무슬림들이 얼마나 곤혹스러운지 어렵지 않게

6 여기서 후두드란 간통, 살인 등 특정 범죄행위에 부여된 고정적 처벌을 의미하는데 사형, 신체 절단, 투석형 등을 부과한다.
7 칼리파 제도는 가톨릭의 교황제와 유사하다고 보면 된다. 칼리파는 전 세계 무슬림의 수장이고 그러한 수장이 있는 나라가 칼리파 국가다.
8 각 무슬림이 국가에 속하여 국민으로 살아가는 것을 허용한다는 말이다.
9 무함마드는 고향 메카에서 박해를 받자 메디나로 이주했다. 이런 역사적 사실을 바탕으로 근대 들어 일부 무슬림이 이슬람의 땅과 비이슬람의 땅을 구분하여 이슬람의 땅으로 이주하는 것을 장려했는데, ISIS 역시 그러하다. 이에 대한 비판이다.

알 수 있다. 경전의 말씀이 그렇게 적혀야 했던 당시 상황을 고려하지 않은 채 종교인들이 문자 그대로, 기록된 말씀 그대로 지키며 살아왔다면 오늘날 인류는 멸종했을지도 모른다. 크리스트교 성서, 특히 구약성서라고 부르는 히브리 성서에는 신을 믿지 않는 사람을 죽이라는 말이 많은데, 그대로 따랐다면 오늘날 유럽인은 살아남지 못했을 것이다.

이슬람이 역사에 등장한 때와 장소는 7세기 아라비아다. 당시 아랍어로 계시된 쿠란과 예언자의 순나를 일자 일획도 틀림없이 그대로 따르면 21세기의 삶은 절대 가능하지 않을 것이다. 오늘날 사우디아라비아를 세운 사람들은 근대 이전에 트럭을 보자마자 운전자를 폭행하고 트럭을 불태웠다. 자기들이 생각하기에 트럭이라는 물건이 이슬람의 삶의 방식과 거리가 멀었기 때문이다. 오늘날 살라피의 사고 방식 또한 크게 다르지 않다. 노예제를 유지하고 자신들과 견해가 다른 사람을 죽이겠다고 선포한다. 신앙은 죽은 사람도 살려야 하는데, 산 사람마저 죽이는 상황에 신앙이라는 말을 쓸 수 있을까? 믿음을 살상의 기준으로 삼는 지하디 살라피의 신앙 문맹이 아랍의 봄에 활개 친 것은 참으로 안타까운 일이다.

4. 온건 이슬람에 거는 기대

아랍의 봄 이후 10여 년을 돌아보면 종교적으로 가장 큰 파장을 남긴 세력은 지하디 살라피라고 할 수 있다. 시대적 변화를 전혀 고려하지 않고 예언자의 순나를 그대로 따르겠다는 신념과 의지를 폭력적으로 표현한 지하디 살라피가 존속하는 한, 새로운 아랍의 봄이 성공하더라도 중동 무슬림 세계는 변하기 어려울 것이다.

살라피 사상은 1950년대 이래 사우디아라비아의 와하비 사상 보급과 함께 전 세계로 퍼졌다. 사우디아라비아의 석유 산업이 호황을 누리면서 세계 각지의 무슬림이 사우디아라비아로 몰려들어 자연스럽게 와하비 사상을 접했다. 특히 사우디아라비아 정부는 1950-1960년대 이집트 나세르의 반왕정 사회주의와 1979년 이란의 이슬람 혁명이 자국과 주변 지역으로 퍼지는 것을 막기 위해 석유 판매 수익금을 써서 와하비 사상을 적극 유포했다. 또한 1967년 아랍-이스라엘 전쟁에서 참혹하게 패배한 후 무슬림들은 이집트의 아랍 민족주의에 실망을 표하고 와하비에서 대안을 찾았다. 그러나 와하비의 등을 타고 퍼진 살라피 사상은 구원의 빛을 비추지 못했다.

이에 무함마드 빈 살만 알 사우드 사우디아라비아 왕세자는 "우리는 단지 과거 우리가 따랐던 세계와 모든 종교에 열린 온건한 이슬람으로 되돌아가고자 한다."라며 새로운 변혁을 꿈꾼다. 2017년 사우디아라비아 빈 살만 왕세자는 과거를 다음과 같이 평가했다.

> "지난 30여 년간 일어난 일은 사우디아라비아의 모습이 아니다. 지난 30여 년간 이 지역에서 일어난 일은 중동의 모습이 아니다. 1979년 이란혁명 이후 여러 나라에서 (이란의) 모델을 베끼려 했는데, 사우디아라비아도 그중 하나다. 우리는 어떻게 해야 할지 몰랐다. 그리고 문제가 전 세계로 퍼졌다. 이제 이를 없앨 때다."

빈 살만은 예언자 시대에는 음악도 여성 지도자도 있었는데, 오늘날에도 그러지 못할 이유가 없다고 한다. 여성 운전을 허용한 것도 남녀가 함께 앉아 콘서트를 보게 한 것도 지극히 보수적인 와하비 종교 지도자를 배제하려 나선 것도 새로운 변혁의 일환이다. 사우디아라비아가 변하면 폭력에 기대어 무슬림 세계뿐 아니라 전 세계를 경악하게 만들었던 지하디 살라피의 만행도 서서히 설 자리를 잃을 것이다. 아랍의 봄 10년을 돌아보며, 지하디 살라피를 공급하는 폭력적 와하비 사상이 문제라는 사실을 깨닫고 변화를 이야기한 빈 살만의 발언에 조금이나마 희망이 있다. 물론 외부 요건보다 자국 내 이슬람 문제를 더욱 깊이 고민하길 바라는 마음이다. 지금이 바로 신앙의 이름으로 행하는 폭력적 악순환의 고리를 끊을 때다.

제11장 국제정치의 이상을 좌초시킨 아랍의 봄

1. '아랍의 봄'의 시작: 전격성(電擊性)

아랍의 봄은 전조(前兆) 없이 전격적으로 찾아왔다. 2011년 아랍 세계를 강타한 정치 변동으로 인해 서아시아는 민주주의를 향한 기대로 충만했다. 비록 지금까지 미답(未踏)의 길이었지만, 드디어 아랍 세계도 민주화로 향하는 여정(旅程)을 시작했다는 역사 발전의 징표(徵標)이기도 했다. 혹자는 아랍의 봄을 프랑스 혁명에 견주어 서남아시아 전체의 형질 변화를 예견했다. 그만큼 국제사회의 공통 관심사였다.

사실 아랍의 민주화 운동은 늦은 편이었다. 1950년대 도미노 같은 군부의 정변으로 이집트, 이라크 등지에서 세속주의 정부가 들어섰지만 권위주의가 고착되었다. 반세기 동안 이분법적 진영론(陣營論)으로 지탱되었고 냉전이 무너졌을 때 기존 권위주의 정권들은 위기를 직감했다. 미국이 주도하는 새로운 자유민주주의 정치 질서가 확산됨에 따라 민주화 물결이 시작되었기 때문이다. 수(數) 대결의 냉전 구도에서는 미국과 소련 모두 자기편에 속한 나라들의 권력 구조에 개입하지 않았다. 폭압적 독재 정권의 행태도 용인하며 자기편으로 묶는 일이 많았다. 같은 편으로 남아 있어야 세 대결에서 승리하기 때문이었다. 그

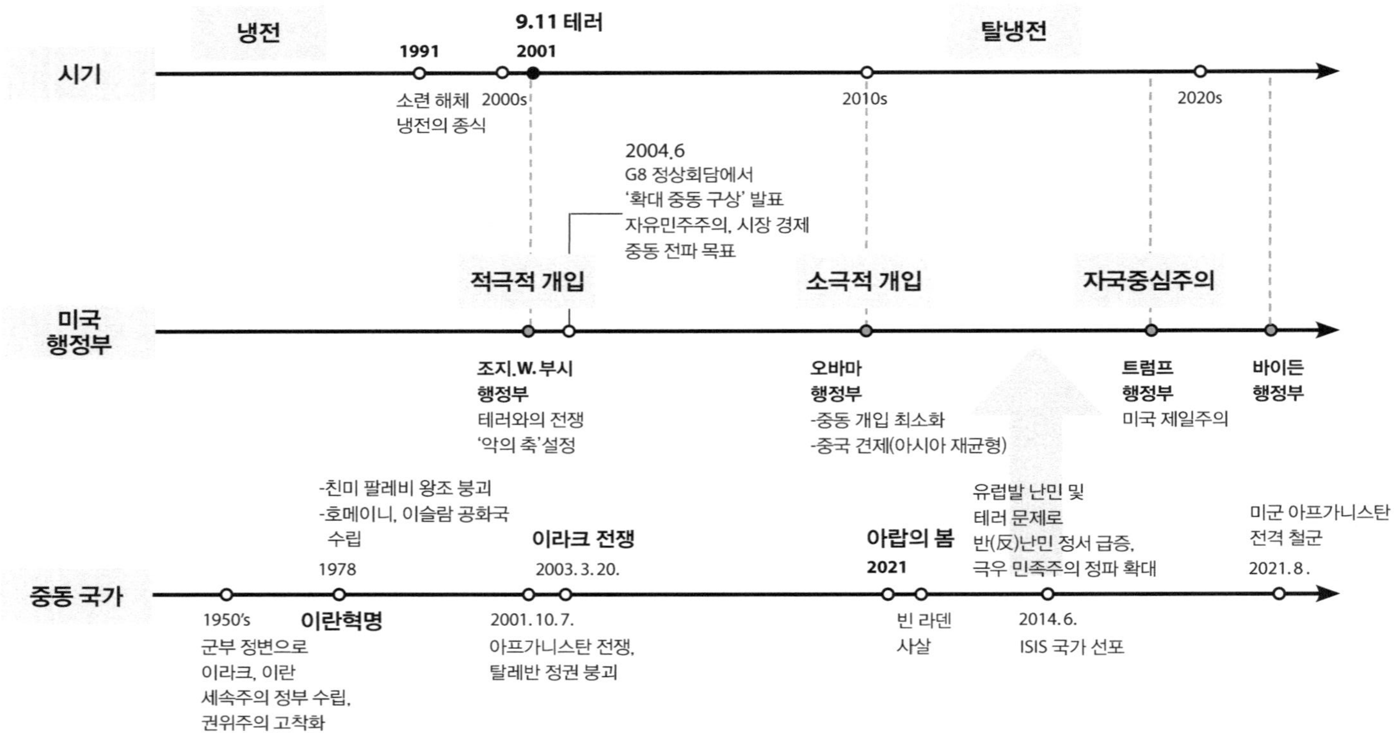

[그림 11-1] 냉전 이후 미국 행정부에 따른 중동 관계의 변화

러므로 냉전 종식은 곧 권위주의 정권의 위기를 의미했다.

소련 해체 후 동유럽이 무너졌듯 아랍 세계에도 격변의 시기가 도래할 것이라 예측했던 배경이다. 취약한 중동의 정치 구조를 감안하면 독재 붕괴는 시간문제였다. 그러나 아랍의 권위주의 정부는 요동도 하지 않았다. 소위 팍스 아메리카나(Pax Americana)의 시대를 운위(云謂)하며 미국 주도의 자유민주주의와 시장 경제 천하를 알리는 거대한 판의 변화에도 독재는 여전했다. 절대 왕정 체제인 걸프 산유국은 물론, 공화국 체제를 표방하지만 군부 출신의 종신 집권이 뿌리내린 집정관주의(praetorianism) 체제도 여전히 견고했다.

요행히 냉전 직후 민주화의 파고를 피해 간 중동은 두 번째 민주주의 관련 변곡점을 맞는다. 2001년 9.11 테러가 기점이었다. 미증유(未曾有)의 테러를 경험하며 세계 유일 초강대국 지위에 대한 도전에 직면한 미국은 테러와의 전쟁을 선언, 새로운 대외 전략을 천명한다. 이른바 부시 독트린(Bush Doctrine)으로, 이란, 이라크, 북한을 악의 축(Axis of evil) 3개국으로 설정하고 정권 교체 의지를 밝혔다. 9.11 테러 직후인 2001년 10월 7일 시작한 아프가니스탄 전쟁에 이어 2003년 3월 20일 이라크 전쟁이 시작되었다.

세상을 선과 악의 이분법으로 규정했던 조지 W. 부시 대통령의 궁극적 세계관은 정복주의적(triumphal) 관점에 근거했다. 오랜 시간에 걸쳐 미국이 완결한 역사를 전 세계에 편만하게 확산시켜야만 야만적 폭력과 테러를 근절시킬 수 있다는 견해였다. 프랜시스 후쿠야마의 『역사의 종언(*The End of History and the Last Man*)』(1992)이 그 교과서였다.

백악관을 장악한 네오콘과 그 후견 세력은 미국 가치의 승리를 소위 악의 세력에 투사함으로써 형질 변화를 추구하려 했다. 바로 민주주의 구상이다. 2004년 6월 미국 조지아주 시아일랜드(Sea Island)에서 열린 G8 정상회담에서 당시 콜린 파월 국무장관은 중동 민주화에 관한 미국의 정책을 설명했다. 국제사회 주요 국가들의 동참을 요구하는 자리였다. 이 자리에서 미국은 확대 중동 구상(The Greater Middle East Initiative)을 발표했다. 한마디로 미국이 완성한 자유민주주의 및 시장경제의 역사를 위험 지역에 전파, 착근하여 더 나은 세상을 만들겠다는 계획이었다. 민주주의가 확립된 국가끼리는 결코 전면전을 벌이지 않는다는 민주평화론(Democratic Peace)에 입각한 구상이었다.

전쟁의 목적을 단순히 위험한 독재 정부 제거 수준을 넘어 민주주의 국가 건설로 확대한 것이다. 아프가니스탄의 탈레반 정권이 붕괴했고 카불에는 하미드 카르자이가 이끄는 친미 정부가 들어섰다. 이라크의 바그다드 역시 마찬가지였다. 이렇듯 9.11 테러는 미국의 적극적 중동 개입으로 이어졌고 민주주의 확산에 박차를 가하게 되는 계기가 되었다.[1]

그러나 형식적으로는 아프간과 이라크에 민주주의 정부가 들어섰음에도 미국과 서방이 원하는 국가 건설은 요원했다. 폭력과 테러가 끊이지 않았다. 그리고 카불과 바그다드발 민주주의의 확산도 일어나지 않았다. 이란의 신정주의는 견고했고, 걸프 왕정은 권력을 시민과 나눌 생각이 전혀 없었다. 리비아, 이집트, 시리아 등 아랍 군부 독재는 더욱 강고한 권위주의를 드러내며 왕정과 같은 세습을 준비하고 있었다. 오히려 시간이 흐르면서 미국이 무력으로 정권을 바꾼 아프간과 이라크 두 나라가 더 혼돈 국면으로 빠져들었다. 민주주의 시스템 구축은커녕 안정화 작전에도 실패하면서 미국은 점차 수렁에 빠졌다. 민주주의가

1 미국의 중동 민주화 구상의 동기에 관한 이론(異論)이 존재한다. 이라크 전쟁 개전 과정에서 전쟁 명분에 관한 이론(異論)이 제기되고, 주요 명분이었던 대량파괴무기의 증거를 입증하지 못하자 민주주의 확산이라는 담론을 제시하게 되었다는 설명도 있다.

뿌리내리면 평화 시대가 도래한다는 가설은 적어도 중동에서는 통하지 않는 듯 보였다.

이윽고 이 지역은 권위주의와 독재가 더 적합하다는 예외주의(exceptionalism)가 다시 힘을 얻었다. 독재 체제가 워낙 견고하다 보니 아래로부터의 혁명, 즉 시민이 추동하는 정치 변동 가능성은 거의 없어 보였다. 일반적 정서였고 대중은 무기력해 보였다. 민주주의와 아랍은 맞지 않다는 판단이 점차 힘을 얻었다.

그러나 튀니지에서 무함마드 부아지지의 분신으로 온 아랍이 정치 변동 물결에 휩싸였다. 냉전 종식이라는 거대한 판의 변화, 미국의 강력한 민주주의 확산 구상에도 미동조차 없어 보였던 아랍 권위주의 정권은 이 사건을 발화점으로 추풍낙엽처럼 무너졌다. 민주주의론, 민군관계론, 정치발전론 등을 연구하는 비교정치학자들은 흥분했다. 그동안 예외주의 논쟁에 휩싸여 서아시아에는 민주주의가 적합하지 않다는 논거에 고민했던 이들은 예외 없는 민주화의 물결이 도래했다고 환호했다. 반면 일반적 민주화, 즉 정치 발전의 경로와는 다른 돌발성과 예외성에 주목한 학자들도 있었다. 변화는 시작되었으나 그 진전 경로는 예측할 수 없는 시기였다.

2. 아랍의 봄의 추이: 다중성(多重性)과 불가측성(不可測性)

아랍 전역에서 시민들은 봉기했다. 드디어 아랍 민주주의의 시대가 열렸노라 선언했다. 반면 주요 권위주의 국가, 특히 걸프 산유국을 필두로 권위주의 왕정은 긴장 수위를 높이며 대중의 저항 추이를 지켜보았다. 바레인 등에서는 유혈 사태가 이어지며 정권이 붕괴 직전까지 가기도 했다.

일단 걸프협력기구 6개국과 요르단, 모로코 등 왕정 국가들은 간신히 정권 붕괴 위기를 모면했다. 반면 주요 군부 권위주의 공화국은 정권 교체를 피하지 못했다. 튀니지의 벤 알리, 이집트의 무바라크, 리비아의 알카다피에 이어 예멘의 노회한 지도자 살레흐 정부까지 도미노처럼 무너졌다. 아사드 정부에 대항하는 시리아 저항 세력도 일어났다.

1) 성격: 시민 혁명, 종족 분쟁 그리고 종파 분쟁

주목해야 할 부분은 아랍 정치 변동이 모두 소위 시민 혁명은 아니었다는 점이다. 실제로 정체성이나 소속감과 상관없이 시민들이 들고일어난 사례는 튀니지와 이집트뿐이었다. 이집트에서는 종교, 종파, 지식인과 노동자, 세대를 막론하고 시민들이 호스니 무바라크 퇴진 요구에 동참했다. 부아지지의 죽음이 첫 도화선이 된 튀니지도 마찬가지였다. '봄'으로 표현되는 시민 혁명의 상징이 권위주의 퇴진과 민주주의 시작이라면 그나마 이집트와 튀니지가 가장 혁명에 근접한 사례였다.

반면 리비아 알카다피 정권의 붕괴는 오랜 동서 갈등으로 인한 부족 전쟁의 성격이 강했다. 서부 트리폴리타니아를 권력의 배경으로 삼은 알카다피 집권 연합에 벵가지를 거점으로 하는 동부 키레나이카 지역 주민들이 반기를 들었다. 시민 혁명이 아니라 지역 단위의 오랜 내전 양상이었다. 사태 발생 초기에는 정부군이 저항 세력을 압도했다. 그러나 무도한 민간인 사살로 알카다피 측의 '반인도주의 범죄(crimes against humanity)' 징후가 드러나자 국제사회가 개입하며 상황이 반전되었다. 결국 유엔의 '보호책임(responsibility to protect, R2P)' 규범이 발동했다. 국제사회는 리비아 저항 세력을 보호하기 위해 개입했고, 프랑스가 주도하는 NATO 공군의 공습으로 결국 알카다피 측 정부군이 패퇴했다.

예멘도 달랐다. 종파 분쟁의 성격이 짙었다. 권력 분점을 요구해 온 시아파(자이디파) 후티와 기존 집권 세력 간 앙금이 지속되던 터였다. 시민 혁명보다는 이질적 정체성을 지닌 집단이 하나의 정치 공동체로 통합되는 과정에서 빚어진 필연적 갈등으로 보는 편이 더 정확하다. 균열의 단층선이 존재하는 상황에서 튀니지발 정치 변동은 그 틈을 더 벌렸다. 기존의 종파 간 권력 투쟁에 불을 댕겼고 결국 내전으로 진입했다. 리비아에 국제사회의 보호책임 규범이 작동했다면, 예멘은 역내 양강 세력을 불러들여 대리 전장(proxy war theatre)이 되었다. 이란이 배후에서 같은 시아파 후티 반군을 지원하는 것으로 알려지자, 수니파 정부군을 지원하는 사우디아라비아, 아랍에미리트는 아예 참전으로 맞섰다. 정권이 바뀌지는 않았지만, 10년째 이어지는 시리아 내전에는 종파 정체성에 근거한 갈등과 시민 혁명 시도 성격이 혼재해 있다. 1982년 바샤르 알아사드 대통령의 아버지인 하페즈 대통령 시기 하마 대학살의 분노와 한(恨)이 30년 만에 재발화하며 21세기 최대 비극의 전장이 되었다는 역사적 경로도 주목해야 한다.

2) 궤적: 권위주의, 취약국가 그리고 실패국가로

비슷해 보이지만, 각기 다른 맥락에서 정치 변동을 겪은 나라들이기에 서로 다른 궤적을 나타냈다. 그리고 그 궤적은 대부분 부정적이고 비관적이었다. 강한 권위주의의 부활 아니면 내전, 취약국가(vulnerable state) 또는 실패국가(failed state) 등의 국면으로 각각 진행되었다. 시민 혁명의 양상을 보였던 이집트는 권위주의로 회귀했다. 무바라크 31년 독재 체제가 갑자기 무너져 버린 급작스러운 권력 공백은 곧바로 사회 불안정 문제를 노출했다. 일단 헌법 제정, 정당 구성이 시급했다. 이후 선거를 통해 새로운 권력 구조에 입각한 정부 및 의회를 출범시켜야 했다. 그러나 경험이 전무했다. 독재 치하에서 형해화(形骸化)된 선거 절차를 경험하긴 했지만, 실질적인 정치 리더십 및 엘리트의 교체 경험은 없었다. 급작스러운 정치 일정에 마주한 이집트 유권자들은 전국적 조직망 가동이 가능했던 이슬람 정치 세력에게 투표했다. 그러나 이슬람 정당은 무능했고, 물러난 군부의 집권 의지는 집요했다.

시민사회와 대안 정당이 제도화되지 못한 채 31년 계엄 통치를 경험했던 이집트는 2012년 모르시 정부 출범 이후 극도의 혼란으로 빠져들었다. 결국 군부의 재집권 수순으로 이어졌다. 국부의 40% 내외를 직간접적으로 소유하며 막후에서 영향력을 행사하던 군부 세력은 결코 물러나지 않았다. 이른바 '딥스테이트(deep state)'로 불리는 이들이다. 국가 내 국가처럼 존재했던 세력이 다시 권력을 잡았다. 이집트의 봄은 권위주의 재현으로 일단 귀결된 모양새다.

튀니지의 궤적은 달랐다. 다양한 정치 실험을 통해 조합형 분립 정부가 출범했다. 튀니지노동총연맹, 경제단체-기업연합체(UTICA), 인권-시민단체(LTDH) 및 법조계(ONAT) 등 권력 합의를 토대로 한 거버넌스 구성은 세상의 주목을 받았다. 이 과정에서 혁명 후 세력을 결집했던 이슬람 정당 엔나흐다의 포용적 태도도 긍정적으로 작용했다. 이들이 연대한 국민4자대화기구(The National Dialogue Quartet in Tunisa)는 2015년 노벨 평화상까지 수상하며 유일한 아랍 정치 변동의 성공 사례로 기록되는 듯했다. 권력 독점을 막고 다양한 이익집단 및 시민사회가 정부와 함께하는 그림은 민주주의에 근접해 보였다. 그러나 최근 불거진 권력 투쟁과 테러 세력 준동 등의 위험 요소로 다시 위기 국면에 접어들고 있다. 이면에는 세속주의에 반대하는 이슬람 성향의 잠재적 지하디스트들이 있었다. 특히 폭력적 극단주의 테러 조직 ISIS에 참여한 해외 무장 전투원(Foreign Terrorist Fighters, FTF) 수는 여타 국가 출신의 지하디스트를 압도했다. 대략 7,000천 명이 시리아와 이라크로 건너가 ISIS에 가담했다. 이들이 다시 튀니지로 돌아와 민주주의 구축에 걸림돌이 되고 있다. 취약국가 행보를 보이는 이유다. 이렇게 시민 혁명의 두 사례 중 하나는 권위주의로 회귀, 다른 하나는 위태위태한 행보로 귀결된 셈이다.

실패국가의 궤적도 나타났다. 내전 상태인 리비아, 본격적으로 내전을 벌이고 있는 예멘이다. 리비아의 동서 정부 분할은 여전히 앙금이 남은 지역 갈등의 잔재가 제도로서의 국가를 붕괴시키는 양태다. 물론 아직 정확한 의미의 실패국가로 규정하기 어려운 부분도 있다. 일단 선거로 구성한 정부가 존재하고, 갈라져 있지만 국제사회의 승인을 받았다. 그러나 국내의 다양한 정파가 갈등하는 가운데 선거 과정을 통해 등장한 정부를 인정하지 않고 있다. 이 악순환의 반복을 통해 권위주의 해체가 가져온 부정적 후폭풍을 경험하는 중이다. 예멘 내전은 21세기 최악의 인도주의적 위기로 치닫고 있다. 자기 방호 능력이 없는 민간인들이 사우디아라비아가 이끄는 동맹군과 이란의 지원을 받는 후티 반군 사이에서 피살되고 있다. 식량과 식수 및 의약품 등 생필품 부족으로 인한 곤란도 심각하다. 실패국가는 아니지만, 정부군의 저항 세력 탄압이 계속되는 시리아 역시 내전으로 피폐해졌고, 실패국가에 준하는 재앙 상황이 이어지고 있다.

이처럼 리비아, 예멘, 시리아 등 내전을 겪는 국가들의 또 다른 문제는 외부 세력과 연계(patron-client)로 인한 상황 악화다. 권위주의 정부의 붕괴로 공백이 된 자리에 외세가 개입하여 자국의 이익을 투사하고 있다. 자력으로 국가 통치 구조를 만들어 내지 못한 탓에 민주주의 구축은커녕 다중 종속(multiple-dependence)으로 국가 분열 및 내전 양산 구조로 전락했다. 시리아 아사드 정부는 러시아 및 이란에 의존해 정권을 존속시키는 중이다. 리비아에는 동지중해 지역의 패권과 관련해 튀르키예, 프랑스, 아랍에미리트 등이 개입, 상황이 악화되고 있다. 예멘에는 사우디아라비아와 아랍에미리트가 지원하는 하디 정부에 대항하여 이란이 지원하는 후티 반군이 전선을 형성하고 있다. 이처럼 아랍의 봄 이후 권력 공백이 초래한 후폭풍은 내전 및 외세 개입 혼란상으로 정리된다.

3) 귀결: 종교 정체성의 부상

기대와 달리 민주주의는커녕 더 혹독한 시절을 지나는 아랍 대중의 반응은 두 가지로 수렴된다. 먼저 극단적 허무주의 또는 실망으로 인한 강한 저항감이다. 허무주의의 경우 어차피 아랍과 중동의 문화적 맥락이 민주주의와 맞지 않는다는 비관으로 이어져 주어진 상황을 수용해 버린다. 강력한 권위주의가 등장하고 과거 못지않은 억압적 정치 행태가 나타나도 아무것도 할 수 없다는 무력감 속에 받아들이는 것이다.

반면 변화의 물결을 목도했고 기대감을 가졌다가 좌절했지만, 오히려 그 경험을 통해 변화를 택한 사례도 있다. 이 양상은 둘로 갈린다. 하나는 민주주의의 시도를 계속 모색하면서 대안을 찾아 나가는 이들이다. 어려움을 겪으면서도 민주주의 거버넌스를 유지하려는 튀니지 사례다. 다른 하나는 정반대로 권위주의 통치 이념과 수단을 통해 안정화를 추구하며 정치 이익을 모색하는 태도도 있다. 이집트 사례다.

이집트 모르시 정권이 1년 만에 군부 재결집에 의해 물러났다. 무함마드 모르시 대통령은 무능하고 시대착오적 행태를 보이긴 했지만, 선거는 합법적이었고 집권 과정에서 제도적 결함은 없었다. 그러나 오래지 않아 실각했다. 아랍 대중은 모르시의 퇴진과 군부 재등장에 서구 사회가 침묵하는 모습을 목격했다. 미국과 서구의 침묵 이면에는 무슬림형제단 출신의 이슬람 정파 지도자가 미국의 우방인 이집트 대통령이 되었다는 사실에 당혹감이 있었을 것이다. 모르시 정부에 대한 지지 여부와 상관없이 이 장면은 대중의 눈에 다소 부당하게 비쳤다. 언필칭 민주주의를 내세웠던 미국과 유럽이 정작 이슬람 정파의 집권을 반기지 않는다는 해석과 함께, 혼란스러운 민주주의보다 안정된 권위주의를 선호한다는 인식이 각인된 것이다.

실제로 선거 과정을 거치면서 드러난 현상은 이슬람 정파의 약진이었다. 이집트에서 살라피스트들의 약진에 이어 무슬림형제단이 집권한 것은 서구가 생각하는 민주화 경로와 완전히 달랐다. 튀니지의 엔나흐다 정당을 비롯, 리비아, 쿠웨이트 등에서 이슬람 계열 정파가 존재감을 드러냈다. 한마디로 권위주의가 눌러 오던 이슬람 정치 세력이 아랍의 봄으로 제도권에 진입하는 계기가 된 셈이다.

세속주의에 입각한 아랍 대의에 기대어 서구가 뿌려 놓은 모순을 해결하려 했던 아랍 민족주의는 가말 압델 나세르의 퇴장과 함께 20년 만에 좌절되었다. 그 이후 아랍을 결집할 공동의 정체성이 없었고, 현실 정치는 독재자들의 무대였다. 권위주의 정권에 위협이 되는 이슬람 세력은 억눌렸다. 그러나 역설적으로 독재자들이 무너지고 그 공백을 틈타 이슬람 정치 세력이 득세하는 계기가 찾아왔다. 그리고 선거를 통해 약진했다. 정통성을 가진 이슬람 정부의 수립은 일대 변혁이라 할 수 있었다. 당시 이슬람 정치 모델로서 튀르키예 에르도안 정부가 각광받았고, 이슬람 통치 모델의 소프트파워를 고양했다. 이스탄불의 상징성은 커졌으며 이슬람 가치와 세속 민주주의 노선이 공존하는 튀르키예 모델은 매력적이었다.

그러나 이집트에서 벌어진 모르시의 실각은 이슬람 정치에 기대었던 일부 아랍 대중의 분노를 격발했다. 선거, 정당, 헌법, 의회를 통해 이슬람 정치를 구현할 것이라는 기대를 내려놓았다. 대신 이념, 투쟁, 선전, 무기를 통해 이슬람 정치 구현에 나서는 이들이 나타났다. 비록 직접 무기를 들고 폭력 투쟁에 나선 사람들은 소수였지만, 이들은 알카에다의 이념 노선에 접근했다. 그리고 가장 극단적인 사례인 ISIS로도 수렴되는 현상이 나타났다. 아랍의 봄은 이슬람의 봄, 그러나 불길한 봄으로 이어졌다. 대중은 현실 도피적 행태를 보였지만, 일부 이슬람 정치 운동에 투신한 인사들은 점차 극단적인 경향성을 띠게 되었다.

4) 파장: 유럽의 균열 및 트럼피즘의 출현

중동 내전 상황의 혼란은 특정 국가의 문제로만 한정되지 않았다. 혼란은 국경을 넘어 확산되었다. 인접 국가는 물론 지중해와 발칸반도를 넘어 유럽까지 퍼져나갔다. 혼란은 난민의 외피를 입고 유럽에 상륙했다. 그리고 내전 지역을 중심으로 폭력적 극단주의 조직(violent extremist groups, VEG)이 똬리를 틀었다. 난민과 테러, 인간 안보 양대 위협 요인의 확산 속도는 생각보다 빨랐다.

시리아 난민은 튀르키예로 대거 몰렸다. 난민 일부는 발칸반도를 관통, 중부 유럽을 향했고 헝가리와 오스트리아 등은 긴장했다. 분리를 위한 격벽을 쌓고 난민 진입을 물리적으로 막았다. 중부 유럽이 시리아 난민으로 곤란을 겪었다면 지중해 연안 국가들은 리비아에서 들어오는 서부 사하라 아프리카 난민들에 대한 부담이 컸다. 알카다피 정부 당시와는 달리 공권력이 상당 부분 붕괴한 리비아 지중해 해변에서 보트피플이 대거 이탈리아 람페두사(Lampedusa)섬을 향했기 때문이었다.

난민의 대거 유럽 진입 시도는 통합을 추진하던 유럽 정체성을 뒤흔들었다. 난민협약으로 증가된 부담을 감당하기 어려웠고 반(反)난민 정서가 급증했다. 하나 된 유럽이 아니라 금이 간 유럽으로 변했다. 유럽 각국에서는 이주민 유입에 반대하고 자국민 우선주의 정체성을 내세우는 배타적 민족주의가 확산되었다. 특히 일부 중유럽 국가에서는 노골적으로 난민 추방 및 민족 단위 정체성의 순수성을 내세우는 극우 세력의 정치 지분이 늘어났다. 서유럽의 극우 민족주의 정파의 목소리도 거세졌다.

일단 유럽연합은 가장 많은 시리아 난민을 보호하고 있는 튀르키예를 설득해 외부로 향하는 난민을 통제했다. 이에 대한 반대급부로 난민 1인당 재정 지원을 약속하기도 했다. 그만큼 유럽은 절박했다.

난민 유입을 단순히 재정 과잉 초래 등 비용 문제만은 아니었다. 일단 사회 구성체에 변화를 초래해 자칫 주류-비주류 간 갈등이 양산될 가능성에 대한 부담이 컸다. 선의로 수용한다고 해도 상륙지 국가에서 난민들이 장기적으로 뿌리내리고 거주민이 될 경우 이것이 끈이 되어 난민이 계속 유입될 수 있다는 전망 때문이었다. 난민과 섞여 들어올지 모를 테러 분자에 관한 우려도 있었다. 이력 검토가 제대로 이루어지지 않은 상태에서의 입국은 자칫 위험인물의 유입을 용인하는 셈이다. 따라서 가능한 한 난민을 차단하는 것이 급선무였다. 어쩔 수 없이 약정된 비율에 따라 유럽 각국이 난민을 받더라도 가능한 한 관찰기간(probation period)을 오래 두면서 살펴보자는 분위기였다.

위험 요소의 유입은 거셌다. 유럽이 하나가 되어 힘을 모아도 막아내기에는 역부족이었다. 결국 1차적으로 작동할 수 있는 국가 단위의 방호망이 동원되어 국경을 강하게 통제했다. 이는 단순히 중동발 위기에 대한 대응으로만 머물지 않았다. 유럽 정체성 변화의 전조이기도 했다. '하나 된 유럽'이 위기를 막아내기에 중동발 난민과 테러 위협은 심각하고 아팠다. 공조할 여지가 분명히 있지만, 각자도생으로 막아 내야 할 부분도 있었다. 통합보다는 분리의 수순이 자꾸 읽혔다.

유럽의 시선에서 볼 때 아랍의 민주화 운동 또는 시민 혁명은 결론적으로는 재앙이었다. 유럽이 강조했던 민주주의가 아랍에 세워질지 모른다는 기대는 이내 비관으로 바뀌었다. 자신들이 믿었던 통합의 바탕은 인도주의, 인권, 난민 지원 등의 보편적 가치이자 규범이었다. 그러나 아랍에서 벌어지는 민주화 운동 이후 일련의 사건들의 결과로 유럽이 직격탄을 맞게 되면서 불가피한 입장 변화가 뒤따랐다. 즉 불안정한 민주주의 시도보다는 차라리 안정된 권위주의가 더 낫다는 입장이다.

아랍발(發) 혼돈은 유럽을 강타했고 이는 브렉시트 등 각국의 자국 중심주의로 이어졌다. 그리고 대서양 건너 미국 정치의 고립주의에도 일조했다. 트럼피즘은 미국 내 소외받는 중산층 이하 백인들에 대한 위무 차원에서 발원하기도 했지만, 동시에 아랍의 혼란이 유럽을 건너 미국으로 들어온 데 대한 반작용이기도 했다. 미국 역시 이민 통제 및 국경 강화 정책을 내놓았다. 미국 제일주의(America first)는 미국이 모든 것을 압도하고 선도한다는 의미가 아니다. 국익을 위협받을 수 있는 상황에서 미국의 국익이 자유주의 국제 질서의 당위보다 앞선다는 것을 의미한다. 이러한 국익 수렴의 미국 입장에 일조한 변수가 난민과 테러였다고 보아도 허언이나 과장은 아니다.

3. 아랍의 봄 이후 미국의 고민

세계 정치 차원에서 '질서'를 주도해 온 국가는 미국이다. 이는 부인할 수 없는 사실이다. 9.11 테러 이후 미국의 중동, 서남아시아 정책은 형질 변화를 통해 팍스 아메리카나 시대를 새롭게 펼치겠다는 의지를 담고 있었다. 명분은 민주주의였고 도구는 미국의 압도적 힘과 동맹이었다. 냉전을 승리로 이끌고, 필적할 만한 국가 없이 유일 초강대국의 지위를 누리던 미국에 9.11은 판갈이의 계기였다. 후쿠야마의 논문이 예시하며 상징했듯 미국은 역사를 완성했다는 확신에 기반했다(Fukuyama, 1989). 이 시선으로 보면 테러와의 전쟁 당시 설정된 '악의 축'은 미국의 힘을 보여 주기 위한 대상이었다. 보란 듯이 아프가니스탄 전쟁과 이라크 전쟁이 이어졌다.

그러나 이 두 전쟁에서 미국은 전략 목표를 달성하지 못했다. 전쟁으로 아프가니스탄 탈레반 정권을 붕괴시키고 이라크 사담 후세인을 실각시킨 결과 자체는 압도적 승전이었다. 그러나 이후 안정화 및 민주화에서는 어려움을 겪었다. 아프가니스탄 전쟁에서 미군과 NATO군 그리고 동맹국이 개입, 탈레반 소탕에 나섰으나 결론적으로 실패했다. 이라크 역시 분쟁과 갈등이 끊이지 않고 일부 이라크 정파는 친(親)이란 행보를 보이면서 혼란 국면이 현재까지 지속하고 있다. 역내 확산되는 반미감정은 미국 대외 정책의 자산인 연성권력(soft power)의 급락으로 이어졌다. 결국 더 이상의 직접 개입이 가능한가에 관한 회의론이 점증했다. 미군 장병 및 유관 인사의 인명 피해가 늘고 군비가 불어나면서 미국은 오바마 정부 때부터 중동, 서남아시아에서의 퇴진을 고민해 왔다.

중동의 대중 정서는 미국의 개입과 그 이중성에 대한 염증으로부터만 발원한 것은 아니었다. 현대 중동의 탄생 과정에 자리 잡은 서구열강의 자의적 국가 건설과 국경 분할에 대한 오랜 반감이 함께 작동했다. 이후 냉전 진영론 구도에서 세 대결을 위한 역내 권위주의 독재체제에 대한 무조건적 지원 역시 반외세 감정의 토양이 되었다.

오바마 정부는 중동 개입을 축소하고 이 지역에 투입된 전략 자산 및 인력을 재편하며 중국 견제를 시도했다. '아시아 재균형(Asia rebalancing)' 전략으로, 이른바 피봇 투 아시아(pivot to Asia)다. 실제로 중동에서 미국이 시도했던 민주주의 확산 전략이 참담한 실패로 끝난 상황에 피해가 지속하는 군사 작전을 유지할 이유가 없었다. 국제사회는 당시 미국이 중동에서 발을 빼는 상황을 목격하고 있었다.

그러나 아랍의 봄이 돌발 변수였다. 숨 가쁘게 전개된 기존 권위주의 정부 붕괴는 미국의 중동 탈피를 막았다. 당장 이집트 무바라크 정권의 실각은 미국의 동맹국인 이스라엘 안보에 심각한 변수였다. 여기에 걸프 아랍 왕정이 무너질 경우 미국의 적대국인 이란의 영향력 확산은 명약관화였다. 중동에 투입하던 비용을 정리하고 중국의 부상을 견제하려던 미국의 속셈은 이렇게 제동이 걸렸다. 2012년 9월 11일 리비아 벵가지에서 일어난 주리비아 미국 대사의 테러 피살은 충격적이었다. 워싱턴 민관에서는 중동을 방기(放棄)하다가 외교관이 피살당했다는 비판이 파다하게 퍼졌다. 미국은 본의와 달리 다시 한번 아랍 세계의 조정자 역할을 할 수밖에 없는 상황이 되었다.

아랍의 봄만 아니었으면 미국은 2011년 오사마 빈 라덴 사살을 계기로 테러와의 종전을 선포하고 아시아 재균형을 본격적으로 추진할 수 있었을 것이다. 그러나 아랍 각국에 존재하는 불안 요소가 자칫 미국의 핵심 이익을 다시 건드릴 수 있다는 우려로 인해 여전히 중동에 발목이 잡힌 모양새였다. 일련의 과정을 거치면서 미국의 부담과 고민은 깊어 갔다. 2013년 시리아 화학 무기 사용 의혹, 2014년 러시아의 크림반도 병합 등 미국의 적극 개입이 요구되는 상황이었지만, 미국은 움직이지 않았다.

결정적인 사건은 2014년 6월 ISIS가 국가 수립을 선포하고 나서면서 미국인을 중심으로 외국인 참수를 지속한 사건이었다. 알카에다가 드리웠던 트라우마를 넘어서 더 잔인하고 더 영악한 테러 세력의 존재를 지켜본 미국은 당혹스러웠다. 그동안 자신들이 추진했던 중동 민주화는 길을 잃었다. 이슬람 정치 세력이 선거를 통해 득세했으며, 이를 막으려 세속주의 정부를 지원했더니 이제는 무도한 지하디스트들이 영토, 국민, 주권을 천명하며 국가를 참칭한 것이었다.

결국 미국은 '제2의 테러와의 전쟁'을 택하는 대신, '역외 균형(offshore balancing)'이라는 그럴듯한 수식어를 내세우며 전략 재조정에 나섰다. ISIS 테러 집단 섬멸에 적극적으로 임하되 대신 미군 지상군이 직접 대테러전을 하지 않고 현지 협력 세력을 통해 간접 개입하는 것이었다. 일련의 과정을 거치면서 앞서 이야기한 대로 난민과 테러가 자칫 미 본토로 스며들지 모른다는 불안감도 증폭되었다. 그리고 트럼프 정부가 등장했다. 이후 다소 결은 다르지만, 오바마 집권기와 마찬가지로 미국 개입을 최소화하는 자국 중심주의적 고립주의 노선은 지속되었다. 바이든 정부도 마찬가지 기조를 유지하고 있다. 2021년 8월 아프가니스탄 전격 철군이 그 상징이었다. 곧 이라크 주둔 미군의 임무 전환(전투 임무 종료)까지 이어지면 2001년부터 2021년까지 20년에 걸친 미국의 중동 개입의 한 챕터가 막을 내리는 셈이다. 그 정확히 중간 지점인 2011년에 아랍의 봄이 자리하고 있다.

미국의 전략 변화는 곧 현실주의 인식에 기반한다. 한마디로 모든 것을 살피는 만기친람(萬機親覽) 형태의 국제 개입을 중단하고 이제는 철저한 국익 우선에 의한 대외 전략을 펼치겠다는 것이다. 시카고 대학교 정치학과 교수 존 미어샤이머가 주장하는 것처럼 힘이 빠진 제국이 자유주의 질서를 지탱하겠다고 나서는 것 자체가 무리라는 주장이다(Mearsheimer, 2018). 그간 미국이 가치와 인권을 내세우며 자유주의를 심으려 했던 곳을 빠져나와 해당 지역의 역학 관계에 입각한 동맹과 협력 체제를 세우는 것을 목적으로 한다. 힘의 재편, 동맹 또는 방기의 문제, 국익의 우선순위 조정 등의 기조는 전형적인 현실주의 국제정치 이론에 부합한다.

4. 국제정치적 함의: 자유주의의 퇴조 이후

현실주의 국제정치 시대의 재현은 곧 자유주의 국제 질서의 종료를 의미할까? 아랍의 봄은 국제사회에 굵직한 메시지를 던졌다. 세기말적 신호이기도 했다. 먼저 민주주의가 정치발전의 순경로, 바람직한 방향이라는 통념을 무너뜨렸다. 어디에서든 테르미도르의 반동, 즉 혁명에 정체는 늘 있게 마련이다. 하지만 반작용을 거치면서 조금 더 진전하는 순경로의 지향점이 공화주의와 민주주의라는 데 의심은 없었다.

그러나 아직 완결태는 아님에도 아랍의 봄은 적어도 기존 통념과는 많이 벗어나 있다. 한마디로 민주주의 시도가 잠시 정체 또는 반작용에 접할 때 대개는 구제도의 재현으로 귀결되어 다시 회복의 궤적을 그려 낼 수 있었지만, 10년 전 정치 변동을 겪었던 아랍 국가들은 권위주의, 취약국가 그리고 실패국가로 전락했다.

아랍의 맥락이 특이하기 때문인지, 아니면 범세계적인 사회·경제 토대의 변화로 전통 민주주의의 내구성에 수명이 다 되었는지는 확실하지 않다. 그러나 적어도 현재로서는 서구가 이야기해 왔던 전범(典範)으로서의 민주주의는 당분간 아랍에서 소구력을 갖기 어렵다는 것이 중론이다. 다시 중동 예외주의 논쟁이 시작되려는 시점이다.

아랍의 봄의 퇴행 및 역진(逆進) 여파는 중동 지역, 나아가 아시아에만 국한되지 않고 국제정치 인식론에도 영향을 미쳤다. 자유민주주의와 시장 경제를 양대 축으로 하는 자유주의 국제 질서가 일단 멈추었음을 의미한다. 전술한 것처럼 정치발전 순경로로서 민주주의에 대한 회의가 만연했고 학계에서도 치열한 논쟁의 주제로 떠올랐다. 이제는 '지속 가능한 안정(sustainable stability)' 화두가 민주화 및 자유화에 두드러지는 가치로 인식되었다. 민주 평화론을 대체하는 의미에서 '안보의 확장(extension of security architecture)' 구조를 논의한다. 이 맥락에서 아랍의 봄이 현실주의 국제정치 인식론에 미친 영향은 크게 다음 세 가지로 정리할 수 있다.

1) 부족주의

여기서 뜻하는 부족주의 개념은 일상적으로 사용하는 확장된 가문 또는 혈족의 1차 집단적 공동체라는 의미와 약간 다르다. 예일대학교 법학과 교수 에이미 추아가 적시했듯 가치와 이념으로 추동하는 정치적 지향이 아닌 정체성을 기반으로 움직이는 정치 인식을 부족주의로 통칭한다. 확장된 부족주의(extended tribalism) 개념이다(Chua, 2018). 아랍의 봄의 상흔은 난민과 테러를 통해 아시아를 넘어 유럽으로 여파가 미쳤고 대서양을 건너 미국으로도 전파되었다.

아랍의 봄이 도달한 귀결점은 세속적 민주주의가 아니었다. 이집트 타흐리르 광장에서 젊은 청년들은 그 목표를 외치다 피를 흘리며 죽어 갔다. 그러나 오히려 이슬람 정체성에 기반한 정치 운동이 득세했다. 세속주의가 아닌 과거 회귀의 불안한 그림자가 드리웠다. 그리고 혼란을 기회로 군부가 다시 등장했다. 이슬람 정치 운동은 지하로 숨어들었고, 더 과격하고 거친 언사와 투쟁 수단을 이용했다. 테러의 수위와 범위는 더욱 높아지고 넓어졌다. 각자 다른 생각과 이력을 가진 난민이 무수히 유럽과 여타 세계로 흩어져 나갔다.

이 여파는 유럽 통합을 흔들었다. 국경은 높아졌고 무엇보다 정체성에 기반한 배타적 이합집산이 일어났다. 처음에는 반(反)이슬람, 반(反)난민 등 안티테제 정서로 시작된 정체성 중심 규합은 점차 다양한 층위로 확산되었다. 젠더, 종교, 세대, 인종 등 사람과 사람을 구별하는 여러 형태의 기준이 더욱 선명해지는 현상이 발현되었다.

사람과 물자의 교유가 늘어날수록 더 화합하고 통합으로 전이된다고 믿는 기능주의의 전제가 틀어진 셈이다. 오히려 시간이 갈수록 더욱 협소한 1차 집단성에 매몰되는 경향을 나타내고 있다.

2) 자국중심주의

부족주의의 확장판인 자국중심주의가 가장 선명하게 드러났다. 국경 내 단위 정체성의 결집 현상이 빠르게 확산되었다. 혈통 중심의 민족주의라기보다 민족이 국가의 외피를 입고 하나로 등치되는 민족 중심주의 현상(ethno-centrism)이라 할 수 있다. 반향이 컸다. 다른 정체성과 달리 공권력을 동원하여 특정한 정체성의 결집 및 힘의 투사를 일으킬 수 있기 때문이었다. 미국의 트럼피즘이나 영국의 브렉시트 역시 자국중심주의의 일환이다.

아랍의 봄은 이렇듯 유럽의 통합 이념을 형해화하고, 나아가 각국이 자기방어 태세에 집중하게 했다. 자기방어는 곧 여집합에 대한 배타성으로 전화(轉化)하고 자유주의 이념을 소거했다. 유럽 일각에서는 극우 보수 세력이 자국중심주의 극단을 형성했고, 극단주의 이념은 곧 권위주의로 이어졌다.

미국의 대외 정책 역시 마찬가지다. 바이든 행정부 출범 이후 '미국의 귀환(America is back!)'을 선언하며 자유주의 국제 질서의 선도자이자 주창자인 미국이 제자리를 찾았노라 과시했다. 하지만, 결국 아프가니스탄 철수의 행간과 맥락을 읽는다면 트럼프식 '미국 제일주의, 고립주의'와 다를 바 없다. 이는 국익 우선 정치와 다르지 않다.

3) 문명론적 지역주의의 득세

앞에서 살펴본 정체성 중심의 자국중심주의는 지역적으로는 유사한 문명과 문화권 그리고 비슷한 이해관계를 갖는 국가끼리의 연대를 촉진한다. 지역주의 또는 블록화 현상이다. 극우 민족주의 파시즘이 진영을 형성하던 2차대전 이전이나, 진영이 이념으로 갈린 냉전 같은 이분법 세계와는 달리 확장된 유사 정체성을 기준으로 끼리끼리 모이는 블록화 현상을 의미한다.

근접성(proximity)이 아닌 정체성 기반의 블록화 현상은 자칫 자국중심주의의 상승효과를 가져올 수 있다. 나아가 문명(civilization)이라는 상위의 층위로 확장되면 자칫 첨예한 단층선(fault line)을 형성할 가능성도 있다. 이슬람권의 결집과 유대 기독교권의 갈등선을 이야기한 미국의 정치학자 새뮤얼 헌팅턴의 명제가 구현되는 모양이다. 아랍의 봄이 민주주의로 전환에 실패하면서 실패국가화되었고, 내전으로 이어지자 이 혼돈을 틈타 만들어진 정체성 정치의 극단적 사례가 이슬람에 기반한 폭력적 극단주의 조직이다. 어쩌면 2014년 ISIS의 등장은 20년 전 9.11 테러가 씨를 뿌리고 10여 년 전 아랍의 봄이 모판 역할을 한 것인지도 모른다.

5. 10년의 회고: 아랍의 봄은 다시 찾아올 것인가?

한 청년의 죽음이 도화선이 되어 아랍을 뒤집었다. 아무도 상상하지 못한 연결 고리였다. 당시 고조했던 민주주의 확산 기대는 빠른 속도로 사그라들었고, 오히려 혼란 국면이 지난 10여 년 동안 지속되었다. 혼란은 단순히 중동, 아랍 지역을 넘어 범세계적 여파를 초래했다. 난민과 테러로 유럽과 미국 등 서방 역시 기존의 자유주의적 통합론에서 이탈했다. 이는 브렉시트와 트럼피즘으로 이어졌다.

앞선 장들에서 살펴본 국가별 아랍의 봄 사례는 원인과 양상 그리고 현재 상황 등 여러 면에서 상이한 궤적을 보여 준다. 각기 달라 보이나 하나의 귀결점으로 수렴한다. 그러면서도 국제정치의 거대한 조류에 적지 않은 영향을 미치고 있다는 결론이다. 결국 아랍의 봄은 국제정치 흐름이 대회전하는 데 일조한 셈이다.

미국이 주도하는 자유주의 국제질서 및 민주주의의 발전 경로에 대한 회의감을 높였다. 각자도생의 국제정치 질서의 시대를 열었다는 비관도 없지 않다. 결국 아랍 각국이 향후 정치 변화 국면을 어떻게 다룰 것인가 하는 고민과 과제는 묵직하게 남아 있다. 일단 민주주의보다 안정을 택한 지난 10년의 국면이 반복될 것인지, 아니면 새로운 민주화 동력이 확보될 수 있을지 현재는 예측이 어렵다.

지나고 나서 되짚어 보면 대략적인 전개 과정과 인과율을 추론할 수 있다. 그러나 당시로서는 예측하지 못한 일의 연속이었다. 이렇듯 불확실한 세계에서 나비효과를 추측하기는 불가능하다. 이토록 지난한 일을 국제정치학자, 비교정치학자 그리고 지역연구 학자 들이 해야 한다. 이는 암흑 같은 동굴에서 벽을 더듬어 작은 조각 하나하나 기억하며 출구를 찾아내듯 미래의 출구를 향해 가는 과업이다.

이제 다시 제2의 아랍의 봄을 운위한다. 수단과 알제리에서 이미 정치 변동이 일어났고, 레바논의 정세가 불안하다. 2010년 12월 17일 시디 부지드에서 일어난 사건처럼 주목받지 못한 작은 일이 순식간에 세계를 뒤집어 버릴 수 있는 초연결 사회다. 불가측 시대에 나비효과의 파괴력과 확장성은 주요 변수 중 하나로 여겨진다. 따라서 중동에서 일어나는 사건에 관한 각별한 관심과 주의가 필요하다.

서아시아 연구에 있어 이런 불연속성의 고리 속에서 인과율을 찾기란 쉽지 않다. 본질적 어려움이 기본값인 셈이다. 익숙한 학문 체계나 어휘로 설명하기 힘든 여집합 세계에서 벌어지는 사건을 이론화라는 추상 체계 속에 녹여 내어 논리를 부여하는 작업이다. 이를 위해 패권적 담론(hegemonic discourse)으로서의 종교 이해가 필수적이며, 부족의 1차 집단적 정서와 관련된 유연한 교감도 필요하다.

참고문헌

머리말

지젝, 슬라보예(2012), 『멈춰라 생각하라: 지금 여기, 내용 없는 민주주의 실패한 자본주의』, 주성우, 와이즈베리.

Bayat, Asef(2017), Revolution without revolutionaries: Making sense of the Arab spring, Stanford: Stanford University Press.

1부

1장 튀니지, 아랍의 봄의 트리거

엄한진(2021), 「환상에서 벗어나는 튀니지 민주주의」, 『워커스』 82호.

Allal, Amin(2010), Réformes néolibérales, clientélismes et protestations en situation autoritaire: Les mouvements contestataires dans le bassin minier de Gafsa en Tunisie, *Politique africaine*, 2010/1 117, 107-125.

Berque, Jacque(1964), *La dépossesion du monde*, Paris: Seuil.

Chabet D'Alix, Lydia(2012), *Bouazizi. Une vie, une enquête*, Tunis: Cérès.

Gopal, Anand (2020), "The Arab Thermidor," *Catalyst*, 4(2), 84-137.

Pontiggia, Stefano(2020), "Tentes et rails. Les《jeunes》du Sud tunisien entre chômage, attente et protestation," *Ateliers d'anthropologie*, 47.

Anderson, Kevin B(2016), "Lessons from the Arab Spring," *Jacobin*, https://www.jacobinmag.com/2016/09/arab-spring-syria-egypt-war-imperialism-revolution

Belhacine, Wassila(2020), "Ils avaient entre 16 et 19 ans pendant le《printemps arabe》en Tunisie, ils témoignent dix ans plus tard," *L'obs*, https://www.nouvelobs.com/monde/20201217.OBS37671/ils-avaient-entre-16-et-19-ans-pendant-le-printemps-arabe-en-tunisie-ils-temoignent-dix-ans-plus-tard.html

France Diplomatie, "Présentation de la Tunisie," https://www.diplomatie.gouv.fr/fr/dossiers-pays/tunisie/presentation-de-la-tunisie/

Touaibia, Nadjib(2020), "Revolution tunisienne. Et Mohamed Bouazizi s'immola au pied du mur de l'humiliation et de l'injustice," *L'Humanité*, https://www.humanite.fr/revolution-tunisienne-et-mohamed-bouazizi-simmola-au-pied-du-mur-de-lhumiliation-et-de-linjustice

Verdier, Marie(2020), "En Tunisie, le gout amer des dix ans de la revolution," *La Croix*, https://www.la-croix.com/Monde/En-Tunisie-gout-amer-10-ans-revolution-2020-12-17-1201130621

2장 이집트, '빵, 자유, 정의'라는 오래된 문제로의 회귀

박복영, 김용복, 박철형, Shaimaa Hussien(2015), 『이집트 산업정책 및 산업구조 분석과 한-이집트 산업협력 전략』, 대외경제정책연구원.

지젝, 슬라보예(2012), 『불가능한 것의 가능성: 슬라보예 지젝 인터뷰』, 인디고연구소, 궁리출판.

임현석(2020), "미완의 혁명 아랍의 봄 10년…민주화 사라지고 권위주의 득세", 『동아일보』, https://www.donga.com/news/article/all/20201224/104618075/1

Al-Aswany, Alaa(2015), *Democracy is the Answer: Egypt's Years of Revolution*, London: Gingko Library.

Benford, R. D., & Snow, D. A(2000), "Framing processes and social movements: An overview and assessment," *Annual Review of Sociology*, 261(1), 611-639.

Charrad, Mounira M. & Amina Zarrugh, & Hyun Jeong Ha(2021), "The Reclamation Master Frame: A Visual Study of the Arab Uprisings," *Research in Social Movements*, Conflicts and Change, 44, 11-35.

Pearlman, Wendy(2013), "Emotions and the Microfoundations of the Arab Uprisings," *Perspectives on Politics*, 11(2), 387-409.

Toft, Monica Duffy(2013), "The Politics of Religious Outbidding," *The Review of Faith & International Affairs*, 11(3): 10-19.

Wickham, Carrie Rosefsky(2002), *Mobilizing Islam: Religion, Activism, and Political Change in Egypt*, New York: Columbia University Press.

AlArian, Abdullah(2014), "A State without a State: The Egyptian Muslim Brotherhood's Social Welfare Institutions," *Middle East Political Science* September 23, https://pomeps.org/a-state-without-a-state-the-egyptian-muslim-brotherhoods-social-welfare-institutions#fn2.

El-Sherif, Ashraf(2014), "The Egyptian Muslim Brotherhood's Failures," *Carnegie Endowment*

for International Peace, https://carnegieendowment.org/2014/07/01/egyptian-muslim-brotherhood-s-failures-pub-56046
Human Rights Watch(2021), "Egypt: Emergency Provisions Made Permanent," *Human Rights Watch*, https://www.hrw.org/news/2021/11/05/egypt-emergency-provisions-made-permanent
Kordunsky, Anna & Andmichael Lokesson(2013), "The Egyptian Military's Huge Historical Role," *National Geographic*, July 5, https://www.nationalgeographic.com/history/article/130705-egypt-morsi-government-overthrow-military-revolution-independence-history
Lacroix, Stéphane(2012), "Sheikhs and Politicians: Inside the New Egyptian Salafism," *Brookings Doha Center,* https://www.brookings.edu/research/sheikhs-and-politicians-inside-the-new-egyptian-salafism/
Reuters Staff(2020), "Egypt's Sisi approves ban on retired army officers standing for election," https://www.reuters.com/article/us-egypt-politics-idUSKCN24U2YP

3장 시리아, 초유의 내전 늪에서 소생한 아사드 정권

김강석(2022a), 「시리아 내전 장기화의 배경 고찰: 종파주의 정치화와 오바마 대리전 개입이 미친 영향」, 『한국중동학회논총』, 42(3), 1-22.
김강석(2022b), 「러시아의 시리아 내전 정책과 중동 영향력 확대 모색」, 『중동문제연구』, 21(2), 1-31.

Ardovini, Lucia(2016), "The politicisation of sectarianism in Egypt: 'creating an enemy' the state vs. the Ikhwan," *Global Discourse*, 6(4), 579-600.
Buzan, Barry, Weaver, Ole & Wilde, Jaap de(1998). *Security: A New Framework for Analysis*, Boulder: Lynne Rienner.
Geukjian, Ohannes(2022), *The Russian Military Intervention in Syria*. Montreal & Kingston. McGill-Queen's University Press.
Hinnebusch, Raymond & Saouli, Adham Eds.(2020), *The War for Syria: Regional and International Dimensions of the Syrian Uprising*, London & New York: Routledge.
Jones, Seth G. ed.(2020), *Moscow's War in Syria, A Report of the CSIS Transnational Threats Project*, CSIS Report, Washington D.C.: Center for Strategic & International Studies.
Kerr, Michael & Larkin, Craig Eds.(2015), *The Alawis of Syria: War, Faith and Politics in the Levant*, New York: Oxford University Press.
Kozhano, Nikolay(2016), *Russia and the Syrian Conflict: Moscow's Domestic, Regional and Strategic Interests*. Berlin: Gerlach Press.
Nader, Hashemi & Postel, Danny Eds.(2017), *Sectarianization: Mapping the New Politics of the*

Middle East, Oxford and New York: Oxford University Press.

Rabinovich, Itamar & Valensi, Carmit(2021), *Syrian Requiem: The Civil War and Its Aftermath*, Princeton and Oxford: Princeton University Press.

4장 예멘, 겨울보다 시린 봄

Ardemagni, Eleonora(2019), *The Huthis: Adaptable Players in Yemen's Multiple Geographies*, Milano: EDUCatt.

Clausen, Maria-Louise(2017), "Islamic State in Yemen – A Rival to al-Qaeda?," *Connections: The Quarterly Journal*, 16(1), 50-62.

Dunbar, Charles(1992), "The Unification of Yemen: Process, Politics, and Prospects," *Middle East Journal*, 46(3): 456-476.

Hill, Ginny(2017), *Yemen Endures: Civil War, Saudi Adventurism, and the Future of Arabia*, Oxford: Oxford University Press.

Kendall, Elisabeth(2016), "Al-Qaeda and Islamic State in Yemen: A Battle for Local Audiences," in *Jihadism Transformed: Al-Qaeda and Islamic State's Global Battle of Ideas*, Simon Staffell & Akil Awan(Eds.), Oxford: Oxford University Press.

Phillips, Sarah G(2019), "Yemen," in *The Middle East*, 15th edition, Ellen Lust(Ed.), Thousand Oaks: SAGE.

Selvik, Kjetil and Stig Stenslie(2011), *Stability and Change in the Modern Middle East*, London & New York: I.B.Tauris.

Transfeld, Mareike(2016), "Political bargaining and violent conflict: shifting elite alliances as the decisive factor in Yemen's transformation," *Mediterranean Politics*, 21(1): 150-169.

Almahafali, Mohammad & Root, James(2020), "How Iran's Islamic Revolution Does, and Does Not, Influence Houthi Rule in Northern Yemen," *Sana'a Center For Strategic Studies*. https://sanaacenter.org/publications/analysis/9050

5장 바레인, 왕실과 대중 간 기나긴 갈등의 도돌이표

Bassiouni et al.(2011), *Report of the Bahrain Independent Commission of Inquiry* (BICI), Manama: BICI.

Choi, Jiwon(2018), *Settler Hegemony and Indigenous Resistance: A New Approach to Political Cleavages in Bahrain under Hamad bin ʿIsa Al Khalifa (1999-2010)*. PhD thesis, University of Exeter.

International Crisis Group(2005), "Bahrain's Sectarian Challenge," *Middle East Report*, International Crisis Group, 40.

Katzman, Kenneth(2011), *Bahrain: Unrest, Security, and U.S. Policy*, Washington D.C.: Congressional Research Service.

Mogielnicki, Robert(2018), *The Politics of Aid: GCC Support for Bahrain*, Washington D.C.: Middle East Institute.

Bahrain Centre for Human Rights(2004), "Half of Bahraini Citizens are Suffering from Poverty and Poor Living Conditions," http://www.bahrainrights.org/en/node/199

Cooley, Alexander & Daniel H. Nexon(2011), "Bahrain's Base Politics: The Arab Spring and America's Military Bases," *Foreign Affairs*, https://www.foreignaffairs.com/articles/djibouti/2011-04-05/bahrains-base-politics

Delmar-Morgan, Alex & Tom Wright(2011), "Bahrain's Foreign Police Add to Tensions," *The Wall Street Journal*, https://www.wsj.com/articles/SB10001424052748703784004576220762563363574

International Monetary Fund(2021), "IMF Staff Completes 3032 Article IV Mission to the Kingdom of Bahrain," https://www.imf.org/en/News/Articles/2021/02/12/pr2138-bahrain-imf-staff-completes-2021-article-iv-mission-to-the-kingdom-of-bahrain

Occhiuto, Antonio & Leonardo Jacopo Maria Mazzucco(2020), "Behind Bahrain's Gamble on Normalisation with Israel," *The New Arab*, https://english.alaraby.co.uk/analysis/behind-bahrains-gamble-normalisation-israel

Vittori, Jodi(2019), "Bahrain's Fragility and Security Sector Procurement," *Carnegie Endowment for International Peace*, https://carnegieendowment.org/2019/02/26/bahrain-s-fragility-and-security-sector-procurement-pub-78443

World Bank(2016), "Bahrain's Economic Outlook," https://www.worldbank.org/en/country/gcc/publication/economic-brief-bahrain-july-2016

6장 이라크, 봄을 부르는 민중의 열망

남옥정(2022),「이라크 티슈린 운동의 함의와 광장 민주주의 실현 가능성 연구」,『한국중동학회』, 42(3), 23-50.

Brownlee, Jason, Masoud, Tarek E. & Reynolds, Andrew Eds.(2015), *The Arab Spring: Pathways of Repression and Reform*, Oxford and New York: Oxford University Press.

정의길(2021), "이라크 총선 투표율 30%, 제2의 아프간 될라",『한겨레』, https://www.hani.co.kr/arti/international/arabafrica/1014630.html#csidx6be2d608053d91eaa13eb217714ddd3

Ahmed, Nasim(2016), "Iraq after the Arab Spring," *Middle East Eye*, https://www.middleeastmonitor.com/20160119-iraq-after-the-arab-spring/

Al Jaffal, Omar(2021), "Iraq's new political parties seek funds from citizens," *Al-Monitor*, https://www.al-monitor.com/originals/2021/04/iraqs-new-political-parties-seek-funds-citizens

Al Mashhadani, Omar(2011), "Iraq and the Arab Spring," *Wilson Center*, https://www.wilsoncenter.org/event/iraq-and-the-arab-spring

Alaca, Mehmet(2021), "The Never-Ending 'Arab Spring' of Iraq," *Osram*, https://orsam.org.tr/en/the-never-ending-arab-spring-of-iraq/

Ali, Zahra(2019), "Protest movements in Iraq in the age of a 'new civil society'," *LSE Blog*, http://eprints.lse.ac.uk/103259/1/protest_movements_in_Iraq.pdf

Cafiero, Giorgio(2019), "Iraq's 'Arab Spring'?," https://lobelog.com/iraqs-arab-spring/

EASO(2020), "Iraq: The Protest movement and treatment of protesters and activists," *Country of Origin Information Report*, https://www.justice.gov/eoir/page/file/1327706/download

EPIC(2021), "The Long Game: Iraq's "Tishreen" Movement and the Struggle for Reform," https://enablingpeace.org/wp-content/uploads/2021/10/Tishreen_Report_October_2021.pdf

Loveluck, Louisa & Salim, Mustafa(2021), "In Iraq, Powerful Militias Assassinate Protesters with Impunity," *The Washington Post*, https://www.washingtonpost.com/world/iraq-militia-assassinations-fear/2021/05/12/501474c0-b1cc-11eb-bc96-fdf55de43bef_story.html

Salaryexplorer(2021), "Average Salary in Iraq," *salaryexplorer.com*, http://www.salaryexplorer.com/salary-survey.php?loc=103&loctype=1

7장 레바논, 모자이크 사회와 통합을 위한 국민의 외침

이경수(2020),「레바논 반정부시위의 배경과 특성: 2015년-2020년을 중심으로」,『중동문제연구』, 19(3), 1-32.

이경수(2021),「2015년 이후 레바논 반정부 시위: 탈종파주의를 위한 외침」,『다양성+Asia』, 제12호.

최명근(2021), "레바논 정치·경제 동향", KOTRA 해외시장뉴스, https://dream.kotra.or.kr/kotranews/cms/news/actionKotraBoardDetail.do?SITE_NO=3&MENU_ID=410&CONTENTS_NO=1&bbsGbn=242&bbsSn=242&pNttSn=188173

Salibi, Kamal S(2003), *A house of many mansions*, London: I.B.Tauris.

Salibi, Kamal S(2004), *The modern history of Lebanon*, Delmar & New York: Caravan Books.

Traboulsi, Fawwaz(2010), *A History of modern Lebanon*, London: Pluto Press.

Britannica(2006), "Melchite," *Encyclopedia Britannica*, https://www.britannica.com/topic/Melchites

Najib(2015), "The state of broadband 2005 report: Lebanon vs The Arab World," *Blogbaladi*, https://blogbaladi.com/the-state-of-broadband-2015-report-lebanon-vs-the-arab-world/

Raad, Mireille(2011), "Lebanon: Broadband as a human right in Lebanon," *Global Information Society Watch*, https://giswatch.org/en/country-report/infrastructure/lebanon

8장 튀르키예, 무슬림 민주주의의 좌절

장지향(2019), 「현대 터키 정치」, 『터키를 가다』, 계명대학교 실크로드 중앙아시아연구원.

장지향(2020). 「아랍의 봄 10주년: 중동 민주화의 한계」, 『아산 이슈브리프』, 아산정책연구원, 2020-30.

Cagaptay, Soner(2017), *The New Sultan: Erdogan and the Crisis of Modern Turkey*, New York: I.B. Tauris.

Freedom House(2021), *Freedom in the World 2021*, Lanham: Rowman & Littlefield.

Genç, Kaya(2019), *The Lion and the Nightingale: A Journey Through Modern Turkey*, New York: I.B.Tauris.

Jang, Ji-Hyang(2013), "Islamic Capital and Democratic Deeping," in *The Arab Spring: Will It Lead to Democratic Transitions?*, Clement M. Henry and Jang Ji-Hyang(Eds.), New York: Palgrave Macmillan.

Telhami, Shibley(2011), *The 2011 Arab Public Opinion Poll*, Washington D.C.: Brookings Institute.

9장 이란, 미완의 혁명과 시민 불복종 운동

구기연(2012), 「현대 이란 사회에서의 자아와 녹색운동의 문화적 의미」, 『중동문제연구』, 제11권 1호, 73-97.

구기연 · 유아름(2020), 「미완의 혁명 그리고 위태로운 삶: 이란 녹색운동과 튀니지 재스민 혁명 그 후 10년」, 『아시아리뷰』 제9권 제2호(통권 제18호), 41-84쪽.

유달승(2012), 「이란의 민주주의 연구」, 『중동문제연구』, 11권 2호, 1-18.

지젝, 슬라보예(2012), 『멈춰라 생각하라: 지금 여기, 내용 없는 민주주의 실패한 자본주의』, 주성우, 와이즈베리.

Alavi, Nasrin(2010), "This Magic Green Bracelet" Hashemi, Nader, and Danny Postel, eds., *The people reloaded: the green movement and the struggle for Iran's future*, New York: Melville House, 209-215.

Bayat, Asef(2017), *Revolution without revolutionaries: Making sense of the Arab spring*, Stanford: Stanford University Press.

Fischer, Michael(2010), "The Rhythmic Beat of the Revolution in Iran," *Cultural Anthropology* Vol 25, No. 3, 497-543.

Hurst, Steven(2016), "The Iranian nuclear negotiations as a two-level game: The importance of domestic politics," *Diplomacy & Statecraft* Vol. 27, No. 3, 545-567.

Jahanbegloo, Ramin(2011), "Iran and the Democratic Struggle in the Middle East," *Middle East Law and Governance* Vol. 3, No. 1-2, 126-135.

Mahdavi, Pardis(2013), "Iran's Green Movement in Context," in *Cultural Revolution in Iran: Contemporary Popular Culture in the Islamic Republic*, Sreberny, Annabelle, and Massoumeh Torfeh, eds., London: IB Tauris.

Saffari, Siavash(2018), "Iran Protests: Changing Dynamics between the Islam Republic and the Poor," Seoul National Unievrsity Asia Center Webmagazine, DiverseAsia 1(1), http://diverseasia.snu.ac.kr/?p=324.

10장 아랍의 봄과 지하디 살라피

박현도(2016), 「『야만의 경영』을 넘어: IS의 이슬람국가와 지하드」, 『한국과 국제정치』 32(1), 25-50.

박현도(2015), 「IS에 대한 무슬림 지식인들의 반응」, 명지대 중동문제연구소 편, 『IS를 말한다』, 모시는사람들, 153-170.

Abdo, Geneive(2017), *The New Sectarianism: The Arab Uprisings and the Rebirth of the Shi'a-Sunni Divide*, Oxford, Oxford University Press.

Al-Arian, Abdullah(2014), "Islamist Movements And The Arab Spring," *Beyond the Arab Spring: The Evolving Ruling Bargain in the Middle East*, edited by Mehran Kamrava(Ed.), Oxford, Oxford University Press, 99-129.

Brown, Daniel(2017), *A New Introduction to Islam*. 3rd. Ed. Oxford, John Wiley & Sons.

Esposito, John L., Tamara Sonn, John O. Voll(2016), *Islam and Democracy after the Arab Spring*, Oxford University Press.

Hodgson, Marshall G. S(1970), "The Role of Islam in World History," *International Journal of Middle East Studies* 1(2), 99-123.

Israeli, Raphael(2013), *From Arab Spring to Islamic Winter*, Routledge.

Kramer, Martin(2009), *Arab Awakening and Islamic Revival*, New Brunswick, Transaction.

Meijer, Roel(2013), *Global Salafism: Islam's New Religious Movement*, Oxford, Oxford University Press.

Ramadan, Tariq(2012), *Islam and the Arab Awakening*, Oxford University Press.

Wagemakers, Joas(2012), *A Quietist Jihadi: The Ideology and Influence of Abu Muhammad al-Maqdisi*, Cambridge, Cambridge University Press.

11장 국제정치의 이상을 좌초시킨 아랍의 봄

인남식(2022), 「아랍의 봄 10년: 회고와 성찰」, 국립외교원 정책연구시리즈, 국립외교원.

Chua, Amy(2018), *Political Tribes: Group Instinct and the Fate of Nations*, New York, Penguin Books.

Fukuyama, Francis(1989), "The End of History?," *The National Interest*, 16, 3-18.

Leonid Grinin, Andrey Korotayv & Arno Tausch(2019), I*slamism, Arab Spring, and the Future of Democracy: World System and World Values Perspectives*, Cham, Springer publication.

Mearsheimer, John J(2018), *The Great Delusion: Liberal Dreams and International Realities*, New Haven, Yale University Press, 2018.

더 읽을거리

구기연(2017), 『이란 도시 젊은이: 그들만의 세상 만들기』, 서울대학교출판문화원.

구니에다 마사키(2021), 『시리아: 아사드 정권의 40년사』, 이용빈(역), 한울아카데미.

박선아(2018), 『튀니지의 역사』, 아딘크라.

스에치카 고타(2014), 「'결정하지 않는 정치'가 지탱하는 연약한 자유와 평화」, 『'아랍의 심장'에서는 무슨 일이 벌어지고 있는가』, 아오야마 히로유키, (이용빈, 편저), 한울아카데미, 129-161쪽.

엄한진(2014), 『이슬람주의: 현대 아랍세계의 일그러진 자화상』, 한국문화사.

Axworthy, Michael(2013), *Revolutionary Iran: A History of the Islamic Republic* First Edition, Oxford: Oxford University Press.

Borshchevskaya, Anna(2021), *Putin's War in Syria: Russian Foreign Policy and the Price of America's Absence*, London: I.B. Tauris.

Brownlee, Jason, Tarek Masoud & Andrew Reynolds(2015). *The Arab Spring: Pathways of Repression and Reform*. Oxford: Oxford University Press.

El-Ghobashy, Mona(2021), *Bread and Freedom: Egypt's Revolutionary Situation*, CA: Stanford University Press.

Esposito, John L & Sonn, Tamara & Voll, John O(2016), *Islam and Democracy after the Arab Spring*, Oxford: Oxford University Press.

Feldman, Noah(2020), *The Arab Winter: A Tragedy*, Princeton: Princeton University Press.

Genç, Kaya(2016), *Under the Shadow: Rage and Revolution in Modern Turkey*, New York: I.B. Tauris.

Henry, Clement and Ji-Hyang Jang(2012), *The Arab Spring: Will It Lead to Democratic Transitions?*, New York: Palgrave Macmillan.

Herrera, Linda & Bayat, Asef(2010), *Being Young and Muslim: New Cultural Politics in the Global South and North (Religion and Global Politics) First edition*, Oxford: Oxford University Press.

Hill, Ginny(2017), *Yemen Endures: Civil War, Saudi Adventurism and the Future of Arabia*, Oxford: Oxford University Press.

Hudson, Michael(2019), *The United States in the Middle East: International Relations of the Middle East,* Louis Fawcett(Ed.), Oxford: Oxford University Press.

International Crisis Group(2011), *Popular Protests in North Africa and the Middle East (III): The Bahrain Revolt, Middle East/North Africa Report*, 105, Brussel: International Crisis Group.

Israeli, Raphael(2013), *From Arab Spring to Islamic Winter*, London & New York: Routledge.

Jabar, Faleh A(2003), *The Shi'ite Movement in Iraq*, London: SAQI BOOKS.

Jumet, Kira D(2017), *Contesting the Repressive State: Why Ordinary Egyptians Protested During the Arab Spring*, Oxford: Oxford University Press.

Kagan, Robert(2018), *The Jungle Grows Back: America and Our Imperiled World*, New York: Knopf.

Keyman, Fuat and Ziya Onis(2007), *Turkish Politics in a Changing World: Global Dynamics and Domestic Transformations*, Istanbul: Istanbul Bilgi Universitesi Yayinlari.

Marr, Phebe(2012), *The Modern History of Iraq*, Boulder: Westview Press.

Matthiesen, Toby(2013), *Sectarian Gulf: Bahrain, Saudi Arabia, and the Arab Spring That Wasn't*, Stanford: Stanford University Press.

Orkaby, Asher(2021), *Yemen: What Everyone Needs to Know*, Oxford: Oxford University Press.

Phillips, Christopher(2020), *The Battle for Syria: International Rivalry in the New Middle East*, New Heaven, London: Yale University Press.

Phillips, Sarah G(2019), '*Yemen*', *The Middle East* 15th edition, Ellen Lust(Ed.), Thousand Oaks: SAGE.

Ramadan, Tariq(2012), *Islam and the Arab Awakening*, Oxford: Oxford University Press.

Salibi, Kamal S(2004), *The Modern history of Lebanon*, Delmar, New York: Caravan Books.

Shehabi, Ala'a & Marc Owen Jones(2015), *Introduction: Bahrain's Uprising: The Struggle for Democracy in the Gulf, Bahrain's Uprising: Resistance and Repression in the Gulf*, Ala'a Shehabi & Marc Owen Jones(Eds.), London: Zed books.

Sluglett, Peter(2007), *Britain in Iraq: Contriving King and Country*, New York: Columbia University Press.

Tol, Gonul & David Dumke(2020), *Aspiring Powers, Regional Rivals: Turkey, Egypt, Saudi Arabia, and the New Middle East*, Orlando: Middle East Institute and the University of Central Florida.

Traboulsi, Fawwaz(2010), *A History of modern Lebanon*, London: Pluto Press.

더 볼거리

Ahadi, Ali Samadi(2010), *The Green Wave*, ARTE, Dreamer Joint Venture Filmproduction, Westdeutscher Rundfunk (WDR), Wizard UG & Ko.

Amin, Ayten & Tamer Ezzat & Amr Salama (2012), *Tahrir 2011: The Good, the Bad, and the Politician*, Amana Creative, Film-Clinic & Ingredient Productions.

Barker, Greg(2014), *We are the Giant*, Motto Pictures & Passion Pictures.

Ben Cheikh, Murad(2011), *No More Fear(La khaoufa baada al yaoum)*. Cinétéléfilms.

Fayyad, Ferasand & Steen, Johannessen(2017), *Last Menin Aleppo*, Aleppo Media Center & Larm Film & Kloos & Co.Medien GmbH.

Ishaq, Sara(2012), *Karama Has No Walls*, Karama Films.

Noujaim, Jehane(2013), *The Square: The People Demand the Downfall of the Regime*, Noujaim Films, Worldview Entertainment and Roast Beef Productions.

Savona, Stefano(2012), *Tahrir: Liberation Square*, Pico films, Dugong Production, and Rai 3.

Taksler, Sara(2016), *Ticking Giants*, Hurwitz Creative and Sarkasmos Productions.

Welsh, May Ying(2011), *Bahrain: Shouting in the Dark*, Al Jazeera English.

찾아보기

발간사

아시아의 시대가 열렸고, 동시에 아시아연구의 전성시대가 도래했습니다. 서울대학교 아시아연구소는 2009년 9월 출범한 이래 '지역과 주제를 결합한 아시아 연구의 글로벌 허브'를 목표로 아시아 연구 기반 구축 및 기초연구 활성화를 위해 노력해 왔습니다. 아시아연구소는 지난 10년의 활동을 겸허히 돌아보며 '아시아의 미래, 교류와 협력, 그리고 지역 정보 공유'를 키워드로 '아시아와 세계를 잇고, 새로운 미래를 빚는 세계적 아시아 연구 플랫폼'이 되고자 합니다.

물론 아시아의 시대가 온다고 해서 아시아 사람들이 잘살고 평화롭게 협력하는 공동체가 이루어진다는 것은 아닙니다. 아시아 지역 혹은 국가 사람들이 어떤 공동체를 만들어 가고 싶은가, 아시아 공동체가 인류에게 어떤 도움이 되는 것인가를 꾸준히 질문하고 이에 대한 답을 찾아야 합니다. 서구 식민지 경험 이후 아시아 각국은 지속적인 내부 갈등과 적대, 민족주의와 인종차별, 혐오가 심해지고 있는 상황입니다. 아시아를 중심으로 교역, 이동, 그리고 협력이 꾸준히 증가하고 있음에도 불구하고 갈등 요인은 오히려 확대되고 있습니다. 이런 견지에서 서울대학교 아시아연구소는 아시아를 둘러싼 다양한 이슈와 도전 과제에 대한 이론적 연구는 물론 실천 및 정책적 대안을 제시하여 아시아 공동체를 형성하는 데 기여하고자 합니다.

서울대학교 아시아연구소는 이미 시작된 4차 산업혁명에 부응하는 지식의 생산과 공유, 그리고 후속세대 양성에도 책임을 다하고자 합니다. 이를 위해 이론적으로는 학문 간 융합, 교류, 미래 창발적 지식 창출에 힘을 다하며, 실천적으로는 아시아의 교류와 상호작용에 주목하고, 정책적으로는 아시아 지역 정보의 수집과 공유를 통해 적합한 정책 대안을 발굴하는 데 초점을 맞추고자 합니다.

이러한 연구 및 학술 활동 과정의 결실이 서울대학교 아시아연구소총서입니다. 지난 10년의 연구 축적을 토대로 서울대학교 아시아연구소는 국내외 연구자 간 연구 협력을 적극적으로 지원하여, 여기서 양산된 우수한 연구 성과 및 결과물을 지속적으로 발간해 나갈 것입니다. 아시아연구소총서가 아시아의 새로운 미래와 아시아 공동체를 이루어가는 데 중요한 밑거름이 되기를 기대합니다.

서울대학교 아시아연구소

저자 소개(게재순)

엄한진 | 한림대학교 사회학과 교수

서울대, 프랑스 파리8대학에서 공부했으며 북아프리카 지역학, 이주 연구, 종교사회학, 사회적 경제 분야에 관심을 가지고 있으며 현재는 증오 현상에 관한 사회학적 연구, 중동 및 북아프리카 사회의 정치사회적 측면에 관한 연구를 수행하고 있다.

대표 연구

2022, 『아랍의 봄: 인문학과 사회의 교차적 진화』, 세창출판사. (공저)
2020, 「예외주의에 갇힌 중동의 소수자 담론」, 『Homo Migrans』, 23.
2020, 「'아랍의 봄' 이후 중동의 혁명과 반혁명」, 『지역사회학』, 21(2).
2018, 「한국과 아랍의 정체성 논의 비교」, 『지역사회학』, 19(3).
2017, 『프랑스의 이민문제』, 서강대학교 출판부.
2016, 「한국사회 인종주의의 주요 양상과 특징」, 『비교한국학』, 24(3).
2015, 「동질화에 대한 반발로서의 극단주의 현상: IS와 유럽 극우의 사례를 중심으로」, 『경제와 사회』, 107.
2015, 「서구가 바라본 오리엔트, 오리엔트가 바라본 서구」, 『문화와 사회』, 19.
2014, 『이슬람주의』, 한국문화사.
2011, 『다문화사회론』, 도서출판 소화.

하현정 | 듀크쿤산대학교 사회학과 조교수

한국외국어대학교 아랍어과를 졸업하고 서울대학교와 미국 텍사스주립대학교(University of Texas at Austin)에서 각각 사회학 석사, 박사학위를 받았다. 정치와 종교 세력이 연합하는 방식과 이것이 사회적 소수자들의 삶에 미치는 방식과 더불어 일반 시민들이 일상에서 이러한 구조에 저항하는 방식에 관심이 있다. 이집트와 튀니지 무슬림 여성의 사회운동과 이슬람 가족법, 무슬림-기독교인 관계와 관련하여 정치, 종교 사회학 연구를 수행해 왔고 현재는 2011년 '아랍의 봄'이 이집트 기독교인-무슬림 관계 변화에 미친 영향과 카이로 현지 조사를 통해 기독교인이 일상에서 경계를 구성하는 방식을 연구하고 있다.

대표 연구

Forthcoming, "Regime Change and Discrimination towards Religious Minorities after the

Arab Uprisings," Journal of Peace Research. (공저)

2021, "The Reclamation Master Frame in the Arab Uprisings," Research in Social Movements, Conflicts and Change, 44. (공저)

2021, "The Arab Spring Protests," Contexts, 20 (1): 58-61. (공저)

2017, "Emotions of the Weak: Violence and Ethnic Boundaries among Coptic Christians in Egypt," Ethnic and Racial Studies, 40 (1): 133-151.

2016, "Non-Muslim Students and Religious Education in Egyptian Classrooms," in Education and the Arab Spring: Resistance, Reform, and Democracy, edited by Eid Mohamed, Hannah Gerber, and Slimane Aboulkacem, pp. 115-127. Sense Publishers.

김강석 | 한국외국어대학교 아랍어과 조교수

한국외국어대학교 아랍어과를 졸업하고 서울대학교 외교학과에서 석사, 한국외국어대학교 국제지역대학원에서 중동정치 전공으로 박사학위를 받았다. 미국 로스앤젤레스 소재 캘리포니아주립대학교(UCLA) 중동연구소 풀브라이트 방문연구원, 단국대학교 GCC 국가연구소 연구원을 거쳐 한국외국어대학교 아랍어과 조교수로 재직 중이다. 현재 외교부 정책자문위원, 한국일보 〈중동 오디세이〉 칼럼니스트로 활동하고 있다.

대표 연구

2022, "From Sex Offenders to National Heroes: Comparing Yemeni and Afghan Refugees in South Korea," *Social Inclusion*, 10(4). (공저)

2021, "Emerging China's Challenge to the United States in the Gulf and Implications for South Korea," The Korean Journal of Defense Analysis 33(3).

2021, 「아브라함 협정의 배경 고찰: 아랍에미리트와 이스라엘을 중심으로」, 『중동연구』, 39(3).

2020, 『주권과 비교지역질서』, 사회평론아카데미. (공저)

2019, 「사우디아라비아 무함마드 빈 살만 왕세자의 정권안보 추구와 정책 변화」, 『아시아리뷰』, 9(1).

2019, 『글로벌 냉전과 동아시아』, 서울대학교 출판문화원. (공저)

2018, 「신냉전과 중동 정치 질서 변용: 레이건 대 아프가니스탄 전략의 공세적 변화와 급진 이슬람주의 형성」, 『한국이슬람학회논총』, 37(1).

2017, "South Korea's Abortive Search for Autonomy: Explaining Park Chung-hee's Rapprochement with the PLO," The Korean Journal of Defense Analysis, 29(2).(공저)

황의현 | 서울대학교 아시아연구소 서아시아센터 선임연구원

한국외국어대학교 아랍어과를 졸업하고 한국외국어대학교 국제지역학대학원에서 중동지역학 석사를 거쳐 동 대학원에서 수니파와 시아파 사이의 종파 갈등에서 역사적 기억이 이용되는 과정에 관한 연구로 중동지역학 박사학위를 받았다. 중동 지역의 정체성 문제와 종파 관계, 역사적 기억이 현재 중동 상황에서 가지는 중요성에 관심을 가지고 연구하고 있다.

대표 연구

2022, 「메디나 시기 무슬림-유대인 관계 논의: 사료의 신뢰성 문제를 중심으로」, 『한국중동학회논총』, 43(1)

2022, 「카타르 단교 사태와 국민국가 정체성 강화에 관한 연구」, 『중동연구』, 40(3).

2021, 「『여행기』에 나타나는 이븐 바투타(Ibn Battutah)의 쉬아파 인식」, 『아랍어와 아랍문학』, 25(1).

2021, 「이라크의 종파별 권력안배제도와 국가 능력 약화 분석」, 『중동문제연구』, 20(1).

2021, 「이슬람의 기원과 형성 과정에 관한 의문과 새로운 접근법: 톰 홀랜드, 이슬람 제국의 탄생(책과함께, 2015) 서평」, 『지중해지역연구』, 23(2).

2021, 「타자화를 넘어선 서아시아 지역 정체성 형성의 여정: 이란을 중심으로」, 『아시아리뷰』, 11(2). (공저)

2021, 「"자이납이여, 우리가 갑니다": 아랍의 봄 이후 시아 무장조직의 이동과 초국적 네트워크의 형성」, 『한국외국어대학교 중동연구소 이슈페이퍼 SPARROW』, 2(1).

최지원 | 알고리즘(Algorizm) 리서처

한국외국어대학교 아랍어과를 졸업하고 동 대학 국제지역대학원에서 정치학 석사, 영국 엑시터(Exeter)대학교 아랍·이슬람학연구소(Institute of Arab and Islamic Studies)에서 정치학 박사학위를 취득했다. 독일 국제지역연구소(German Institute of Global and Area Studies) 방문연구원을 거쳐 런던 Salam for Democracy and Human Rights에서 걸프지역의 인권 탄압 실태에 대해 연구했다. 페이스북 정책 연구팀에서 대 테러리즘 및 가짜 뉴스(misinformation) 관련 정책 수립에 참여했으며 현재 런던 소재 스타트업 알고리즘(Algorizm)을 통해 걸프, 중동 지역에 관한 커스터마이즈드 리서치를 수행하고 있다.

대표 연구

2018, 'Bahrain: Will Elections Mark New Chapter or Deepen & Embed Division?,' The

Foreign Policy Centre. (공저)

2018, 'Bahrain: A Deepening Spiral of Repression,' Salam for Democracy and Human Rights. (공저)

남옥정 | 조선대학교 아시아언어문화학부 아랍어과 강사

이라크 시아 이슬람운동과 정치적 가변성을 주제로 한국외국어대학교 국제지역대학원에서 박사학위를 취득했다. 레반트, 걸프 지역의 이슬람운동그룹과 정치적 소수파 연구에 관심이 많다. 주로 이라크, 시리아 쿠르드족, 시아파 이슬람운동과 종파주의 연구, 예멘과 이라크, 카타르의 역외 행위자 개입과 대리전 양상 연구에 집중해 왔다. 현재 조선대학교 아시아언어문화학부 아랍어과 강사로 재직 중이다.

대표 연구

2021, 「이라크 민병대와 대리전 양상 연구」, 『한국중동학회논총』, 41(3).

2021, 「바레인 알 칼리파 정권의 종파주의와 권력 공유의 실패와 한계」, 『중동연구』, 39(3).

2021, 「사우디-이란 비밀회담 중재한 이라크, 지역분쟁의 중재자로 거듭날 수 있을까?」, 『GCC Issue Paper』, No.37.

2020, 「걸프 위기와 카타르 무슬림 형제단」, 『중동문제연구』, 19(1).

2020, 「UAE의 예멘, 리비아 개입과 역내 영향력 변화」, 『GCC Issue Paper』, No.31.

2019, 「예멘의 대내외적 핵심 행위자들의 전략적 동맹과 그 변화요인 분석」, 『중동연구』, 37(3).

2018, 「무함마드 빈 살만의 사우디 비전 2030의 명암, 리더십의 한계와 위기전망」, GCC국가연구소 연간정책보고서, 06.

2018, 「2017 국민투표 이후 이라크 쿠르드족의 지위변화 연구」, 『민족연구』, 71.

2017, 「시리아 쿠르드운동단체의 파편화와 성장한계요인」, 『한국이슬람학회논총』, 27(3).

2017, 「UAE와 KSA의 난민정책 연구」, 『한국중동학회논총』, 37(3).

이경수 | 한국외국어대학교 중동연구소 전임연구원

한국외국어대학교 아랍어과를 졸업하고 동 대학 일반대학원 국제관계학과에서 중동사회문화 전공으로 국제관계학 석사학위를 취득했으며 레바논의 국립레바논대학교(Lebanese University)에서 '레바논과 한국의 직업교육에 관한 비교연구'로 사회학 박사학위를 받았다. 레바논의 국가위기와 시민혁명, 레바논 내 시리아 난민 아동의 교육 현황, 레바논 교육 등에 관해 연구해왔다. 현재 레바논 위기로 인한 이주현상 및 레바논 내 이주민들의 현황, 그리고 아랍의 봄 이후 아랍 국가의 이주 현상에 관해 연구를 수행하고 있다.

대표 연구

2021, 「레바논은 실패국가가 되어가고 있는가?」, 『세계지역연구논총』, 39(3). (공저)

2021, "Islamophobia Discourse via Online RUmors in Korea: Focusing on the Rumor "How Lebanon, Which was a Christian Country, became an Islamic Country?" and the "Taharrush Game"," European Journal of Korean Studies, 21(1).

2020, 「레바논 반정부시위의 배경과 특성: 2015~2020년을 중심으로」, 『중동문제연구』, 19(3).

장지향 | 아산정책연구원 중동센터장

외교부 정책자문위원, 아산서원 교수를 역임했고 현재 산업부, 법무부, 대외경제정책연구원 자문위원으로 활동하고 있다. 2018년부터 매일경제에 중동 칼럼을 기고하고 있다. 한국외국어대학교에서 문학사, 정치학 석사 학위를, 미국 텍사스 오스틴 대학교에서 정치학 박사학위를 받았다. 주요연구 분야는 중동 정치경제, 정치 이슬람, 비교 민주주의와 독재, 극단주의 테러와 안보, 국제개발협력이다.

대표 연구

2021, 「비교정치학 관점에서 바라본 중동 국가역량의 현주소」, 『아시아의 정치: 정치체제와 지역성』, 서울대학교 아시아연구소 다양성+Asia 총서, 씨아이알.

2020, 『민주주의 위기, 국제질서 혼란』, 아산리포트, 아산정책연구원. (공저)

2018, 『중동 독재 정권의 말로와 북한의 미래』, 아산리포트, 아산정책연구원.

2016, 「아랍의 봄 민주화 운동의 비교정치학적 분석: 혁명 발발의 불가측성과 민주화 성공의 구조적 요인」, 『한국 민주화운동 재조명 총서 1: 민주화운동의 세계사적 배경』, 한울아카데미.

2013, The Arab Spring: Will It Lead to Democratic Transitions?, Edited by Clement Henry and Ji-Hyang Jang, Palgrave Macmillan.

2008, "Islamic Fundamentalism," International Encyclopedia of the Social Sciences, Macmillan Reference.

구기연 | 서울대학교 아시아연구소 HK교수

한국외국어대학교 이란어과와 서울대학교 인류학 석사를 거쳐 동대학원에서 이란 청년 세대에 대한 심리인류학 연구로 박사학위를 받았다. 이란의 정동, 청년 세대와 무슬림 여성 문제, 중동 내 한류 그리고 미디어를 통한 시민사회운동 등에 대해 연구해왔다. 현재 서아시아의 모빌리티 이슈, 이란 위성 미디어의 사회문화적 역할, 한국 서아시아 무슬림 이주와 난민 문제 그리고 이슬람과 관련된 정동에 대한 연구를 수행하고 있다.

대표 연구

2021, 「국내 신문 기사로 살펴본 한국의 난민 이슈의 변동」, 『대한지리학회지』, 56(2). (공저)

2020, "Riding the Korean Wave in Iran: Cyber-Feminism and Pop Culture among Young Iranian Women"

2020, 『여성 연구자, 선을 넘다: 지구를 누빈 현장연구 전문가 12인의 열정과 공감의 연구 기록』, 눌민. (공저)

2019, 「"혁명 거리의 소녀들(#GirlsofRevolutionStreet)": 해시태그 정치를 통한 이란 여성의 사회 운동」, 『비교문화연구』, 25(1).

2018, "Islamophobia and the Politics of Representation of Islam in Korea," Journal of Korean Religions, 9(1).

2018, 「"할 수만 있다면 누구든지 떠난다!": 이란의 고학력 이주 현상에 대한 인류학적 분석」, 『한국문화인류학』, 51(1).

2017, 『이란 도시 젊은이, 그들만의 세상 만들기』, 서울대학교 출판문화원.

박현도 | 서강대학교 유로메나연구소 대우교수

산업통상자원부의 양자 협력사업인 〈중동 산업협력 포럼〉 사무국장, 법무부 국가개황정보 자문위원으로 활동하고 있으며 2012년 8월부터 2018년 7월까지 6년간 외교부 정책자문위원을 지냈다. 서강대 종교학과에서 학사, 캐나다 맥길대학교 이슬람연구소에서 이슬람학 석사, 이란 테헤란대학교에서 이슬람학으로 박사학위를 받았다.

대표 연구

2021, 『인도 대전환의 실체와 양상: 인도와 이슬람의 만남』, 다해. (공저)

2020, 에스포지토, 『이슬람의 모든 것: 이슬람에 관한 122개의 질문과 답』, 바오. (공역)

2020, "From a Persian Barbarian to a Superior Sage to Chinese Sages: the Image of the Prophet in Ma Zhu's Shengzan," in Studies in Islamic Historiography: Essays in

Honour of Professor Donald P. Little, edited by Sami G. Massoud, 192-224. Leiden: Brill.

2020, 「다르지만 함께: 시리아 알라위와 12이맘파 시아의 정치적 결합」, 『인문사회21』, 11(2)

2018, 「할락의 이슬람법리론 기원 소고(小考): 샤피이 기원론 비판의 의미」, 『중동문제연구』, 17(2).

2017, 「서구의 이슬람 연구와 우리의 과제: 역사적 무함마드 연구」, 『영상문화』, 30.

2016, 「샤리아의 과거와 현재: 전통 샤리아와 근대 이슬람법의 불일치」, 『인문사회21』, 7(2).

2016, 「『야만의 경영』을 넘어: IS의 이슬람국가와 지하드」, 『한국과 국제정치』, 32(1).

인남식 | 국립외교원 교수 및 아프리카 · 중동 연구부장

연세대학교 정치외교학과 및 동 대학원을 거쳐 영국 더럼대학교(Durham University) 중동이슬람연구센터(Centre for Middle Eastern and Islamic Studies)에서 중동정치학 박사학위를 취득했다. 현재 외교부 국립외교원 교수 및 아프리카·중동 연구부장으로 재직 중이다. 주요 연구 분야는 중동지역 국제관계, 미국 및 유럽의 중동정책, 지정학, 테러리즘 등이다.

대표 연구

2021, 「탈레반 집권 후 아프가니스탄 내외 역학관계」, 『주요국제문제분석』, 국립외교원.

2020, 「폭력적 극단주의 세력의 토착화 추이: 레반트 해방기구의 이들리브 정치세력화 과정을 중심으로」, 『정책연구시리즈』, 국립외교원.

2019, 『지정학적 시각과 한국외교』, 사회평론아카데미. (공저)

2016, 「미국과 러시아의 중동정책 변화 고찰: 오바마와 푸틴 정부의 지정학적 중동전략을 중심으로」, 『한국과 국제정치』, 32(1).

2011, 「2011 아랍 정치변동의 성격과 함의」, 『국제정치논총』, 51(4).